Wien und Niederösterreich

Meine Lieblingsplätze

◆

Der Stephansdom mit dem Dämmerlicht im riesigen Kirchenschiff. Ein Meisterwerk der Gotik. S. 26 und 178

◆

Das „Café Prückel“, weil es als eines der letzten Wiener Kaffeehäuser ein Ort maximaler Freiheit ist: Hier bin ich zu nichts verpflichtet! S. 187

◆

Das Art-Brut-Zentrum in Maria Gugging, weil es die Werke psychisch kranker Künstler in einzigartiger und würdiger Weise präsentiert. S. 14

Liebe Leserin, lieber Leser,

die Hauptstadt Österreichs ist immer wieder eine Reise wert. Sie wird nie langweilig – so wenig wie Paris, Venedig, Rom.

Wien umfängt seine Besucher mit der Sehnsucht nach Vergangenheit. Bietet 2000 Jahre Geschichte, in denen die Stadt ihrer Aufgabe treu geblieben ist, Kultur zu schaffen und diese zu verteidigen.

Was Wien im Moment für uns noch spannender macht: In der einstigen grauen Metropole der Grantler und Melancholiker glänzt der Doppeladler – Wien hat sich wieder zur kosmopolitischen Metropole, zum Zentrum Mitteleuropas aufgeschwungen, das es einst war. Ist reich geworden am Zusammenbruch Osteuropas. Und hat aufpoliert, was es schon immer zu bieten hatte: vom kaiserlichen Flair bis zum kleinstädtischen Charme, von der großen Kunst bis zum Anekdoten-Stadl. Fast ist es, als sei Österreichs Hauptstadt wieder Zentrum des alten Habsburgerreiches, in dem bekanntlich die Sonne nie unterging.

Das Kernland dieses Reiches war das heutige Niederösterreich – von dem die meisten Deutschen noch nicht mal so richtig wissen, wo es genau liegt. Man kennt die Wachau, den Semmering, den Wienerwald – aber Niederösterreich? Dabei ist das größte österreichische Bundesland mindestens so sehr eine Reise wert wie die Metropole, um die es gelegen ist.

Die MERIAN-Redaktion jedenfalls war begeistert vom sanften Weinviertel mit seinen Kellergassen, vom Kamptal – „viel schöner als die Toskana ... und noch so unberührt“, schwärmte eine Autorin –, vom kargen Waldviertel und der üppigen Landschaft im Mostviertel.

Ich möchte Sie einladen: Entdecken Sie Wien neu. Und entdecken Sie Niederösterreich für sich!

Herzlich, Ihr

Andreas Hallaschka
MERIAN-Chefredakteur

Für MERIAN unterwegs

BERND LÖTSCH und **FREDA MEISSNER-BLAU** kämpften 1984 gegen ein Kraftwerk in den Donauauen. Jetzt führten sie MERIAN in die gerettete Natur S. 140

ALEX RÜHLE fühlte sich bei seiner Frühlingsreise mit dem Fahrrad durch das Mostviertel wie in ein Gemälde von van Gogh versetzt S. 146

MARC-OLIVER SCHULZ schloss beim Grünen Veltliner viele neue Freundschaften. Zum Beispiel in der Haugsdorfer Kellergasse mit Weinkenner Franz Jäger (links) S. 110

Wien blickt auf 2000 Jahre Geschichte und eine glänzende Gegenwart: Aussicht über Dach und einen Heidenturm des Stephansdoms **Seite 20**

Kaisers Kaffee: Auch das „Café Central" dekoriert sich mit der imperialen Vergangenheit Seite 186

Wien und Niederösterreich

WIEN

NIEDERÖSTERREICH

MERIAN | Reise-Service ab Seite 175

Natur pur: Der Nationalpark Donauauen ist intakter Lebensraum für geschützte Tiere und Pflanzen Seite 140

Fremde Federn: Im Frühling tragen 300 000 Obstbäume im Mostviertel ihre Blütenpracht. Sie steht auch jungen Mädchen Seite 146

K. U. K. KLISCHEE **Lisi - Sisi - Sissi**

Beim Namen fing die Fälschung an: Als Kind unterschrieb die spätere Kaiserin Elisabeth ihre Briefe mit Lisi. Daraus wurde Sisi. Der ganze schöne Mythos um Sissi (Romy Schneider) aber begann mit dem ersten, gleichnamigen Teil der deutschen Filmtrilogie. Romy überlagert bis heute Elisabeth: Tatsächlich war die Kaiserin eine depressive, rastlose Frau. Und als solche doch ihrer Zeit weit voraus: Sie verfiel Schönheits-, Schlankheits-, Sportwahn, liebte Heinrich Heine und ließ sich mit 51 Jahren tätowieren. Das 2004 eröffnete Sisi-Museum in der Hofburg versucht, die wahre Person zu zeigen. **www.hofburg-wien.at**

Wien dreht sich schnell – und wird darum immer schneller ein Titelthema für MERIAN

1956

1968

1981

1990

1999

SECESSION **Krauthappel**

– also „Kohlkopf" nennen die Wiener die Blattwerk-Kuppel der Secession. Sie war Ausstellungsgebäude der gleichnamigen Künstlervereinigung, gegründet um die Jahrhundertwende. Deren Ideen der Verbindung von Kunst und Natur sind auch Grundidee des Bauwerks von Joseph Maria Olbrich, einem Schüler Otto Wagners. Die Gruppe zerfiel bald, das Haus fasziniert noch immer.

wien malte er

nie malte wer
mental wie er
ei wen malt er
wien malte er

malte er wien
malte er wein
mal wienerte
mal weinte er

wiener malte
altem wiener
nie weltarme
einmalwerte

twenmalerei
leert man wie
meter lawine
werte im elan

emil war ente
nie malewert
wen raet emil
entere im wal

Auszug aus einem Anagrammgedicht des Schweizer Künstlers André Thomkins, erschienen im „Literaturmagazin 18", Rowohlt-Verlag 1986

HOFREITSCHULE **Ross-Superlativ**

Sie ist die älteste Reitschule der Welt, in der die klassische Reitkunst kontinuierlich gepflegt wird. Ihre Schüler, die Lipizzaner Hengste, gehören der ältesten Kulturpferderasse Europas an. Zum Unterricht gehen sie in die schönste Reithalle der Welt (1729–35), einer Arbeit J. B. Fischer von Erlachs: Alles hier ist edel, bis zu den Hirschlederreithosen. Wer den Wallfahrtsort der Rossnarren erleben will, muss früh buchen: Zu sehen gibt es tägliche Morgenarbeit wie große Kür. **www.spanische-reitschule.com**

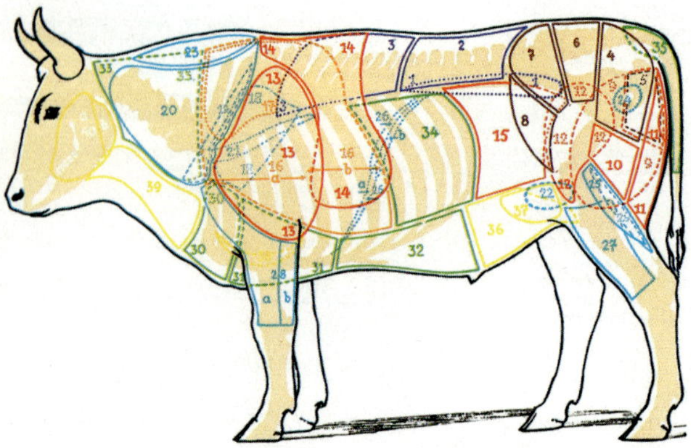

CONNAISSEURE **Wiener Blut**

Wien ist das Mekka der Rindfleischesser. Auch wegen der chirurgischen Kunst heimischer Fleischhauer, die einen Ochsen in bis zu 65 Teile zerlegen. Ehe Sie den Unterschied zwischen Zapfen (No. 12) und Schlepp (No. 35) lernen: Die besten Rindfleischspezialitäten bereitet Plachutta zu. **www.plachutta.at**

GOLDSTÜCK

Das Wiener Schnitzel stammt ursprünglich aus Byzanz, kam nach Andalusien, danach nach Italien. Ehrlicherweise steckt im Wiener Schnitzel die „costoletta alla milanese", das Kotelett Mailänder Art, das im 15. Jahrhundert à la mode mit Blattgold gereicht wurde. Als man diesen Luxus verbot, erfand man die Panier (nicht Panade!) – ein Ersatz aus Eigelb, Semmelbrösel, Mehl. Dies zu den groben Fakten. Die feineren der Zubereitung füllen Seiten, schließlich handelt es sich hierbei um die kulinarische Identität Wiens.

MANNER **Himmelsbrot**

Nähme man dem Wiener die Manner-Schnitte weg, wär' er kein Wiener mehr. Die Haselnusscremeschnitte hat nix mit Manna gemein, sondern ist der Name des Süßigkeitenverkäufers Josef Manner, der mangels guter Waren 1890 seine eigene Schokoladenfirma eröffnete. Heute ist sie der größte Süßwarenhersteller Österreichs und Renner immer noch die „Neapolitaner Schnitte No. 239". In der Bigbox erhältlich im **Manner-Shop am Stephansplatz 7**.

FREUD **Reflektives Lotterbett**

„Auf die Couch" ist längst ein Synonym für die psychologische Behandlung geworden. Denn das Möbelstück war Sigmund Freuds bequemstes Instrument zur Erforschung der Seele. 47 Jahre lang hatten auf seinem Diwan die Patienten über all ihre Neurosen, Komplexe, Hysterien, Perversionen frei assoziiert. Die originale Couch mitsamt dem Teppich aus Smyrna ist mit dem Psychoanalytiker nach London emigriert, dort auch geblieben. Sein Wiener Domizil in der Berggasse 19 aber ist wieder als Museum zu besichtigen **www.freud-museum.at** Für Freudianer: Zu seinen Theorien und den intellektuellen Auseinandersetzungen seiner Zeit gibt es eine Führung **www.wienguide.at**

DEMEL VERSUS SACHER **Der Tortenkrieg**

Seit 1832 wird das Rezept der „Chocoladentorte höherer Art" geheim gehalten. Allerdings nicht geheim genug. Sieben Jahre wurde vor Gericht gestritten, es ging um den Sachertorten-Alleinvertretungsanspruch. Schließlich einigten sich die k. u. k. Hofzuckerbäckerei Demel und das Hotel Sacher salomonisch: Demel trägt ein dreieckiges Siegel, Sacher ein rundes. Der entscheidende Unterschied aber ist die Marmeladenschicht: beim Demel nur unter der Kuvertüre, beim Sacher auch in der Mitte der Torte. Versand per Post: **http://shop.sacher.com**

Skrein GmbH
Spiegelgasse 5
A 1010 Wien
ph +43 (1) 513 22 84

Juwelier Stürzl
Breitenfurter Straße 360
A 1230 Wien
ph +43 (1) 869 34 42

Tiffanys One
SCS-Top 204
A 2334 Vösendorf
ph +43 (1) 699 52 17

Weiss
Hauptstr. 71
A 2340 Mödling
ph +43 (22 36) 227 90

NIESSING

Spannring HighEnd. »Gold oder Platin. Brillanten von 0.23 bis 5.00 ct. Mit offenen Armen empfängt HighEnd sein kostbarstes Geschenk. Zwei gerade Flächen, die zum Ringmittelpunkt weisen, halten und schützen den Brillanten. Der Ring wird nach unten hin sanft stärker und zeichnet die Linie der Spannung nach. Ihr Mut für eine kühne Konstruktion ist gefragt. Die kühle Statik schafft den Rahmen für Ihre Inszenierung. Raum für Ihre Raffinesse.« www.niessing.com

1958

1966

1976

Merian beschäftigte sich bereits mit der Wachau, Wald- und Weinviertel und dem Wienerwald

REISE IN DEN TOD **Bechelarens Gäste**

Sie sind ein wenig mühselig zu lesen, die rund 2400 mittelhochdeutschen Strophen des Nibelungenliedes. Die meisten schaffen nur den ersten Teil des Heldenepos, der in Worms spielt und damit endet, dass Hagen Kriemhilds Ehemann Siegfried ermordet. Weniger bekannt ist daher, dass etliche Strophen des zweiten Teils an der Donau spielen, im Nibelungengau, wie die Gegend zwischen Ybbs und Melk deshalb heute heißt: Dort ziehen die Nibelungen die Donau entlang zum Hof des Hunnenkönigs Etzel, der die Witwe Kriemhild gefreit hatte. Unterwegs machen sie Halt bei Rüdiger von Bechelaren, Markgraf der Hunnen, im heutigen Pöchlarn. Über Tulln und Wien reisen die Nibelungen dann weiter zu Etzel, wo sie – das bittere Ende ist bekannt – alle ermordet werden.

Aventewr wie Seifrid chriemhilden erste sach
Man sach sy täglichen reiten an den rein
Die zu der hochzeite geren wollten sein
Die durch der kunige liebe chamen in daz lant
Den gab man dinnelichen baide ros und gewant
Im waz ir gesidel allen wol berait
Den hochsten und den pesten als uns ist gesait
Zwen und dreissig fursten da zu der hochzeit
Da ziert sich engegen vil manig junckfraw gemait
Es waz vil unmussig geyselher daz chind
Die fremden und ir mage vil gutlichen sind
Enpfangen von gernote und auch ir baider man
Ja gruessten sy die degen als es nach eren waz getan
Die goldvarben satel sy prachten in daz land
Die zierlichen schillte und herlich gewant
Durch des wirtes liebe zu der hochzeit
Vil mangen ungesunden sach man frolich seit
Die in den petten lagen und heten wunden rot
Die musten des vergessen wie herte waz der tot
Die siechen ungesunden musten sy verclagen

REITEN UM DIE WETTE **Mini-Las Vegas**

Mit ein paar hundert Dollar wanderte der Steirerbub Frank Stronach 1954 nach Kanada aus. Dort wurde er steinreich. 2004 kam er „hoam", um sich einen Traum zu erfüllen: Der Pferdenarr baute in Ebreichsdorf für 75 Millionen Euro die 270 Hektar große Pferderennbahn und Kasinoanlage „Magna Racino". Wetten, dass er damit Erfolg hat?

RUNDES AUS DER STEINZEIT **Dralle Venus**

Kaum zu glauben, dass diese Dame mal ein Sexsymbol war. Doch vor rund 25 000 Jahren, als die elf Zentimeter hohe Statuette aus Kalkstein geschaffen wurde, war Cellulite nichts Abstoßendes. Extreme Körperfülle galt offenbar als schön, stand vermutlich für Fruchtbarkeit. Deshalb wohl die detailgenaue Ausarbeitung der schweren Brüste und der Fettfalten. Dass sie keine Füße hat, deutet darauf hin, dass die Figur in den Boden gesteckt wurde. 1908 wurde die einst rot bemalte Gesichtslose bei Grabungen in Willendorf gefunden, daher auch ihr Name: Venus von Willendorf. An der Fundstelle und im örtlichen Museum stehen heute große Repliken. Das Original ist im Naturhistorischen Museum in Wien, wo man es mit modernster Technik bis ins Innerste untersucht.

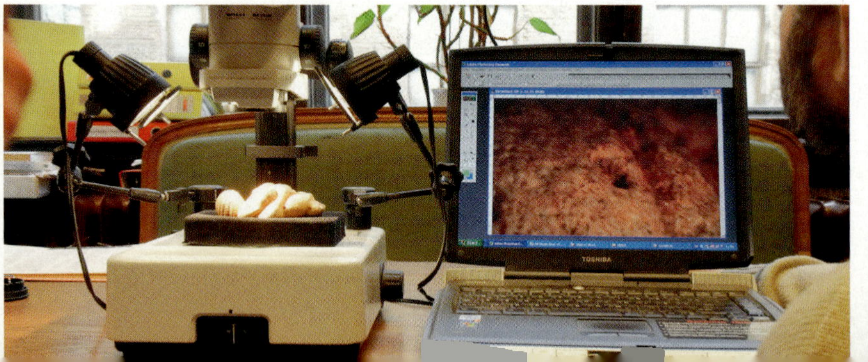

Entlocken Sie der Stadt ihr Lächeln.
Die neue E-410 mit Live View. Die kleinste D-SLR-Kamera der Welt.*
Leichter reisen: mit der Spiegelreflexkamera fürs Handgepäck ■ Bequemer reisen: mit der Live View Funktion für hervorragende Aufnahmen ■ Intelligenter reisen: mit dem Supersonic Wave Filter für staubfreie Bilder ■ Auf allen Reisen.
Sehen Sie die Welt mit anderen Augen: www.olympus.de
LIVE VIEW
Dust Reduction System
OLYMPUS
E-410
ZUIKO DIGITAL 14-42mm 1:3.5-5.6
10.0 MEGAPIXEL
*Stand: 3/2007
OLYMPUS
Your Vision, Our Future

NITSCH-MUSEUM **Aktionsrahmen**

Spritzendes Blut, Eingeweide und Geschlechtsteile – mit den Zutaten seiner umstrittenen Kunstaktionen und dem Orgien-Mysterien-Theater wurde der Provokateur Hermann Nitsch weltweit bekannt. Seit Mai 2007 hat der Mitbegründer des Wiener Aktionismus nun in seiner Heimat ein Museum ganz für sich: In Mistelbach im Weinviertel werden auf 2600 Quadratmetern Werke aus seiner über 50-jährigen Karriere gezeigt, darunter die legendären „Schüttbilder“, blutbefleckte Messgewänder, Kruzifixe und Fotografien.

KARIKATUR-MUSEUM **Ge-Deix-elt**

Bill Clinton beim Onanieren, Jörg Haider als glatzköpfiger Nazi, St. Pöltens umstrittener Bischof Krenn in Marilyn-Pose auf einem U-Bahn-Gitter und das einfache Volk in all seiner Körperfülle (siehe Bild). Der Karikaturist Manfred Deix kennt keine Tabus. Dafür hassen ihn die einen – andere lieben ihn. Das Karikaturmuseum in Krems hat sich mit dem St. Pöltner zusammen getan und 2006 eine Dauerschau seiner Arbeiten eingerichtet. Die Ausstellung zeigt Werke zu unterschiedlichen Themen aus den letzten Jahren und wird von Deix höchstpersönlich ständig aktualisiert, denn die Ideen für bissige Bilder gehen ihm nie aus.

ART-BRUT-MUSEUM **Kunst aus der Anstalt**

Art Brut – die Kunst psychisch kranker Menschen – hat in Maria Gugging im Wienerwald ein Museum gefunden. Ihren Namen erhielt die Kunstrichtung 1945 vom französischen Maler Jean Dubuffet, der damit die unverfälschte Herangehensweise an Kunst von gesellschaftlichen Außenseitern meinte. Das Museum zeigt Werke internationaler Vertreter der Art Brut sowie der Künstler aus Gugging, die im angrenzenden „Haus der Künstler“ (o. rechts) wohnen und arbeiten. Zum Beispiel Franz Kernbeis, der nur mit Sonnenbrille arbeitet und grundsätzlich nach einer Stunde aufsteht und geht. Oder Oswald Tschirtner, der nur in Anwesenheit seines Psychologen malt.

Selters oder Sekt?

In Hamburg oder Berlin ist Vöslauer Mineralwasser ein teures Trendgetränk. Darüber können Niederösterreicher nur lachen. Denn hier kann man im Trendselters sogar baden: Das Thermalbad in Bad Vöslau wird mit dem selben Wasser gefüllt, das mit Kohlensäure angereichert in die Trinkflaschen kommt.

1000 Reisen und ein Ziel:
Intensiver*leben*
Studiosus-Reisen: Sehenswürdigkeiten, Kultur, Märkte, Strände und die Menschen. Fordern Sie jetzt kostenlos unsere aktuellen Kataloge an.
Per Telefon 00 800/24 01 24 01
(Gebührenfrei für D, A und CH)
Oder Internet www.studiosus.com
Studiosus

Qualität verbindet – das haben 43 Ausflugsziele in Niederösterreich erkannt und sich zu einem Verbund mit hohen Ansprüchen zusammen geschlossen. Den Urlauber freut's

Was ist der gemeinsame Nenner so unterschiedlicher Ausflugsziele wie der Rosenburg, dem Stift Göttweig oder der Seegrotte Hinterbrühl? Die Antwort ist einfach: Diese und weitere Sehenswürdigkeiten haben sich als „Top-Ausflugsziele Niederösterreich" qualifiziert. Insgesamt 43 sehens- und besuchenswerte Orte sind unter dieser Qualitätsmarke vereint – Ausflügen ins weite Land steht nichts mehr im Weg!

Mehr Service bieten, ist das oberste Ziel der Initiative. Was alle eint, ist ihre Größe, gemessen an Bedeutung und Besucherzahl, sowie der Wunsch, die Gäste mit besonderer Qualität zu begeistern. Mehr als 60 Kriterien müssen bei der Aufnahme erfüllt werden, das fängt beim zweisprachigen Kassenpersonal an, geht über attraktive Wartezonen und gut sortierte Shops bis hin zu einer ansprechenden gastronomischen Versorgung und weiteren Merkmalen, die immer das Wohl des Besuchers an die erste Stelle setzen.

Die Niederösterreich Werbung hat nicht nur ein Augenmerk darauf, ob alle Kriterien bei der Aufnahme in den illustren Kreis erreicht werden, sondern testet auch regelmäßig die weitere Einhaltung der hohen Qualitätsmaßstäbe. Aufgrund der enormen Vielfalt wurden die Ausflugsziele in fünf Themenbereiche unterteilt:

- **Naturparks & Erlebniswelten**
- **Stifte & Klöster**
- **Museen & Ausstellungen**
- **Burgen & Schlösser**
- **Bergbahnen & Schifffahrtsgesellschaften**

So kann man etwa im Archäologischen Park Carnuntum auf den Spuren der alten Römer wandeln, in der Kunsthalle Krems Ausstellungen von den Russischen Realisten über Paul Klee bis zu Helmut Newton besuchen oder im Tierpark Haag über 600 Tiere hautnah erleben, Schloss Artstetten gewährt einen Blick in die facettenreiche Welt Franz Ferdinands und seiner Familie und eine Fahrt mit der Schneebergbahn, Österreichs höchstführende Zahnradbahn, bietet die faszinierende Kombination von Eisenbahnromantik und alpiner Bergwelt.

▸ Weitere Informationen über sämtliche Ziele sind auch unter **www.ausflug.at** abrufbar.

Eine Klasse für

„Auf dem Holzweg" lautet das Thema in der Erlebniswelt Mendlingtal

Schloss Hof zieht mit seinen barocken Gärten viele Besucher an

Die mittelalterliche Klosteranlage des Stift Heiligenkreuz liegt idyllisch mitten im Wienerwald

sich!

Niederösterreich top Ausflugsziele

Dieses Projekt wurde aus Mitteln des Europäischen Fonds für Regionale Entwicklung kofinanziert.

Eine Reise in die Welt des Weines erwartet die Gäste in der Weinerlebniswelt „wein.sinn" in Krems

Mit Karacho talwärts donnern auf der Allwetterodelbahn Eibl Jet

Wien
Neue Pracht und alte Neurosen

Seit dem Zerfall des Ostblocks hat es den Anschein, als sei die Hauptstadt Österreichs wieder das Zentrum Mitteleuropas: Wie einst glänzt in Wien der Doppeladler

Text: Michael Frank

Alfred Polgars giftige Worte klingen lange nach: Wien bleibt Wien? Eine Drohung, mit der Helmut Qualtinger gar zu gern seine Zuschauer irritierte. Der grandiose Schauspieler und Kabarettist hatte all seinen Grant auf eine an Fassaden und Seele graue Stadt bezogen. Lebte Qualtinger heute noch, hätte er sich wohl kaum den Glanz vorstellen können, den die einstige Reichsmetropole in den vergangenen Jahrzehnten unter der gediegenen Patina von Verdruss und Verdrossenheit hervorgezaubert hat.

Von dem Psychotherapeuten Erwin Ringel hingegen, dessen Hauptthema die (österreichische) neurotisch gestörte Seele war, stammt der Satz: Vor dem Doktor Freud habe er nicht den geringsten Respekt – in Wien den Todestrieb zu erfinden, ist das eine Leistung!?

Wo in Wien nistet sie, die Neurose? Man könnte die architektonische Gestalt der alten Inneren Stadt als Parabel für ihre innere Befindlichkeit nehmen. Hier gibt es große, alte Bauten mit vier, fünf Stockwerken. Darunter der Keller, in dem Fahrräder stehen, früher Kartoffeln lagerten, Wein; im zweiten staubigen Untergeschoss stand einst der Kohlenkasten; vom dritten weiß man gerade noch, wagt sich aber kaum mehr hinunter; vom vierten und manchmal fünften Keller, wo Bombenschutt und dunkle Vergangenheit ruhen, hat man keine Ahnung mehr – und wenn, dann tut man besser daran, nicht nachzustöbern, was es an düsteren Unwägbarkeiten und grauslichem Zeug aufzufinden gäbe.

Genauso ist die Wiener Seele. Nach deren Abgründen zu forschen, ist tunlichst zu vermeiden – es könnte ja so etwas wie Selbsterkenntnis hervorsteigen. Früher verbarg die Stadt diese dumpfe Verweigerung ihrer selbst hinter adäquat grauen Fassaden. Nicht, dass diese Welt der psychischen Zwischenlagen, der seelischen Kerker und emotionalen Untiefen indessen freigelegt und durchleuchtet worden wäre – aber sie verbirgt sich heute besser: Die Tristesse, die diese Stadt von monumentalem Ausmaß und wuchtigem Aufbau nach den einstigen Erfordernissen der Kapitale eines Imperiums besonders bedrückend und unheimlich machen kann, hat sich zumindest äußerlich ein säuberlich geliftetes, wunderbar reines Gesicht zugelegt.

Erst jetzt vermag man den grandiosen Zuschnitt, die Pracht und Herrlichkeit dieser Stadt so recht zu ermessen. Frisch geputzt verrät Wien heute tatsächlich viel mehr von seinen warmen Qualitäten, lässt Ebenmäßigkeit und Runzeln der alten Metropole in neuer Klarheit hervortreten, verrät auch mehr von den inneren Wechselbädern der Psyche, als es das reine Grau früherer Jahrzehnte konnte: das ständige Schwanken nämlich zwischen Verzagtheit und Übermut, zwischen Minderwertigkeitskomplex und Größenwahn.

Wien ist wieder eine glänzende, von Selbstbewusstsein strotzende Stadt geworden. Wien ist neuerdings auch eine lebhafte Stadt. Das ist nicht immer so gewesen! Aktionisten, groteske Filmemacher, Literaturvölkchen von phantastischer Unangepasstheit? Sie alle waren die Antithese zum früher so bedrängenden Grau.

Wien ist heute auch eine reiche Stadt. Das erweist sich nicht nur an den vielen, in raschestem Takt verkehrenden Bussen, Tram- und U-Bahnen, die Lust machen, seine Winkel und Seitenaspekte zu durchstöbern. Das lässt sich gleichermaßen an dem vielen Gold ablesen, das die quirlige Alte als Schminke neu aufgelegt hat. Und es zeigt sich an den fabelhaft restaurierten Exemplaren des architektonischen Fortschritts früherer Tage, wie etwa dem Looshaus am Michaelerplatz, bei dessem Anblick Kaiser Franz Joseph die Vorhänge habe zuziehen lassen, als man es ihm im Jahr 1910 gegenüber seiner Hofburg vor die Nase setzte, und das er seiner provozierenden Modernität wegen herzlich hasste. Dessen neualte prunkvolle Klarheit im Original ist das Symbol für einen prinzipiellen Gesinnungswandel: Früher war Wien auf seine Reize zu stolz, als dass es sie mit anderen hätte teilen wollen. Verbarg sie hinter Spießigkeit und einer muffigen Ablehnung des Dekorativen. Heute hingegen wird jeder Schnörkel, jeder Zierrat, jedes Ornament überreich vergoldet, gepudert, gezuckt und zelebriert, als seien die Stuckkringel die Seele der Stadt selbst.

Schon früher verstand man sich gut aufs Verzuckern, als protestantische Baumeister für Österreichs apostolische Majestät strenge Paläste konzipierten, die dann aber von austriakischen Baumeistern gleich den Konditoren mit viel Schlagobers, Zierrat und Zuckerzeug garniert wurden. Auch das eine Parabel für die ganz große Sehnsucht, mit aufgesetzter Heiterkeit, die der Wiener Seele von Haus aus keineswegs gegeben ist, Ängste, Befürchtungen und Vorurteile in die Keller zu bannen.

Wien war einst furchtbar lichtscheu. Ohne Balkone und Terrassen, mit himmelhohen Häuserschluchten ohne Durchbrüche und Lichtschläge. Und die wunderbaren Höfe, die früher so verschwiegen waren und heute so berühmt sind, boten nur wenigen wirklich Erleichterung von der lichtscheuen Misere. Heute ist das anders: Kaum regt sich ein Lüftchen, räumen die Wirtsleute sofort den Schanigarten heraus, stellen Stühle aufs Trottoir (die Gemeindeverwaltung kassiert dafür „Luftsteuer“, die für alles zu entrichten ist, was den öffentlichen Raum überwölbt, also auch Geschäftsmarkisen wie Zunftschilder). Was für ein Wandel im Bewusstsein!

Heute klinkt man Balkone an, wo es irgend erlaubt ist, werden Dachausbauten mit üppigsten Terrassen ausstaffiert. Auch im übertragenen Sinne kommt einem die Stadt durchlüfteter vor, die statistisch tatsächlich den meisten Wind in ganz Europa macht. 200 Windtage sind es im Jahr, ein Lüftchen, das oft bis zum leisen Sturm anschwillt, das Gassen und Seelen auskehrt. Ex Oriente Lux: Wegen der Übergriffe des kontinentalen Klimas aus der nahen Pannonischen Tiefebene hat Wien auch viele, viele Sonnentage.

Ex Oriente Lux. Gilt das auch politisch, gilt das auch für die Empfindungen jener Wiener, die zu Hunderttausenden ihre Herkunft im Osten hatten? „Osten!" ist hier alles, was die umliegende slawische Welt bedeutet, die sogar im Westen liegen kann wie etwa Prag. Die Traditionen von dort schwingen unwillkürlich mit, in der Sprache mit seltsamen Reflexivformen und einem fast ironisch anmutenden Vokabular. Der slawischen Traditionen aber hat man sich zu entledigen versucht, verband man doch jene Welt immer mit dem dumpfen Gefühl der Bedrohung und dem Argwohn gegenüber dem „Osten" – jener alten Welt der Ammen, Köchinnen, Domestiken, heute die der Armen und vermeintlich Zurückgebliebenen. Mit einer Welt, der nie wirklich zu trauen war, obgleich viele Wiener ihr entstammen.

Und heute, da die Stadt und ihre Firmen so überaus erfolgreiche Geschäfte mit dem Osten machen? Wo Österreich in der Tschechischen Republik, der Slowakei, in Ungarn, Slowenien, Rumänien, Serbien ökonomisch so ausgreift wie nirgendwo sonst auf der Welt? Geschäfte ja, Emotionen nein! So fährt neuerdings ein wunderschönes Ausflugsschiff zwischen Wien und der slowakischen Hauptstadt Preßburg (Bratislava) hin und her, kaum 60 Flusskilometer. Aber auf diesem Schiff fahren die Touristen aus Italien, Frankreich, Großbritannien, Asien, Amerika, Deutschland, nicht aber die Wiener. Denen genügt immer noch die Legende, dass es einmal eine Straßenbahn zwischen Wien und Preßburg gegeben habe, was als Unterpfand gilt, dass das alles sowieso einmal dazugehört hat. Man sich dafür nicht zu interessieren brauche.

Braucht man ja eigentlich auch nicht. Denn die aus dem Osten kommen schließlich nach Wien. Nicht nur wegen der Ausstrahlung der alten Geschichte und einer wenn auch oft tragischen Verbundenheit untereinander kommen die Tschechen, Slowaken, Ungarn, Rumänen, Slowenen, Kroaten. Auch um das alte, neu geschminkte imperiale Antlitz des einstigen Hauptes Mitteleuropas zu bestaunen. Und um einzukaufen. Sie tun dies, obwohl zu Hause oft identische Ware oder ähnliche Dinge gleicher Qualität preiswerter zu haben wären. Wien hat sich listig die Aura von erschwinglichem Luxus erworben – bei Italienern, Franzosen und erst recht bei den Menschen aus dem einstigen Ostblock, wo noch wenig Geld verdient wird. Aber sie kommen, staunen, kaufen.

Ein Mirakel, das sich auch darin erklärt, dass kaum woanders auf der Welt Bedienungen und Verkaufspersonal Kunden derart charmant zu umgarnen wissen wie hier. Ein Sachverhalt, der manchen allerdings auf seltsame Weise zu Kopfe steigt. Wollen doch die Protagonisten des österreichischen Fremdenverkehrs allen Ernstes den Wiener Charme in die Unesco-Liste der immateriellen Weltkulturgüter aufgenommen wissen. Der Wiener Charme? Es gibt nicht wenig Eingeborene, die ihn als die süßeste Form der Heimtücke charakterisieren.

Ach, und die Donau. Auch sie ist Exempel, wie eine Stadt sich Schminke zum neuen Sonntagsstaat auflegt, ohne die Seele zu berühren. Der große Strom, der am Weichbild der Stadt noch immer mit der Geschwindigkeit eines Gebirgsflusses vorbeieilt, ohne dass man Notiz von ihm nähme, erstreckte sich einst von der Innenstadt kilometerbreit in einem wilden, von verschlungenen Armen durchzogenen Bett nach Osten. Die Wiener fürchteten seine Gewalt und hassten den Strom. Die Mühlen jener Zeit waren auf Schiffen gebaut. Wenn die Donau wild wurde, was oft geschah, konnte sie sie nicht wegreißen. Die Schiffsmühlen aber stiegen mit dem Hochwasser, rissen sich im schlimmsten Falle los, trieben flussab – um bei fallenden Wasserstand wieder an den alten Standort bugsiert zu werden. Wien ist nicht umsonst nach dem zur Kloake degradierten Flüsschen Wien benannt, das unter dem Naschmarkt hindurchfließt.

Die Donauwalzerseligkeit aber kommt erst Mitte des 19. Jahrhunderts auf, als man dem Fluss seine Ungebärdigkeit nimmt, ihn einzwängt, kanalisiert. Da plötzlich entsteht dieser ganze Blaue-Donau-Kitsch. Die Abneigung der Wiener gegenüber der Donau hat Anton Kuh, der große Ironiker der Zwischenkriegszeit, so beschrieben: Wien liege am Wienerwald, allenfalls „neben" der Donau.

Nur in allerletzter Zeit hat sich ein neues Verhältnis ergeben: Auf einer 20 Kilometer langen, künstlichen Insel, die die Donau als Hochwasserschutz in zwei Flussläufe teilt, ist eine Art Paradies der Vergnügungen entstanden. Skater, Radler, Jogger, grillende Familien orientalischen Ursprungs, Nacktbader, und die etwas windigen Exotik-Bars der Copa Cagrana (benannt nach dem gegenüberliegenden Viertel Kagran) – irgendwie haben sie alle auf diesem Streifen ihre Welt gefunden. Im Sommer bieten beim Donauinselfest unzählige Bühnen unzählige Auftritte unzähliger Pop- und Rockkünstler, naturgemäß mit ganz großem Feuerwerk am Ende. Dann machen sich Millionen auf zum großen Strom.

Und wie es singt und klingt und so ganz anders ist als im alten Wien! Statt Walzer, Dritter-Mann-Gezither, Heurigenlieder die „Tschuschenkapelle" – Musik aus den Kellern der Subkultur, wo auf lustvolle Weise die rabiate Musizierlust des Balkans wahre Hochzeitsfeste feiert mit anderen klanglichen Strömungen, die jenseits des Philharmonikerklischees die Untergeschosse der Stadt durchziehen. Sie gleichen Seelenströmungen, die unrenovierte Winkel lieben und tot geglaubten Ecken einer an verschwiegenen Idyllen reichen Stadt, die ganz anderen Biotopen Heimstadt geben als die vielen neuen Hochhäuser, die nun ringsum in den Himmel ragen.

Die gibt es überall. Vier geheimnisvolle Keller hinter der Hochglanzfassade – die gibt es nur in Wien. □

Michael Frank *arbeitet seit 1986 für die* Süddeutsche Zeitung *in Wien – immer noch mit der Fähigkeit eines distanzierten Beobachters*.

Gelassen mit Glanz und Gloria

Nie strahlte Wien heller. Österreichs Hauptstadt gibt sich lässig imperial und spielt mit Lust den Remix aus Kaisererbe und Metropolenflair

Fotos: Gerald Hänel

Der Park der ehemaligen Sommerresidenz der Habsburger ist der Wiener liebstes Grün: Blick von der Aussichtsterrasse der Gloriette auf die weitläufige Gartenanlage von Schönbrunn – sie geht in ihrer Konzeption eine Idealverbindung mit dem Schloss ein

Der Heldenplatz im Inneren des Hofburg-Komplexes mit dem Prinz Eugen-Denkmal vor der Neuen Hofburg. Von deren Balkon verkündete Adolf Hitler 1938 den Anschluss Österreichs ans Deutsche Reich. Heute beherbergt die Neue Burg den Lesesaal der Nationalbibliothek und mehrere Museen

Die Hofburg der Habsburger: der letzte, tiefe Atemzug der k. u. k.-Monarchie

Österreichische Nationalbibliothek
ephesos museum
hofjagd- und rüstkammer
sammlung alter musikinstrumente
khm

Schloss Schönbrunn ist Kinder gewöhnt: Hier verbrachten die 16 Sprösslinge Maria Theresias den Sommer, bietet man heute Kindern das Spiel mit wechselnden Rollen, mit Uniformen, Fächern, Kappen, Spitzenkleidchen. So lernen sie den höfischen Alltag kennen

Einmal Sisi und Franz Joseph sein: Szenen voller Sehnsucht trotz aller alten Klischees

Der Stephansdom, Wiens erzbischöfliche Kathedrale, ist eines der bedeutendsten Bauwerke der mitteleuropäischen Hoch- und Spätgotik. Blick vom Südturm über das mit 230 000 bunten Ziegeln gedeckte Steildach auf einen der beiden Heldentürme

Essen gehen durch enge Gassen: Die vom Mittelalter geprägte Altstadt ist Wiens traditionelles Ausgehviertel. Den Gasthof Griechenbeisl am Fleischmarkt gibt es seit mehr als 500 Jahren

Zwei Kulturinstitutionen von Weltrang: Hinter der Renaissance-Fassade am Ring residiert das Burgtheater (oben). Die Wiener Sängerknaben (rechts) singen, wenn nicht auf Tournee, allsonntäglich zur Messe in der Kapelle der Hofburg

Herzenssache: Solange der Steffl in den Himmel ragt, ist für die Wiener die Welt noch in Ordnung

Der Prunksaal der Nationalbibliothek war das erste Gebäude, das 1721 für die Hofbibliothek erbaut wurde. Hier stehen 200 000 Bücher von 1501 bis 1850, darunter die 15 000 Bände umfassende Sammlung des Prinzen Eugen. In der Mitte der überkuppelten Haupthalle thront das Marmorstandbild des Stifters, Karls VI. Dies und die anderen Statuen sind Arbeiten der Brüder Peter und Paul Strudel

Jahrhunderte alte, verschwenderische Pracht:
Hier feiert die Kultur sich selbst

Jeder Wien-Besucher muss einmal im Fiaker gesessen haben. Nur so bekommt der Gast das richtige Gefühl beim Durchfahren der Hofburg – und obendrein noch Urwiener Geschichten mit dem rechten Schmäh geboten. Achtung, die Nostalgie hat ihren Preis!

„Das Sacher“ ist die Wiener Dreifaltigkeit – ein Hotel, eine Torte, ein Café. Der Portier am Eingang ist hier ein Herr und kein Doorman, und das puristisch elegante Gebäck trägt den Stempel des Hauses

Das Café Sacher Wien gehört zu den klassischen Kaffeehäusern, in denen man eine gefühlte Ewigkeit verweilen kann. Ein Ort maximaler Freiheit – mit entsprechender Etikette, versteht sich

Der Kaiser lässt grüßen: ein heiter-wehmütiges Spiel mit der Vergangenheit

Rückkehr einer versunkenen Adelswelt: Palais und Passagen sind sorgsam wieder aufpoliert

Shopping de luxe: Zu den schönsten Einkaufsarkaden zählt die Freyung-Passage. Sie führt quer durch das Palais Ferstel, vorbei an eleganten Geschäften und durch den Arkadenhof, den der Donaunixen-Brunnen von Anton Dominik Fernkorn ziert

Imperialer Schein oder neues

In Sachen Vergangenheit sind die Wiener Weltmeister. Und ihre Sehnsucht nach der Habsburger Monarchie sitzt tief: Ein Spaziergang durch des Kaisers Stadt Text: Monika Czernin

»Alles ist zu groß, hier herrscht das Maß der Vergangenheit«

Cees Nooteboom: Die Hauptstadt von Kakanien, 1983

»Imperiales Wien«. Kein Schlagwort verkauft Österreichs Hauptstadt derzeit besser, keine Chiffre klingt treffender, kein Wienprogramm kommt ohne die neue Liebelei mit dem alten Habsburger Imperium aus. Wie keine andere Metropole spielt die alte Kaiserresidenz die Rolle der Hauptstadt der Sehnsucht nach vergangener Größe und gibt sich dennoch ganz modern, kultig und von barocker Sinnesfreude.

Sind Sie endlich in der Innenstadt angekommen, meiden Sie die Kärntner Straße – sie ist heruntergekommen zu einer Allerwelts-H&M-Mango-Zara-Einkaufsmeile, wie wir sie aus allen europäischen Städten kennen. Schlendern Sie lieber durch die engen Seitenstraßen des ersten Bezirks, die hier Namen wie **Himmelpfort-, Schönlatern-, Dom-, Blut- und Essiggasse** tragen. Barocke Fassaden, Kopfsteinpflaster und Innenhöfe, in denen die Zeit stehen geblieben scheint, prägen das Bild innerhalb der ehemaligen Stadtmauer, die Mitte des 19. Jahrhunderts der Ringstraße weichen musste. Auch die verschlungensten Wege werden Sie irgendwann zum **Stephansdom** führen, diesem Wahrzeichen Wiens und Hoffnungsanker der Wiener in Krisenzeiten. Aus dicker Erdenschwere verjüngt sich der Südturm, einer der höchsten Kirchtürme der Welt, in den Himmel, während der Nordturm unvollendet geblieben ist – ein Stummel mit Kuppel, dessen Inneres die Pummerin, die dunkel tönende Riesenglocke Wiens, beherbergt.

Lassen Sie sich – am besten frühmorgens, bevor die Touristenströme die Kirche stürmen – von der Finsternis dieses Doms hineinziehen in die vielen Vergangenheitsschichten der Stadt. Nur schemenhaft, Traumgespinsten gleich, blitzen die Kunstschätze im spärlich durch die Seitenschiffe einfallenden Licht auf. Sie ahnen, dass Sie sich in Wiens imperialer Vergangenheit verlieren könnten, wie die Wiener, die von ihr nicht loskommen, selbst wenn sie die alten, ins Kaiserreich zurückreichenden Wurzeln manchmal gern – was bei der erdrückenden Fülle verständlich ist – ignorieren und diese ganzen Geschichten, besonders die unrühmlichen Kapitel natürlich, in die Kapuzinergruft stopfen würden. Zu den 12 Kaisern, 19 Kaiserinnen und mehr als 100 weiteren Habsburgern – Könige, Erzherzöge, ihre Frauen und Kinder –, die dort ihre letzte Ruhe fanden. Die Herzen der Illustren freilich wurden bis 1878 separat, und zwar in der Augustinerkirche, beigesetzt, während hier im „Steffl" die Urnen mit den Eingeweiden der Habsburger zu finden sind. Imperiales Wien – makabres Wien!

Nur das Fin-de-Siècle-Wien – womit eine ganz bestimmte Wahrnehmung der Wiener Welt um 1900 gemeint ist – nur dieses Schlagwort hat im neuen Jahrtausend an Strahlkraft eingebüßt, wurde vom imperialen Wien aufgesogen, wobei das eine im andern enthalten ist wie die neue Hofburg in der alten, die Kaisermetropole des 19. Jahrhunderts in der Residenzstadt des Barock. Also bloß eine kleine Verschiebung in der historischen Wahrnehmung? Keineswegs! An einem Ort, an dem die Menschen ihre Seelen so gerne und gekonnt im Glanz ihrer Stadt – oder auch in deren Grau – spiegeln, kommt eine Veränderung im Tonfall, ja in der Tonart, einem kleinen Erdbeben gleich.

Wien spielt nicht mehr süße, melancholische Endzeitweisen, sondern trällert beschwingt im lebenslustigen Dur. Auch Sie werden die neue Stimmung bemerken, wenn Sie **durch den Graben und Kohlmarkt zur Hofburg** und weiter zum Ring wandern. Wien glitzert und glänzt wie seit der Gründerzeit nicht mehr, als die Stadt mit schließlich zwei Millionen Einwohnern (heute zählt sie 1,6 Millionen) in Europa gleich nach London und Paris kam. Der Bund lässt sich allein die Erhaltung der ehemaligen kaiserlichen Gebäude und Denkmäler denn auch 45 Millionen Euro im Jahr kosten.

Imperiales Wien! Das Thema ist ausufernd. Es droht ein exzessiver Rundgang zu allen kunsthistorischen Superlativen, nur minutenlang unterbrochen durch die Verlockungen des Wiener Kaffeehauses und die vielgepriesene, längst aus dem Dornröschenschlaf erwachte Wiener Küche, deren imperiale Vorgeschichte Sie durch einen Blick in die Hof-

Sein?

Das kaiserliche Zentrum Wiens liegt im I.Bezirk: Stephansdom-, Hofburg- und Belvedereviertel

silber- und Tafelkammer erahnen können. Sie erreichen sie direkt durch das **Michaelertor der Hofburg**. Dort vermeint man die Hofsilberputzer und Hofsilberwäscherinnen mit Körben voller schmutziger Gabeln, Messer und Tafelaufsätze aus den Prunksälen der Hofburg herbeiströmen zu sehen und erlauschen zu können, wie sie sich bei ihrer Arbeit den Mund über die soeben beendete Hoftafel zerreißen. Die erlauchten Herrschaften übersiedelten anschließend meist ins Hotel Sacher hinter der Oper, um sich dort satt zu essen. Die Mahlzeiten bei Kaiser Franz Joseph waren stets kärglicher Natur. Auch das Sacher, diese Ikone eines Grandhotels, erstrahlt aufgestockt im neuen Glanz, vor dem um die letzte Jahrhunderwende der Ringstraßenkorso, jenes vergnügliche Flanieren der besseren Gesellschaft zur Mittagszeit, stattfand.

In Wien kann man sich gar nicht auf die Spurensuche nach dem Vergangenen begeben, sondern immer nur mitten hinein in seine vollkommene Präsenz. Von der Hofburg haben Sie den Ring überquert und stehen nun zwischen dem **Kunst- und dem Naturhistorischen Museum**, zwei monumentalen Beispielen der Wiener Ringstraßenarchitektur und der aufkommenden Museumskultur des 19. Jahrhunderts. Ihr linkes Auge blickt über den Ring zur Hofburg, ihr rechtes Auge – Sie dürfen sich drehen – nimmt das **Denkmal für die matronenhafte Kaiserin Maria Theresia**, von ihren Feldmarschällen, Beratern und Künstlern umringt, und dahinter die **ehemaligen barocken Hofstallungen**, das heutige Museumsquartier (MQ), ins Visier. Das konservative Herz der Wiener hatte es verstanden, im 24-jährigen Kampf um das Museumsquartier hohe, das an die imperiale Silhouette gewohnte Auge beleidigende Einbauten zu verhindern. Genaugenommen wurde jedoch nicht 24, sondern 150 Jahre um das an die Hofburg angrenzende Areal gestritten.

Der deutsche Architekturstar Gottfried Semper hatte an dieser Stelle als Krönung seiner Architektenlaufbahn ein glorioses **Kaiserforum** geplant. Eine Art Apotheose kaiserlicher Macht für die imperialistische Epoche. Allein Franz Joseph (reg. 1848-1916) wollte nicht, war zu bescheiden, zu katholisch, zu wenig imperial vielleicht – die Donaumonarchie verfügte keine sechs Jahre lang, zwischen 1778 und 1784, über eine klitzekleine Überseekolonie, die Inselgruppe der Nikobaren weit östlich von Sri Lanka im Indischen Ozean. Zu Franz Josephs Zeiten genügte sich das Reich mit seinen wachsenden nationalen Spannungen als multiethnisches Imperium selbst. Und wie so oft in Wien, wo der Moderne stets eine schwere Geburt beschieden war, atmet heute ausgerechnet hier das Herz des jungen, kreativen, künstlerischen Wien, ein Ort, der schlicht und ergreifend Kult ist.

Was hat nun den Stimmungsumschwung in der Stadt bewirkt? Seitdem Wien nicht mehr die östlichste Stadt des freien Europas ist, gefällt es sich in seiner Rolle als Mitte Europas, als imaginäre Hauptstadt einer Region, die jahrhundertelang zusammengehört hat. Und so wird aus dem imperialen Schein, den die Wasserkopfhauptstadt des kleinen Österreich immer mit sich herumschleppte wie ein viel zu großes, viel zu mondänes Kleid, doch wieder so etwas wie imperiales

Sein – freilich ohne die dazugehörende Staatsform. Das unverkrampft lockere, auf der Klaviatur der k.u.k. -Monarchie virtuos spielende Wien hat auch darin – in der Stabilität seiner Demokratie – seine Geburtsstunde. Auch im April 1989 wurde sie nicht erschüttert, als die letzte Kaiserin Zita kurz nach ihrem Tod im schweizerischen Zizers nach Wien zu Ihresgleichen in die **Kaisergruft** überführt worden war. Das Herz verblieb allerdings in der Schweiz, von der Leichenfledderei kommen Habsburgers einfach nicht los.

Angesichts des prunkvollen Konduktes – die kaiserliche Leichenkutsche wurde extra achtspännig aus der Schönbrunner Wagenburg hervorgeholt – angesichts dieser ganzen Selbstverständlichkeit im Umgang mit dem Begräbnis der Monarchin, die zeit ihres Lebens keine Verzichtserklärung auf den österreichischen Thron abgegeben hatte, fürchtete so mancher die Restauration der Habsburgermonarchie. Doch die Angst war unbegründet und Wien schien einmal mehr erlöst von seinen Phobien und Sehnsüchten.

Aber zurück zum neuen imperialen Sein. Gönnen Sie sich einen Fiaker, der Sie am Ring entlang zum Schottentor und von dort **durch die Porzellangasse zum Palais Liechtenstein** bringt. Die seit kurzem wieder aus Vaduz nach Wien übersiedelte weltberühmte Kunstsammlung der fürstlichen Familie lässt ein wenig von der Macht und dem Reichtum des hiesigen Adels erahnen.

Genau auf der anderen Seite des Rings hatte eine andere die Geschicke der Monarchie bestimmende Familie ihre Sommerresidenz. Umgeben von einem herrlichen Park ist das **Palais Schwarzenberg** eines der elegantesten Hotels der Stadt, derzeit allerdings geschlossen: Es soll noch nobler werden. Sein Besitzer amtiert momentan als tschechischer Außenminister in Prag, schließlich hatte diese aristokratische Paradefamilie des alten Österreich hier wie dort Besitzungen und Schlösser, und die Vorfahren des in Wien nur »der Fürst« genannten Herrn bestimmten die Politik in der Wiener Hofburg und auf dem Prager Hradschin. Imperiales Sein – manchmal wiederholt sich die Geschichte in ihrer geglücktesten Form.

Gleich nebenan besuchen Sie die Sommerresidenz des Türkenbezwingers Prinz Eugen von Savoyen. Das Obere und Untere Belvedere zählt zu den schönsten Barockschöpfungen der Welt. Wie sinnfällig, dass in diesem heute als Museum genutzten, von Lukas von Hildebrandt hingezauberten Kleinversailles später der Erzherzog Franz Ferdinand wohnte, dessen Ermordung in Sarajevo das Ende jener imperialen Welt besiegelte, die heute im neuen EU-Gewand wieder aufersteht. Kurz nachdem Franz Ferdinand sein neues Domizil bezog, stellte der Kaiser noch einem anderen, unter den Spannungen der Epoche stets leidenden Zeitgenossen im **Oberen Belvedere**, genauer gesagt im **Kustodenstöckl**, eine letzte Bleibe zur Verfügung: Anton Bruckner, dem lebenslänglich von Selbstzweifeln geplagten, urösterreichischen Komponisten, der kurz vor seinem Tod am 11. Oktober 1896 noch flehte: »Lieber Gott, lass mich bald gesund werden. Schau, ich brauch ja meine Gesundheit, damit ich die Neunte fertig machen kann.«

Imperiales, schmerzlich schönes Wien. Sie wissen, es gibt auch noch ein anderes Wien, und auch diesem Wien, dem Wien der 20er und 30er Jahre, dem verlorenen jüdischen Wien und schließlich dem modernen, jungen Wien mit seiner lebendigen und stets aufbegehrenden Kunst- und Kulturszene werden Sie sich angemessen widmen – später dann. Doch für den Moment können Sie sich gar nicht satt sehen an all den Prachtbauten und Museen, in konzentrischen Kreisen um den alten Stadtkern gereiht, wie ein allzu großes Ringelspiel aus dem Prater. Sie gleiten durch die Stadt wie durch einen Walzer, denken an den Wiener Kongress und all die anderen historischen Meilensteine europäischer Politik, die im imperialen Wien glänzend in Szene gesetzt wurden. Sie lauschen den Geschichten, die in den kleinen Gassen der **barocken Innenstadt** überall auf offene Ohren warten, Sie wandeln auf den Spuren Mozarts durch die **Domgasse** und stellen sich die Aufführung von Beethovens »Eroica« 1805 im **Palais Lobkowitz** beim Albertinaplatz vor, das heute das Theatermuseum beherbergt.

Kurz haben Sie das Gefühl, doch in einem großen Theater mit imperialer Kulisse gelandet zu sein, die Grenzen zwischen Sein und Schein, zwischen Vergangenem und immer noch Präsentem verschwimmen. Sie vernehmen die gauklerischen, schwermütigen und die plötzlich doch so heitern Stimmen der Stadt, glauben den Hufschlag der Lipizzaner zu hören, die auf dem Weg von der Stallgasse in die **Winterreitschule** sind, und vielleicht geht es Ihnen wie dem Literaten Reinhold Schneider, der in seinem 1957/58 geschriebenen Buch »Winter in Wien« zum Schluss gelangt: »Die Stadt hat mich mit einer Fülle des Menschlichen im Geschichtlichen überschüttet, auf die ich nicht vorbereitet war. Ich kann mich der Tränen nicht erwehren.« □

Monika Czernin, *in Klagenfurt geboren, arbeitete in Wien für den* ORF *und als Kulturredakteurin für* Die Presse. *Heute wohnt die freie Autorin in der Nähe von München. Eine Neuauflage ihres Buchs »Gebrauchsanweisung für Wien« ist 2007 bei Piper erschienen.*

www.viennaairport.com
Offen für neue Horizonte.
VIE
Vienna
International
Airport

Schnäppchen von Tante Dorothee

Das 300 Jahre alte Dorotheum ist ein Hort des Schönen, Schratigen und Seltenen und dabei viel aufregender als jedes Museum – denn in diesem berühmten Auktionshaus kann man alles kaufen Text: Markus Huber, Fotos: Cathrine Stukhard

Niemand soll sagen, dass sich das Dorotheum nur an ein elitäres Publikum wende! Die Pelzauktionen zum Beispiel – immer gut besucht. Die Mäntel und Capes sind meist wunderschön anzuschauen und bestechen durch ihre Qualität, sagen die Auktionatoren. Und vor allem mit ihrem Preis: Das Erstgebot liegt in der Regel bei einem Zehntel dessen, was die Pelze im Laden kosten würden.

Solche Gelegenheiten locken angeblich auch die Damen aus dem horizontalen Gewerbe in das wunderschöne Palais in der Dorotheergasse: „Bei den Pelzauktionen geht es immer katastrophal zu! Wenn da jemand überboten wird, fallen Begriffe, die man sonst in diesem Haus nicht hört", erzählt einer der Versteigerer." Schließlich ist die „alte Tante Dorothee", wie die Wiener das Haus nennen, eine Institution in der Stadt.

Das Dorotheum gibt es seit 300 Jahren, und es gehört zu Wien wie der Stephansdom und die Spanische Reitschule. Als so genanntes „Versatz- und Fragamt" wurde das Haus 1707 von Kaiser Joseph I. gegründet und war im Grunde eine soziale Einrichtung: Die Gewinne finanzierten den Erhalt des Wiener Armenhauses, und im Übrigen sollte mit dem Dorotheum der grassierenden Wucherei das Handwerk gelegt werden. Die Bewohner Wiens konnten fast ihr gesamtes wertvolles Hab und Gut ins Versatzamt bringen – zwei Drittel des geschätzten Wertes wurden ihnen dann zu einem geringen Zinssatz in bar geliehen.

Das Pfandleihgeschäft wird immer noch getätigt, hat jedoch bei weitem nicht mehr die wirtschaftliche Bedeutung wie in den Nachkriegsjahren: Heute werden 90 Prozent der versetzten Güter von den Eigentümern zurückgeholt. Darum ist für das Image, aber vor allem für den Umsatz des Dorotheums die zweite Unternehmenssparte sehr viel bedeutender – und das sind die Auktionen. Bis zu 600 Versteigerungen finden jedes Jahr statt, im Stammhaus in Wien – fast täglich –, in den 26 Filialen in ganz Österreich und in den sieben ausländischen Repräsentanzen. Seit der Privatisierung 2001 ist „das Pfandl" endgültig zum internationalen Kunsthaus gereift.

Mitten in der Wiener Innenstadt liegt das Dorotheum. Die Dorotheergasse ist eine kleine Seitenstraße des Grabens, und sehr viel zentraler geht es in Wien wirklich nicht. Seit 1787 befindet es sich hier, zunächst in einem Gebäude, das einst ein Kloster des Dorotheer-Ordens beherbergte – daher der Name. Doch von der klösterlichen Kargheit ist nichts mehr übrig geblieben. Im Gegenteil: Das Palais Dorotheum von 1911 ist ein Prachtbau, wie es ihn selbst im imperialen Wien nur selten gibt.

Dort, wo einst die Kutschen in den Innenhof gefahren wurden, stehen heute Vitrinen mit Schmuck und Uhren, Münzen und anderen Kleinoden daneben. Gleich rechts werden ausgewählte Exponate sofort verkauft. Links geht es über eine große Freitreppe in den ersten Stock, wo auf viele Säle verteilt die Schaustücke zu sehen sind. Die Auktionatoren und Bieter sitzen noch ein Stockwerk höher. Hier also finden sie statt, jene Versteigerungen, die das Dorotheum heute so unglaublich faszinierend machen.

Versteigert wird im Dorotheum alles: von Antiquitäten über Designermöbel der sechziger und siebziger Jahre bis hin zu Schmuck, Uhren, Oldtimern und vor allem Malerei. Neben der Zeitgenössischen Kunst sind es gerade die Alten Meister, auf die sich das Dorotheum spezialisiert hat. Was wiederum die italienischen Käufer sehr erfreut, die das Gros der Alten Meister kaufen. Amerikaner und

Deutsche hingegen steigern vor allem bei den Designklassikern mit. Russische Käufer, die erst seit kurzem das Haus auf ihrer Shopping-Liste haben, sind vor allem an opulent barocken Teilen interessiert. Lüster, Vasen und Möbel – je protziger, desto höher die Wahrscheinlichkeit, dass das gute Stück nach Russland auswandert, sagen die Mitarbeiter.

Gleich 70 Experten gibt es im Haus, unterteilt auf die einzelnen Fachbereiche. Und diese Mitarbeiter sind es auch, die die Auktionen organisieren. Sie sorgen sowohl dafür, dass genügend Exponate ins Haus kommen, klassifizieren diese und kümmern sich auch darum, dass bei Versteigerungen die möglichst richtigen, potenziellen Käufer anwesend sind. Vor allem in der Sparte der Alten Meister ist das manchmal nicht ganz einfach: Die Werke sind häufig weder signiert noch datiert. Doch zu den Versteigerungen muss nicht nur die Epoche feststehen – für die Experten eine Fingerübung – sondern auch, ob es sich um ein Original, eine Fälschung handelt, ob das Bild vom Meister oder doch nur von einem seiner Schüler stammt.

Prunkvolles Entrée des Pfandhaus-Palais, das 1901 an der Stelle des Dorotheerklosters errichtet wurde (links). Heute ist man weltweit vernetzt (Mitte), die Schatzkammer prall gefüllt mit Möbeln, Juwelen, Kunststücken (rechts)

Da können bisweilen auch Fehler passieren. Vor ein paar Jahren etwa kam im Dorotheum in der Kategorie „Alte Meister" eine kleine Gouache zur Versteigerung, die die Experten für das Werk eines Rembrandt-Schülers hielten. Dementsprechend niedrig war der Rufpreis – knapp mehr als 50 Euro. Doch während der Versteigerung entwickelte sich eine Dynamik, die einmalig war für das Haus. Die Bieter lizensierten sich immer weiter nach oben, weil schon in der Vorbereitung gemunkelt wurde, dass es sich bei der Gouache um einen originalen Rembrandt handele. Zum Schluss läutete das Versteigerungsglöckchen bei einer Summe jenseits der Hunderttausend. Tatsächlich konnte sich der Ersteigerer über einen echten Rembrandt freuen. Doch nur kurz. Im Zuge der Nachforschungen eruierten die Experten des Hauses, dass das Werk aus dem niederländischen Königshaus gestohlen worden war.

Eine Peinlichkeit, zugegeben. Derartige Dinge sollten einem Auktionshaus grundsätzlich nicht unterlaufen. Darum hat das Dorotheum in den vergangenen Jahren seine „Provinienz-Abteilung" erheblich ausgebaut.

Dass die Exponate heute genauer auf ihre Herkunft überprüft werden, hat auch mit der Geschichte des Dorotheums in der Zeit des Dritten Reichs zu tun. Als staatliche Institution des alten Österreich wurde das Haus damals gleichgeschaltet: Die Führungsebene wurde komplett ausgetauscht, und danach spielte das Haus bei der Arisierung des jüdischen Vermögens eine hässliche Rolle. Schmuck, Perlen und viele andere persönliche Gegenstände jüdischer Mitbürger wurden bis 1945 im Auftrag des NS-Staates über das Dorotheum verkauft. 1944 erbrachte zum Beispiel eine Schmuckauktion etwa ein Viertel des Geschäftsaufkommens in jenem Jahr – der Schmuck war Juden aus Böhmen und Mähren geraubt worden.

Ein Forschungsbericht hat dieses dunkle Kapitel des Dorotheums mittlerweile aufgearbeitet. Weil man damals ja vom Weiterverkauf enteigneten jüdischen Besitzes profitiert hatte, zahlte die neue Holding-Geschäftsführung als symbolische Wiedergutmachung 32 Millionen Dollar in den Entschädigungsfonds für Opfer des Nationalsozialismus.

Stücke, die heute unter den Hammer kommen, werden besser auf ihre Herkunft überprüft. Natürlich auch die Pelzmäntel. □

Markus Huber *ist Wiener Korrespondent des* Tagesspiegel *und Chefredakteur des Magazins* Fleisch.

Schock statt

Wiens kühnster Umbau mit Anbau: Gasometer B mit Wohn- und Büroturm vom Architektenduo Coop Himmelblau, 2001

Genug der goldenen Ranken – seit 100 Jahren begehren Architekten der Avantgarde gegen die altehrwürdige Wiener Baukunst auf. Ihr Credo: Provozieren, nicht dekorieren!

Text: Niklas Maak

Barock

Foto: Thomas Jantzen

Manchmal wirkt Wien wie eine fette Sahnetorte: Am Palais Trautson quillt zu viel Gold über den Mittelrisalit, an manchen Fassaden hängen die Jugendstilornamente wie ein umgekippter Teller Rucolasalat – und wenn man sich all das genauer anschaut, versteht man den Mann besser, dem ein anderes Wien so viel zu verdanken hat: Adolf Loos. Der auf Fotos meist traurig dreinschauende Mann mit einem bürstenartigen Schnurrbart veröffentlichte 1908 unter dem Titel „Ornament und Verbrechen" seinen legendären Wutanfall gegen die Verhübschung der Architektur und gab damit den Startschuss für die Moderne. Ornamente seien vergeudete Arbeitskraft, so Loos, und mit so etwas könne sich die Kunst beschäftigen, nicht aber die Architektur, die Welt brauche die Schönheit des Zweckmäßigen. Thesen, mit denen er endgültig die Vertreter der „Wiener Werkstätten" und des lokalen Jugendstils gegen sich aufhetzte, die die Welt inklusive der Architektur auch weiterhin gern in ein reich dekoriertes Gesamtkunstwerk verwandelt hätten. Damit war nun Schluss.

Wie es stattdessen weitergehen sollte, zeigte Loos den Wienern schon 1909-1911 mit seinem Bau für den Herrenausstatter Goldman und Salatsch am Michaelerplatz. Was der in den Vereinigten Staaten geschulte Loos dort mit der Fassade tat,

Die Moderne hat Einzug gehalten: Die vier 75 Meter hohen Gasometer von 1899 wurden 1999-2001 von vier Architektenteams zu Wohnensembles umgebaut. Im Gasometer C (unten) von Manfred Wehdorn staffeln sich die 92 Wohnungen zum Innenhof hin

Vier gigantische Bauten als neuer Stadtteil

Die ursprünglich geschlossenen Kuppeln der denkmalgeschützten Industriebauten wurden durch offene Stahlgerippe ersetzt (g.li., unten). So gibt es für die Bewohner Licht, Luft und Sonne. Mit Shopping Malls, Bars und Restaurants (links) ist die Gasometer-City in Simmering nicht nur Wohnsiedlung, sondern auch lebendiges Ausgehquartier

wirkte wie ein Witz auf Kosten der Auftraggeber – denn das Haus sah aus, als hätte es sich ausgezogen und stünde nun splitternackt vor der kaiserlichen Hofburg. Hätte Adolf Loos an dieser Stelle selbst in aller Öffentlichkeit die Hosen runtergelassen, der Skandal hätte nicht größer sein können!

So unanständig weiß und glatt und nackt gab es in Wien noch keine Fassade; die Wiener, die es gern opulent hatten, waren schockiert über die Nudistenwände, zumal Loos' neues Haus kein Einzelfall war; auch der große Otto Wagner, der Vorreiter der modernen Architektur in Wien, hatte sich im beginnenden 20. Jahrhundert darauf verlegt, immer nacktere Häuser wie das der Postsparkasse am Georg-Coch-Platz zu bauen, dessen karge Fassade aussieht, als sei sie von einer geometrisierten Gänsehaut überzogen.

Wagner und Loos standen dabei mit ihrer Strenge durchaus in einer großen Wiener Tradition. Denn anders als man denken mag, war auch der Wiener Barock keinesfalls besonders opulent, sondern vergleichsweise streng, reduziert, vereinheitlichend. Doch Loos' Fassade war so schmucklos gehalten, dass die erbosten Behörden einen Baustopp verhängten – und der Kompromiss, auf den man sich einigte, erschien mindestens genauso absurd wie das Werk der Efeumaler, die nachträglich allzu nackte Renaissancefiguren bekleiden mussten: Loos wurde dazu verdonnert, bronzene Blumenkästen unter den Fenstern anzubringen.

Dabei war sein Bau alles andere als schmucklos, den unteren Bereich der Fassade hatte Loos mit grünem Cipollinomarmor aus dem bereits stillgelegten, eigens für ihn reaktivierten Steinbruch im griechischen Euböa verkleiden lassen. Auch das ein Statement, dessen Nachhall bis heute durch Architektur und Kunst donnert: dem Wiener Avantgardisten ging es darum, die Schönheit des Materials mit seinen spektakulären Änderungen sichtbar zu machen. Damit war er damals den Minimalisten der 60er Jahre schon näher als den Dekorateuren seiner Zeit.

Loos, der als Architekt mit den ornamentalen Mäandern der Kunst nichts zu tun haben wollte, hatte, ohne es zu ahnen, die Jahrhundertentwicklungen in Architektur und Kunst in seinem Bau vorweggenommen: oben die strenge Reduktion der Fassade auf eine weiße Fläche mit quadratischen Fenstern; unten ein Muster, das ungegenständliche Strukturen gegen eine figurale Tradition von allegorischen Figuren oder Ornamenten setzte. Genau das passierte später auch in der Gegenwartskunst, und Loos' Sockel hat so gesehen mit dem abstrakt malenden Jackson Pollock mehr zu tun als mit den Rustikasockeln des Wiener Klassizismus.

Dass Opulenz in der reinen Form liegen kann, nicht bedeuten muss, Fassaden mit kompliziertem Lianengestrüpp zu überziehen, hatte Adolf Loos schon 1908 mit seiner Kärntner Bar gezeigt, die „American Bar" oder auch "Loos-Bar" genannt wird und auf einer Grundfläche von nur 4,15 mal 6,15 Metern eine streng orchestrierte Materialorgie aus Marmor, Onyx, Mahagoni, Bronze und Glas vorführt. Wer die funkelnde und schillernde kleine Zelle betritt, ist schon ohne den Alkohol berauscht, den er dort trinken soll. Ein verwirrender Effekt, der auch architekturge-

1 Für Wirbel sorgt in den siebziger Jahren die Architekten- und Künstlergruppe Haus-Rucker-Co mit ihrem Mind-Expander-Programm – einer Installation zur Bewusstseinserweiterung.
2 Zur selben Zeit entsteht die Wotrubakirche im 23. Bezirk, ein provokanter Zyklopenbau
3 2004 errichten Delugan Meissl auf dem Wienerberg einen Wohnturm mit 47 Wohnungs-Varianten, nachdem sie 2003 schon mit
4 House Ray 1, einem spektakulären Aufbau auf einem Bürogebäude, Furore machten

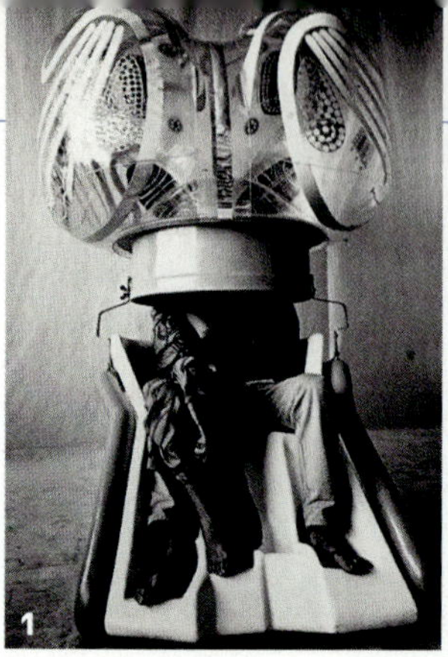
1

2

3

schichtlich nicht folgenlos blieb. Dass Bauen und Rausch zusammengehören, fanden nämlich auch die Wiener Utopiker der sechziger Jahre, jener Kreis um die Büros Coop Himmelblau, Haus-Rucker und Raimund Abraham. Sie träumten davon, in Polyurethankugeln zu wohnen, die wie Glühbirnen in riesige Fassungen geschraubt werden sollten.

Das Manifest der psychedelischen Wiener Rauscharchitektur war der „Mind-Expander", den Laurids Ortner von Haus-Rucker 1967 seinen überraschten Zeitgenossen präsentierte: ein surreal aussehender Plastikballon, aus dem Frauen- und Männerbeine herausragten. „Der Sessel hat einen Schalensitz für einen Mann und eine Frau", erklärte Haus-Rucker die Konstruktion, „darüber ein PVC-Ballon, der über die Köpfe der Sitzenden reicht ... Das Mädchen sitzt etwas höher und seine Beine liegen über ihrem rechten Oberschenkel."

Psychedelische Muster wurden vor den Augen der Benutzer eingespielt, ein Takter gab einen Herzton vor, und schon war man in einem Raum, der die Phantasien des Barock in den virtuellen Raum fortsetzte. Die Kollegen von Coop Himmelblau kombinierten das Ganze noch mit Kopfhörern und Geruchsdüsen, die den Benutzer dieser Utopieapparate in ein Gesamtkunstwerk aus Form und Klang, Düften und Tastgefühlen hineinbeamen sollten. Barock für den Kopf.

Was machen die Zeremonienmeister von damals heute? 2007 wird die BMW-World von Coop Himmelblau in München vollendet, eine Auto-Erlebniswelt unter einer spektakulären Wolke aus Stahl und Glas. Laurids Ortner zeichnet unter anderem für das 2001 vollendete Wiener Museumsquartier hinter den ehemaligen Hofstallungen verantwortlich, und man begreift nicht, wie eine Karriere, die mit dem Mind-Expander begann, so enden kann. Denn was Ortner & Ortner da im Hofareal parkten, sind nur zwei Container: Ihr Leopold-Museum ist auf die langweiligste Weise modern, das Museum für Moderne Kunst ist schwarz und wölbt sich an der Decke, als leide der Bau unter Blähungen.

Aber die großen architektonischen Veränderungen finden ohnehin nicht im imperialen Wien statt. Seit der Wende nach 1990 ist Wiens Bevölkerung gewachsen, neue Stadtviertel sind entstanden – die Donau-City zum Beispiel, die um den 1979 errichteten Wiener Sitz der UNO herum gebaut wurde, und die Wienerberg-City, wobei dort architektonisch wenig zu sehen ist, was über „gut gemacht" hinausgeht. In seiner Schlichtheit beeindruckend aber ist der knapp 100 Meter hohe Wohnturm, den Delugan Meissl hier errichteten; die Wohnungen haben alle eine Loggia nach Süden, die eine Art Minigarten in der Höhe schafft, die Fassade wirkt wie eine Haut, die darübergespannt ist und erinnert in ihrer Materialdelikatesse an den alten Trick von Loos, einfache Formen mit haptisch und optisch aufwändigen Strukturen und Materialien aufzuwerten.

Im Zuge der Reaktivierung toter städtischer Orte sollten auch die vier historischen Gasometer in Simmering wiederbelebt werden – Architekten wie Coop Himmelblau und Jean Nouvel implantierten den riesigen leeren Backsteintöpfen insgesamt 600 Wohnein-

Die Wiener Wilden kombinieren Stil mit Hochgefühl

Architektur auf Zeit: Das Modell des „Schleierraumes" mit wehender Fassade, entworfen vom Duo Heribert Wolfmayr und Josef Saller (heri&salli). Eine gewagte Idee, die an die Sinnestäuschungen des Barock erinnert

heiten und 250 Studentenheimplätze. **Eine Trutzburg mit sozialem Anspruch sollten die Türme werden, schließlich hat dies große Tradition in Wien.** Es war der Oberbaurat Karl Ehn (1884-1959), der unter den Sozialdemokraten das „rote Wien" erfand und der Stadt 1926 den beeindruckenden Karl-Marx-Hof im 19. Bezirk bescherte: eine gigantische Festung der Arbeiterklasse mit 1325 Wohneinheiten und Kindergärten, Wäschereien und Kliniken – eine autonome Wehrstadt der sozialistischen Weltauffassung.

Der militärische Charakter der Anlage war nicht bloß ästhetisch. Die Bewohner lieferten sich in den dreißiger Jahren tatsächlich blutige Kämpfe mit der austrofaschistischen Heimwehr, die die Burg kaum einnehmen konnte, was etwa Hitlers Stadtplaner veranlasste, die deutsche Arbeiterklasse in leichter kontrollierbaren Einzelbauten anzusiedeln. Gemessen an der stilistisch beeindruckenden Anlage der Karl-Marx-Höfe wirkt die Gasometer-Umnutzung ein wenig unglücklich – so, als hätte man Wohnungen und Einkaufspassagen in ein paar alten Töpfen zu einer urbanen Bouillabaisse zusammengekocht. Und auch wenn das Budget beschränkt ist, sollte doch der Eingang einer Wohnanlage nicht so trostlos wie eine amerikanische Vorstadt-Shopping Mall aussehen.

Beeindruckender sind die Bauten, die das Erbe des Barock in die Gegenwart überführen. Jene, die den Raum dehnen und knautschen, brechen und knoten, die die anämische Moderne zu einem hochdruckbeschleunigten Wiener Walzer überreden. Wie man großartige barocke Effekte mit reduzierten modernen Mitteln erzeugt, zeigte die moderne Wiener Architektur immer wieder – zum Beispiel, als der Architekt Fritz G. Mayr 1965 zusammen mit dem Bildhauer Fritz Wotruba im 23. Bezirk 157 Betonkuben zu einer Kirche („Zur Heiligen Dreifaltigkeit") aufstapelte, die es an Wucht und Raumdynamik locker mit den Meisterwerken des Barock aufnehmen kann.

Die Mission des Barock, mit dynamischen Räumen die starre Sicht auf die Welt, die Depression der Schwerkraft und die Langeweile des Regelmäßigen wegzufegen, steckte auch in dem berühmten Manifest der alten Meister der wilden Wiener Architektur von Coop Himmelblau, die 1980 in einem berühmten Pamphlet forderten, dass „Architektur brennen" und „schluchtig, feurig, glatt, hart, eckig, brutal, ... obszön und geil sein" muss – Hauptsache nicht bieder, durchschnittlich und lauwarm.

Viele Wiener Architekten bauten schon vorher in diesem Sinne. Und wenn es etwas gibt, das die bessere Wiener Architektur über die Epochen verbindet, dann den aus dem Barock hinübergeretteten Willen zum ganz großen, auffälligen Wurf. Günther Domenig donnerte einen metallhautüberzogenen Sparkassenbau in die Stadt, dessen skulpturale Fassade aussieht, als sei der Bau aus großer Höhe hinabgestürzt und dann mit einem Lastwagen kollidiert. Unter der neueren Architektur fällt vor allem das Ray-1-Apartment auf, dass Delugan-Meissl-Architekten 2003 auf dem Dach eines Wiener Hauses bauten. Eine flachgelegte Schlangenfigur, die als Höhepunkt der neueren Wiener Raumerfindungen gefeiert wurde. Da faltet sich, wie auch bei Delugans Wohn- und Geschäftshaus in der Wimbergergasse, die Architektur über die Dächer und schafft geschützte Winkel und Adlerneste über der Stadt; kristalline Formen werden mit barocker Raumdynamik kurzgeschlossen, zwischen begrünten Dächern bilden sich intime Loggien. So wuchert das wilde Erbe der Stadt in die Gegenwart hinein.

Und dann gibt es die Neuen Wiener Wilden, die dort weitermachen, wo Coop Himmelblau aufgehört hat. Das von den jungen Architekten Heribert Wolfmayr und Josef Saller gegründete Büro „heri & salli", das besser ist, als der alberne Name vermuten lässt, machte Furore mit dem Vorschlag, das sterbenslangweilige Museumsquartier mit einer künstlichen Hügellandschaft überwuchern zu lassen, die gewissermaßen die Berge in die Stadt holen würde. Das Duo entwarf auch für Wien einen „Schleierraum" mit einer wehenden Fassade. Raumauflösungen und Augentäuschungen haben ihren Ursprung im barocken Denken, sie knüpfen an eine Urwiener Tradition an und führen sie fort – und vieles, was ganz neu aussieht, entpuppt sich schnell als altehrwürdiges Problem: Das Ding, das Wolfmayr und Saller zum Beispiel schwarz und dekonstruktivistisch aus einem ihrer bekanntesten Gebäude ragen ließen, ist etwas, mit dessen Gestaltung sich schon die besten Barockbaumeister herumschlagen mussten: ein Altar. ☐

Niklas Maak, *Feuilletonredakteur der* Frankfurter Allgemeinen Zeitung *studierte Architektur und schreibt mit Vorliebe über moderne Bauten und die Menschen, die sie schaffen.*

„Wands Leben übers Sterbn reden"

Goldeggasse 29. Herwig Zens schenkt vom guten Veltliner nach und erzählt von der Allianz der Stadt mit dem Tod. Denn darin kennt er sich aus, der Maler, Grafiker und Akademieprofessor. Vom vierten Stock aus blickt man über einen stillen Hinterhof in die Dämmerung. „Jeder Künstler", sagt Zens, „der sich länger als sechs Monate in Wien aufhält, macht einmal den Tod zum Thema seiner Arbeit."

Beispiele gäbe es genug. Mozart gehörte dazu, schon wegen seines Requiems. Schnitzler, dessen Leben gequälte Verwirrung war, das Herz voll dunkler Kammern. Man könnte Beethoven nennen, den Bildhauer Alfred Hrdlicka, den Maler Arnulf Rainer, berühmt wegen seiner übermalten Totenmasken. Oder den Lyriker H. C. Artmann, der dichtend mit der Tramway zum Zentralfriedhof holperte: *„... dua r an lawendl mitdrong/a bischal a bischal gremadorium...* – Tu einen Lavendel mittragen/ein bisschen, ein bisschen Krematorium".

Herwig Zens, Jahrgang 1943, kam als junger Mann nach Wien. Auch seine Arbeiten sind dominiert von nekrophilen Themen. Beklemmende eruptierende Symphonien in Öl. Der Tod und der Papst. Der Tod und der Bürgermeister. Der Tod und die Jungfrau. Der Tod und das Kind.

Bei Zens kommt keiner davon. Motive von Goya und das Thema Stierkampf lässt er in seine Bilder einfließen. Spanien fasziniert ihn, logisch. Zens: „Das ist auch ein Land, wo der Tod zum Brauchtum gehört." Dann noch eine Geschichte: Kreta vor fast 30 Jahren, Zens raucht täglich 80 Zigaretten, trinkt Unmengen Cognac, arbeitet pausenlos: Herzinfarkt. „Ein schönes, befreiendes Gefühl – ich bin nur ungern wieder in meine Hülle zurückgekehrt." Vor Begeisterung, so Zens, hätte er diese Erfahrung danach noch dreimal wiederholt.

Der Wiener und der Tod. Ein weites Land, um mit Schnitzler zu sprechen. Der Wiener Alleskünstler André Heller schrieb einmal, dem Tod käme „in der Geisterbahn des Lebens, wie in jener des Wurstelpraters, die Rolle des Ausrufers schöner Schrecken zu". Wo sonst würde man lachen über das Bonmot: **Sagt einer: „Weißt, wer g'storben is'?" Antwortet der andere: „Mir is' jeder recht."** Wo sonst verteilen sie Visitenkarten, auf denen die Adresse der letzten Ruhestätte verzeichnet ist? – Wien stirbt anders, meint Herwig Zens: „Geht man durch Zürich, riecht man das Geld; geht man durch New York, spürt man die schnelle Belanglosigkeit; in Wien begleitet einen der Tod." Dazu muss man nur die Grüfte unter dem Stephansdom besuchen mit ihren Kupferbottichen voller Eingeweide, Beinhäuser voller Schädel und geschichteter Knochen. Im Stephansdom läuft die katholische Kirche als Zeremonienmeister zu Hochform auf. Neben einem Altar das Epithaph: *Optima philosophia et sapientia est meditatio mortis* – „Es ist die höchste Philosophie und Weisheit, sich den Tod vor

wüsd, muassts

Keine Stadt, die so ein inniges Verhältnis zum Tod hat. Er ist der Freund der Wiener: Sie besingen, feiern, zelebrieren ihn mit Inbrunst Text: Gerhard Waldherr

Augen zu halten". Im Stephansdom muss jeder gewesen sein.

Auch in der Kapuzinergruft, in der sich die sterblichen Überreste von fast 150 Habsburgern befinden – in monströsen Blei- und Bronzesärgen, platziert auf Löwenschultern, Krallenfüßen, Marmorsockeln, dekoriert mit Totenschädeln, die Reichskronen tragen. Maria Theresia und ihr Gemahl liegen hier in einem Monstrum von Sarg gleich einem Hochzeitsbett. Und wer nicht weit entfernt davon an einer Führung durch die Grüfte der Michaelerkirche teilnimmt, steht zwischen morschen Särgen auf eineinhalb Metern festgetretenem Lehm, Dreck und menschlichen Überresten. Einige der mumifizierten Leichen sind zur Beschau freigegeben; sie tragen Handschuhe, Hauben, und manchmal sogar ein barockes Kleid.

So taumelt der Besucher zurück ans Tageslicht. Vom Michaelerplatz zum Graben, vorbei an der barock verschnörkelten Pestsäule, vorbei an monumentalen Bürgerbauten, die einem vorkommen wie Grabdenkmäler des Habsburgerreichs. „Allein blieb ich, allein, allein, allein, ich ging in die Kapuzinergruft", lässt Joseph Roth seinen Franz-Ferdinand Trotta nach dem Zusammenbruch der Donaumonarchie im Roman „Die Kapuzinergruft" sagen. Zens erzählt von Spaziergängen mit ausländischen Besuchern, die im Graben nach Luft schnappten und sich vorkamen „wie ein Frosch auf dem Grund eines Glaserls".

Als Sigmund Freud einen menschlichen Atlas des Unterbewussten erstellte, verzeichnete Wien eine hohe Rate an Selbstmorden, Selbstmordversuchen und eine abnorm hohe Quote an so genannten Irren. Freud schloss daraus, die Todessehnsucht des Menschen sei stärker als der Liebestrieb.

„Man sollte nicht glauben", sagt Wittigo Keller, „der Wiener habe keine Angst vor dem Tod." Keller ist der leitende Kurator des Bestattungsmuseums. Sollte der Wiener den Tod tatsächlich fürchten – hier merkt man es nicht. Und Keller begrüßt seine Gäste auch gern mit dem Satz: „Bei uns liegen Sie richtig."

Im Museumsshop verkaufen sie einen Friedhof als Bastelsatz und Bohrmehl im Reagenzglas von einem Sarg, den Rüsselkäfer unter der Michaelerkirche zerfressen haben. Wenn sie Probeliegen im Sarg anbieten, stehen die Besucher in Dreierreihen an. In den Ausstellungsräumen hängen Bahrtücher aus Samt und Brokat, bestickt mit Goldfäden. Pferdeschmuck aus schwarzen Straußenfedern. Es gibt einen Leichenwagen aus dem späten 19. Jahrhundert mit der Aufschrift „Entreprise des Pompes Funèbres" – daraus leitet sich der Begriff *Pompfineberer* ab, so wird noch heute in Wien der feierlich gekleidete Leichenbestatter genannt, der den Sarg in merkwürdiger postmoderner Gala begleitet. Die Sitte hält sich hartnäckig. Bei Beerdigungen der Sonderklasse geht man in Violett.

Ein Hochzeitsbett fürs Jenseits: Der auffälligste, größte, höchste Sarkophag der Kapuzinergruft ist der für Maria Theresia und ihren Gemahl, Kaiser Franz I.

Gigantisches Archiv des Schweigens: Die Anthropologische Sammlung des Naturhistorischen Museums hat unter den 60 000 Objekten eine riesige Sammlung menschlicher Skelette

Das Bestattungsmuseum zelebriert, was in Wien bis Anfang des 20. Jahrhunderts pompöses Ritual war und immer noch geflügeltes Wort ist: „die schöne Leich". Es gab Sterbevereine und Sterbekassen. Man ließ den Staatsopernchor singen, die Leichen für ein Erinnerungsfoto inszenieren. Keller: „Man muss sich das vorstellen wie eine Theateraufführung." Zog der Kondukt abends durch die Innenstadt, tauchten flackernde Kerzen die Lampionträger in ein gelborangefarbenes Licht. Für prominente Beerdigungen wurden am Graben Zimmer mit Aussicht vermietet. „Man stolperte", so Keller, „täglich über den Tod." Die Habsburger hatten diese Inszenierungen kreiert, später wurden sie von Adel und Bürgertum imitiert. Allerdings war es nur den Habsburgern gestattet, dreimal bestattet zu werden: ihre Herzen in Silberurnen in der Augustinerkirche, ihre Eingeweide unter dem Stephansdom, die Leichname in der Kaisergruft.

„Heute", sagt Keller, „wird alles weniger opulent gestaltet. Aber eine ‚schöne Leich' ist immer noch wichtig." Die Stadt Wien hat mit ihrem kommunalen Unternehmen „Bestattung" 13 Servicestellen; ihre Sargofferten hießen früher „Erlkönig", „Model Secession" oder „Model Elisabeth".

Das Magazin *Trend* titelte vor einigen Jahren zu einer Story über den Konkurrenzkampf der Bestattungsfirmen: „Wer nicht wirbt, stirbt", Berührungsängste mit diesem Thema sind Wienern traditonell fremd. Man sitzt ja auch traulich beim Heurigen und singt: „Es wird ein Wein sein, und mir wer'n nimmer sein/... S'wird schöne Maderln geb'm, und wir wer'n nimmer leb'n. Hollodoro! Hollodoro!"

Bei dem einen oder anderen Glaserl oder Schluckerl tut der Gedanke an das „Abfahren", wie der Wiener das Sterben nennt, allemal weniger weh. Wenngleich es dem Wiener, der ewig raunzt, ohnehin nicht gut geht, wenn es ihm nicht schlecht geht. Immer ein bisserl Schmerz dabei. Keller: „Wir erleben den Tod zu Lebzeiten nicht als Feindbild, mehr als eigenen Schatten, einen Kumpel, bei dem man sich unterhakt und auf einen Wein geht."

Keinem gelang die künstlerische Umsetzung dieser Melange aus Lebenslust und Todesseligkeit so prosaisch wie dem Kabarettisten, Liedermacher und Poeten Georg Kreisler, dem selbst die schönste Wiener Mitzi, Fritzi und Leopoldin bereitwillig auf die Schippe springt. „Der Tod, das muss ein Wiener sein/Nur er trifft den richtigen Ton:/Geh Schatzerl, geh Katzerl, was sperrst dich denn ein?/ Der Tod muss ein Wiener sein."

Wien ist die Hauptstadt des Lebens

Auf der Simmeringer Hauptstrasse rumpelt der „Witwenexpress", so heißt im Volksmund die Straßenbahn der Linie 71. Sie ist unterwegs zum Zentralfriedhof, über den sie sagen, er sei halb so groß wie Zürich und doppelt so lustig. Erhard Rauch, Leiter der Magistratsabteilung 43, ist verantwortlich auch für 46 kommunale Friedhöfe und zählt den Zentralfriedhof zu Wiens populären Sehenswürdigkeiten. Kann aber auch die meisten anderen Wiener Friedhöfe empfehlen. Der St. Marxer etwa, auf dem Mozart begraben wurde, gilt als Ikone des Biedermeier. Der jüdische Friedhof in Währing ist durchflutet von märchenhaftem Zauber. Und am Alberner Hafen dämmert nahezu unbeachtet der skurrilste Gottesacker vor sich hin: Auf dem „Friedhof der Namenlosen" wurden Mittellose, Selbstmörder und Wasserleichen bestattet.

Zurück zum „Zentral", den jeder kennt. 2,5 Millionen Quadratmeter, drei Millionen Tote, bis zu 40 Bestattungen täglich, 20 Gärtnereibetriebe, drei Haltestellen der Tram, Bahnstation, eigenes Bussystem. Die majestätisch schöne Jugendstilkirche „Zum Heiligen Karl Borromäus", ein Babyfriedhof, ein Park der Ruhe und Kraft, der, so Rauch, „nach der alten Tradition der Geomantie und Gartengestaltung angelegt ist". Dazu reihenweise

Ehrengräber – Johann Strauß Vater und Sohn. Brahms, Nestroy, Beethoven. Birken, Mehlbeeren, Ahorn, Thujen werfen Schatten auf die Gräber von Bruno Kreisky, Arnold Schönberg, Curd Jürgens und Helmut Qualtinger, der einmal sagte: **„In Wien muasst erst sterben, damit's di hochleben lassen, aber dann lebst lang."** Das gilt auch für Sisi wie für Popsänger Falco. Und für Emilie Hawrysewitsch, Direktorengattin der Bukowiner Landesregierung, verschieden am 24. 1. 1916, „in der trostlosen Emigrationszeit weit von der von den Russen okkupierten Heimatscholle", wie auf dem Grabstein steht.

Zieglergasse 31, wieder geht es um den Tod in der Kunst. Wir sind im Atelier von Harald Köck, der die Bilder für die Veranstaltung „Unterwelt und Tod" gemalt hat. Seine Arbeiten aus der pathologischen Abteilung des Krankenhauses St. Pölten haben weit über Österreich hinaus Berühmtheit erlangt; später hat er auch in New York geöffnete Leichen studiert. Köck sagt: „Für mich ist das ein Leib ohne Seele, warum soll man da nicht reinschauen und sich selbst identifizieren?" Köck meint, das sei nicht unappetitlicher als in die Fleischerei zu gehen. Das sieht nicht jeder so. **„Bei meinen Ausstellungen gibt es nur Faszination oder Abscheu. Dazwischen ist nichts."** In seinem Atelier hängen Zeitungsartikel. In einem steht der Satz: „Lieber vom Leben gezeichnet als vom Köck gemalt."

Der Kurator des Bestattungsmuseums will mit Köck ein Projekt besprechen für eine Ausstellung von Kunstwerken zum Thema Tod, geplant für die „Bestattung", die 100. Geburtstag. feiert. Keller entdeckt eine Urne. „Was ist damit?" Sie beinhalte die Asche seines geliebten Hundes, erzählt Köck, und wie er mit ihr in der Straßenbahn nach Hause fuhr, der Inhalt noch heiß. Und dann kommt den beiden eine Idee: Warum nicht die Urne auf eine Wärmeplatte stellen, dazu ein Video mit Köck in der Strassenbahn? Sinnbild für das Verglühen des Lebens, die Energie, die über den Tod hinaus noch spürbar ist? Keller: „Wer sich nicht mit dem Tod auseinandersetzt, dem fehlt was." Köck: „Der hat Angst vor dem Leben."

Wenig später in der Straßenbahn denke ich an Herwig Zens, der so schön malen, so schön erzählen kann von Tod. Am Ring biegt die Tram ein, fährt vorbei an den steinernen Relikten der Donaumonarchie. Immer links herum, links, links. „Denken Sie nur an den Walzer", hatte Zens gesagt, „er ist meines Wissens nach der einzige Tanz, der auch links eingedreht wird." Wie bei einem Infarkt. Rechte Hand ans Herz. Herwig Zens: „Ein Gefühl wie beim Fleckerlwalzer – das Herz bleibt am selben Platz, man dreht sich ein und führt die Dynamik zum Nullpunkt."

Der Publizist Günther Nenning, der unlängst starb und lang leben wird, schrieb einmal, Austrias Metropole sei die „Hauptstadt des Lebens nach dem Tode – vielleicht, weil es die Hauptstadt eines Reiches war, das so kunstvoll unterging, dass darin die Gewähr für immer neue Auferstehung zu immer kunstvollerem Sterben liegt". ☐

Gerhard Waldherr, *Jahrgang 1960, lebt als freier Journalist in Berlin.*

MERIAN | TIPPS Die schöne Leich'

(e 3/4) **Stephansgruft im Stephansdom**
Stephansplatz, Führungen (alle 30 Min.) Mo-Sa 10-11.30 Uhr, 13.30-16.30; So 13.30-16.30 Uhr
Eine Tour gewährt Einblick in den unterirdischen Friedhof Wiens aus dem 18. Jahrhundert; er wurde auch als Begräbnisstätte für Habsburger Herrscher genutzt; österreichische Kardinäle werden hier immer noch beigesetzt.

(e 4) **Kapuzinergruft**
Kapuzinerkirche, Tegetthoffstraße 2
10-18 Uhr Die vom Bettelorden der Kapuziner gehütete Gruft (insgesamt sieben) ist das Heiligtum des Wiener Totenkults. Hier liegen die sterblichen Überreste der namhaftesten Mitglieder des kaiserlichen Hauses.

(e 3/4) **Michaelergruft**
Michaelerkirche, Michaelerplatz, Führungen Mo-Sa 11, 15; So 11 Uhr
Zwischen 1631 und 1784 wurden hier etwa 4000 Tote beigesetzt, zumeist privilegierte Bürger. Über 200 Särge mit mumifizieren Leichen sind erhalten.

(e 3) **Römerskelett in der Hypobank Tirol**
Renngasse 9, Öffnungszeiten: übliche Banköffnungszeiten; die Besichtigung der Ausgrabungen muss beim Schalter angemeldet werden

(c 2) **Narrenturm**
Pathologisch-Anatomisches Bundesmuseum, Spitalgasse 2 (Zugang Rampe Sensengasse), www.narrenturm.info
Mi 15-18, Do 8-11; jeder 1. Sa im Monat 10-13 Uhr 1784 als „K. k. Irrenanstalt zu Wien" zur Verwahrung und Behandlung von psychisch Kranken gegründet; beherbergt heute die pathologisch-anatomische Sammlung des Pathologischen Instituts der Universität Wien; hier lagert mit 50 000 Präparaten die weltweit größte Sammlung dieser Art. Feucht- und Trockenpräparate von Missbildungen, Organen und Darstellungen von Infektionskrankheiten.

(f 2) **Kriminalmuseum**
Große Sperlgasse 24.
www.kriminalmuseum.at
Do-So 10-17 Uhr
Kurioses Panoptikum des Verbrechens, u.a. die blutbefleckten Handschuhe, die Kaiser Franz Joseph bei einem Attentat trug; der mumifizierte Kopf eines Hingerichteten; Tatwerkzeuge der Wiener Kriminalgeschichte.

(f 6) **Bestattungsmuseum** Goldeggasse 19, Tel. 501 95 42 77
Mo-Fr 12-15 Uhr nur nach Vereinbarung
Alles über das Wiener Bestattungswesen, illustriert von einer kleinen, eindrucksvollen Sammlung; mitunter Aktionstage mit Probeliegen im Sarg und Sonderausstellungen

Führung „Unbekanntes unterirdisches Wien" (Grüfte, Ausgrabungen, mittelalterliche Kellergewölbe) Mi 13.30 Uhr Treffpunkt Michaelerplatz vor der Kirche. Infos: Wiener Spaziergänge Tel. 489 96 74; www.wienguide.at

Friedhöfe Städtische Friedhofsverwaltung Werdertorgasse 6, Tel. 53 46 90 www.friedhoefe.wien.at. Außer bei Trauerfeiern, Messen, Veranstaltungen: Nov.-Febr. 9-16, März-Okt. 9-17 Uhr

Der deutsche Schauspieler Gert Voss kam 1986 ans Burgtheater. Inzwischen ist er eines der 120 festen Ensemblemitglieder. Österreichs Schriftsteller Thomas Bernhard widmet u. a. ihm das Theaterstück „Ritter, Dene, Voss"

Erst die „Burg" und da

Innenansichten des Burgtheaters: Staatsschauspieler Gert Voss im Ge

Am Abend des 5. Februar 1987 betritt Gert Voss die Bühne des Wiener Burgtheaters. Er erscheint humpelnd, gebückt aus einer kleinen Kammer, in der er die letzte halbe Stunde vor Aufführungsbeginn verbracht hat. Jetzt steht er im Scheinwerferlicht, in der Figur Richard III. Stille umfängt ihn. Das Theater ist bis auf den letzten der 1175 Sitzplätze besetzt.

Die Spannung ist mit Händen zu greifen. In den Wochen zuvor gab es Probleme. Zwischen Gert Voss und Claus Peymann, dem frisch bestellten Direktor des Burgtheaters, der ihn mitgenommen hatte von Bochum nach Wien. Es hatte Angriffe seitens der Presse gegeben, Fäkalattacken, Schmäh- und Drohbriefe. Wien befindet sich im Ausnahmezustand: Das heilige Burgtheater ist in die Hände einer deutschen Truppe geraten. Schlimmer noch, in die Hände eines Skandalregisseurs, der Thomas Bernhard wie Elfriede Jelinek inszeniert, der, und mit ihm seine Truppe, des Burgtheaterdeutschen nicht mächtig ist, des – in Wiener Ohren – schönsten Deutschs auf Erden. Jetzt wartet Wien. Auf Niederlage oder Triumph. Auf der Bühne steht Gert Voss, allein. Claus Peymann ist nicht im Theater.

„Ich sagte mir ständig: Es läuft toll. Ganz super. Klasse. Aber die Leute im Saal waren totenstill", erinnert sich Voss später. „Es gab keinerlei Reaktion. Nichts. Dabei bietet die Rolle ab und zu kleine Pointen." In der Pause kommt seine Frau Ursula, versichert ihm, dass es wunderbar liefe. Doch das Wiener Publikum verharrt weiterhin in Schweigen. „Dann war die Aufführung zu Ende. Als der Vorhang hoch ging, das Ensemble sich verbeugte, war der erste Applaus schon enorm – gemessen an der Zurückhaltung des Publikums während der Vorstellung. Als ich dann allein herauskam, glich der Beifall einer Explosion. Das hatte ich noch nie erlebt", erzählt Voss. „Ich dachte, die Wiener würden uns nicht akzeptieren. Aber das stimmte nicht. Das Wiener Publikum schloss uns ganz schnell ins Herz."

Das Wiener Burgtheater ist ein Mythos. Immer schon. Spätestens, seit das alte Burgtheater 1888 am Michaelerplatz abgerissen wurde, allen Protesten zum Trotz. Kaiser Franz Joseph I. wünschte die Hofburg zu erweitern. Er wollte zudem eine große Bühne. Einen Palast, der dann von Gottfried Semper und Karl Hasenauer an der Ringstraße gleich gegenüber dem Rathaus errichtet wurde.

„Als ich das Burgtheater zu ersten Mal sah, bekam ich einen Schreck. Was ist das denn, dachte ich? Das sieht aus wie ein Museum! Alles monumental, die Treppen, die Wege, die Stockwerke – alles kam mir düster vor. Und dann die Bühne, überlegte ich, um Gottes Willen, wie kann man denn diesen Raum mit Realität füllen? 780 Quadratmeter!", meint Voss. Alle Bühnen, auf denen er bisher stand, waren kleiner gewesen, ob in Stuttgart oder Bochum. „Die erste

Das Burgtheater ist das letzte europäische Nationaltheater. Und eine der größten Bühnen: Im Zuschauerraum finden ca. 1175 Menschen Platz

n die Welt

räch mit Franziskus Kerssenbrock

Zeit", so Voss, „spielte ich viel lieber im Akademietheater (einer der vier Spielstätten des Burgtheaters), das in seinen Umfängen diesen Bühnen entspricht." Das Haupthaus erinnert ihn an ein Opernhaus. „Steht man auf der Bühne, muss man laut sprechen. Eigentlich deklamieren, damit einen auch die Menschen auf den hinteren Rängen hören".

Das Burgtheaterdeutsch, das früher an der „Burg" (so nennen die Wiener ihre größte Bühne) gesprochen wurde, hat sich, so Voss, vermutlich aus dem Umstand der Größe seines Theatersaals entwickelt. „Das Deutsch der Wiener ist ungleich singender als jenes in Deutschland. Ich habe es in 20 Jahren noch nicht erlernt", meint er. Und imitiert unvermittelt jenen melodiösen Sprachsingsang, der an André Heller erinnert. „Das ist das Wienerische" sagt er, und vollführt mit seinen Händen fließende, kreisende Bewegungen nach oben und unten. „Und das ist das Deutsche", seine Finger beschreiben eine Gerade. „Wobei das so ja auch nicht stimmt – das Schwäbische, das Sächsische, das Hessische sind auch sehr melodiöse Varianten des Deutschen. Aber in der Hochsprache trifft es zu."

Voss ist nicht der Einzige, dem die Größe des Saals eine Herausforderung ist. „Bei einer Ensembleversammlung kam einmal Paula Wessely zu mir und fragte, wie mir das Burgtheater gefiele." Wieder ändert sich seine Stimme. Paula Wessely ist zu hören, die ihm gegenüber eben die Größe des Saals beklagt. Dabei hätten sie, Werner Krauss und andere, schon früher an die Regierung appelliert, den Raum zu verkleinern. Vergebens. „Ich bin", sagte Wessely, so Voss, „eine Schauspielerin des leisen Tons. Und nicht des Brülltheaters."

Vorbild für die neue Burg ist die Dresdner Semperoper. Klagen über die Akustik begleiten das Haus von Anfang an. 1888 wird es nach 14-jähriger Bauzeit (Gottfried Semper zieht sich nach zwei Jahren zurück) eröffnet. Um die Akustikprobleme zu mindern, wird es bereits 1897 umgebaut – beseitigt werden sie aber nicht. Dem Ruf des Hauses tut das keinen Abbruch. Es ist „das" Theater Wiens – eine Bühne, deren Strahlkraft weit über die Grenzen der Stadt reicht. Es zählt damals wie heute zu den wichtigsten Bühnen Europas.

„Wir blickten von Deutschland aus mit einem gewissen Lächeln auf das Burgtheater", sagt Voss. Von Stuttgart, von Bochum aus erscheint die Burg verstaubt und alt. Verzopft. „Hätte ich damals Peymann gesagt, dass ich ans Burgtheater wechseln will, hätte er gelacht und gemeint, ich könnte ja gleich ins Grab steigen." Dann aber wird Peymann die Direktion angeboten. Peymann fährt nach Wien. Peymann kehrt nach Bochum zurück. Peymann hat zugesagt. „Da bin ich dann zu ihm gegangen und habe gefragt, was denn jetzt anders ist mit der Burg als vorher." Peymann, so Voss, gerät ins Schwärmen. Über die Schauspieler, die Möglichkeiten. Und widerruft alle Vorurteile. Vor allem aber müsse er, Voss, mit nach Wien. Gemeinsam mit Kirsten Dene und anderen. „Meine Mutter", erinnert sich Gert Voss, „war glücklich, dass ich an das Burgtheater ging. Jetzt könne mir nichts mehr passieren, meinte sie."

Tatsächlich aber passiert sehr viel. „Für uns war das aufregend und ungewohnt, in eine Stadt zu kommen, wo jeder Taxifahrer über die neuesten Aufführungen und Produktionen Bescheid weiß; wo die Abendnachrichten im Fernsehen mit Meldungen über die Burg eröffneten und die Weltnachrichten erst später folgten." Ja, meint Voss, den Wienern liege nun mal das Theatralische.

In den 20 Jahren, die Gert Voss nun in Wien lebt und arbeitet, hat sich vieles verändert. Aus der Erregung ist längst Erinnerung geworden. „Heute finden an der Burg Veranstaltungen statt, die früher undenkbar gewesen wären. Wenn zum Beispiel Campino (Frontmann der Punk-Rock-Band „Tote Hosen") ein Unplugged-Konzert gibt." Selbst die Rufe nach dem Burgtheaterdeutsch sind verhallt. Längst wird ihm nicht mehr, wie noch in den 80ern geschehen, per Inserat Sprechunterricht angetragen. Ist die Burg ein normales Theater geworden? Nein, sagt Voss. „Es ist in vielen Inszenierungen wagemutiger als viele Bühnen der Bundesrepublik. Das Eherne, Pathetische von früher, das ist Vergangenheit. Die Jungen haben einen ganz anderen Zugang zum Burgtheater."

Und es hat seine eigenen Traditionen, die es so nur hier gibt. Anachronistisch anmutende Zeremonien wie etwa der Trauerkondukt rund um das Gebäude, wenn ein Ehrenmitglied des Ensembles verstirbt, wie im Falle Josef Meinrads 1996. Anachronistisch, aber „auch toll, dass, wenn ein großer Schauspieler stirbt, man ihm noch eine große Vorstellung schenkt." Eine Spezialität.

Speziell sind freilich auch die Garderoben der Schauspieler an der Burg. Sehr zum Leidwesen Voss'. „Da hängen

Spiegel, die kein richtiges Licht haben, vergilbte Fotos von Schauspielern, die mir nichts sagen. Ich kämpfe seit Jahren darum, dass die Garderobe, die ja Arbeitsraum ist, kein Wohnzimmer sein kann. Ich kämpfe darum, dass man richtige Spiegel hat, an denen Lampen arretiert sind, so dass man sich sehen und schminken kann. Ich kämpfe seit Jahren darum, dass man sich nach der Vorstellung richtig waschen kann und sich nicht unter einen Hahn würgen muss, um Wasser auf den Kopf zu bekommen. Dass es eine Dusche gibt für die Schauspieler, dass man nicht in den zweiten Stock hinuntersteigen muss, um sich dort zu waschen. Es ist erstaunlich, dass ein Theater, das doch für Schauspieler da ist, solche selbstverständlichen Rechte negiert. Aber ich bin gescheitert mit meinem Kampf." Einmal, erinnert sich Voss, fragte er, warum dies nicht geändert wird. Der Besucher wegen, die das Burgtheater wie ein Museum besichtigen, so die Antwort. „Damit das Theater seinen musealen Charakter behält, dürfen diese Garderoben nicht verändert werden. Pervers!"

Der Bau ist eine Sache, die andere ist das Theater selbst. Voss, der stets nur kurze Zeit in verschiedenen Städten verbrachte, der am liebsten in Metropolen wie New York oder in einer Stadt am Meer mit Hafen lebte, findet mit dem Burgtheater eine Bühne, die ihm große Rollen, hervorragende Regisseure, wunderbare Inszenierungen bietet, „sonst wäre ich längst wieder gegangen. Die schönen, die aufregenden Erlebnisse, die ich hier am Theater hatte, sind so dominant, dass sie alles andere überdecken. Ihretwegen bin ich geblieben".

Schade nur, bedauert Voss, dass die anderen, kleineren Bühnen so sehr im finanziellen Schatten des Burgtheaters stehen. Frecher wünscht er sie sich, herausfordernder. Dass sie dem „Riesentanker, diesem unbeweglichen Topf, mehr entgegensetzen." In Berlin befinden sich alle Bühnen auf gleicher Augenhöhe, in Wien aber dominiert die Burg alles.

In jeder Hinsicht. Auf der Suche nach einen speziellen Ort steigt Gert Voss selten, ganz selten hinauf in das Dach des Theaters: „Auf die Krone. Diesen Platz habe ich aus Zufall einmal entdeckt. Von dort hat man einen fantastischen Blick über Wien. Wie von der Zugspitze." Von dort sieht man die Masse der Wiener Repräsentationsbauten, den riesenhaften Komplex der Hofburg mit der Präsidentschaftskanzlei, blickt auf das Bundeskanzleramt, Parlament, Wiener Rathaus, die sich alle um das Burgtheater gruppieren. Die es in ihren Kreis aufnehmen und zur Staatsbühne machen. Eine, die jederzeit gut ist für ungeheuerliche Erregung und Staatsaffären. □

Franziskus Kerssenbrock, *Journalist in Wien, erlebte Voss erstmals 1988 am Burgtheater als Shylock in Shakespeares „Kaufmann von Venedig".*

Hier wird ge

Sechs Urwiener Tempel der leichten Mus

Tschauner (Stegreifbühne)
Dort, wo in der Vorstadt Ottakring die gründerzeitlichen Zinshauskasernen und betongrauen Gemeindebauten der 60er Jahre an die Schrebergärten grenzen, befindet sich einer der bekanntesten Theaterbetriebe Wiens, die „Original Wiener Stegreifbühne". Seit eh und je aber nur als Tschauner bekannt. Und beliebt. An lauen Sommerabenden drängen sich die Besucher, junge und alte, in der Freilichtbühne und folgen gebannt, mit einem Glas Bier, G'spritztem und den berühmten Knacker (Wurst) in der Hand, dem Geschehen auf der Bühne. Zumeist einer improvisierten Verwechslungskomödie rund um das ewige Thema Liebe-Sex-Verrat-Täuschung, dargebracht auf Wienerisch. Da werden Zoten gerissen, Charaktere ins Absurde karikiert, eine Sprache gesprochen, die in den umliegenden Gemeindebauten, aber von Menschen jenseits der Wiener Stadtgrenzen nur schwer verstanden wird. Früher einmal war der Tschauner für den Sprachwitz seiner Schauspieler gefürchtet, vom Wiener Feuilleton geachtet. Heute ist er das andere Wien, das echte. Und als eine archaische Kleinkunstgattung eine echte Rarität.
XVI., Maroltingergasse 43
Tel. 914 54 14 (I 2)

Donauwelle (Gesang)
Begonnen hat alles in dem kleinen Café „Theater an der Wien" gegenüber dem gleichnamigen Theater nah am Naschmarkt. Dort begnügte sich die Wirtin, die legendäre frühere Opernsängerin Frau Maria, nicht damit, ihre Gäste mit Kaffee, Alkoholika und Speisen zu verwöhnen – Frau Maria brachte mit Begeisterung ihr einstiges Repertoire im eigenen Lokal zu Gehör. Sie blieb nicht lange allein. Wer immer sich berufen fühlte und fühlt, seine gesanglichen Interpretationen von Wiener Liedern, Arien, Operetten, Ohrwürmern aller Art darzubringen – und vor den gestrengen Ohren Frau Marias wie anderer Sänger zu bestehen vermag – tat es ihr gleich. Die „Donauwelle" war geboren. Nachdem Frau Maria das Café aus gesundheitlichen Gründen verkaufen und die Leitung abtreten musste, finden die Treffen mit Kult-Charakter an wechselnden Orten statt. Nirgendwo sonst in Wien werden „Griechischer Wein", „Hava Nagila", „Sexbomb", „My Way" auf Wienerisch, „Hit the Road Jack" enthusiastischer und schmachtender intoniert als bei den regelmäßigen Terminen der „Donauwelle",
Café Concerto, Café Goldengel, Buchungen über Christa Scheiber
Tel. (069 91) 942 56 93
www.donauwelle.biz

Bellaria (Kino)
Lust auf Heinrich George, auf Marika Rökk, auf den jungen Johannes Heesters, Hans Albers, Hans Moser? Lust auf eine Zeitreise im Verbund mit einem treuen, eingeschworenen Publikum, das sämtliche Texte der Ufa-Filme mitsprechen kann? Dann nichts wie hin ins Bellaria. Gleich hinter dem modernen Museumsquartier und der Volksoper. Dort findet sich die kleine Oase jugendsehnsüchtiger Wiener Pensionisten, aber auch der Gegenwart entfliehender Mittdreißiger: ein kleines verstaubtes Kino mit Filmplakaten und Fotos von anno dazumal im Foyer. Ganz echt, weil das Bellaria immer so war. Der Rückzugsort, wo die Zumutungen modernen Filmschaffens seit den 70er Jahren einfach nie stattfanden. Das Bellaria hat inzwischen selber Filmkarriere gemacht: Als geschätzte Institution ist es inzwischen auch Schauplatz alternativer Kulturfestivals. Nur sonntags nicht. Dann gehört das Bellaria unwiderruflich Marika Rökk und Hans Moser und den jugendsehnsüchtigen Rentnern.
VII., Museumstraße 3 (d 4)
www.film.at/bellaria_kino

Letztes Erfreuliches Operntheater (Oper)
Die Oper ist in Wien eine hochemotionale Angelegenheit. Über Sänger, Direktoren, Inszenierungen wird geschimpft, gejubelt, getratscht, spekuliert. Manchen liegt

diese Kunstform aber so sehr am Herzen, dass sie sie nicht nur dem Staatsoperndirektor überlassen wollen. Also gründeten sie 1993 ihr eigenes Operntheater, das „Letzte Erfreuliche Operntheater": Der Sänger wie Regisseur Stefan Fleischhacker und der Maler wie Bühnenbildner Leo Mayer, die im intimen Rahmen eines gerade einmal 30 Personen fassenden Kellertheaters ein Opernrepertoire aus allen Epochen präsentieren. Oder Abende mit Liedern von Kurt Weill, mit italienischen Canzoni in der Tradition des Varietés. Das alles mit geringstem Budgeteinsatz, stets auf höchstem Niveau und in einer sowohl spielerischen wie auch möglichst einfachen, klaren Form. Die Aufführungen haben in Wien mittlerweile eine wachsende Fangemeinschaft gefunden, die in den Dritten Bezirk in das L.E.O pilgert. Um dort dann bei G'spritztem und Schmalzbrot wahlweise Benatzky, Donizetti, Mozart, Monteverdi, Purcell zu lauschen. Weil in Wien Ohren- und Gaumenfreuden einander nie ausschließen.
III., Baumannstr. 2 (g 4), **Tel. 712 14 27, www.theaterleo.at**

Musikpreziosen auf höchstem Niveau: letzte Probe im „Letzten Erfreulichen Operntheater"

üsst und geköpft

chtspiel-, Gesangs- und ungewöhnliche Theateretablissements

Schmid Hansl (Wiener Lied)
In der grauen Schulgasse, dort, wo der tiefbürgerliche Bezirk Währing unversehens zur Vorstadt wird, befindet sich das Konzertcafé „Schmid Hansl". Der letzte Hort des echten Wiener Liedes. Jeden Abend (außer Sonntag und Montag) öffnet das Café um 20 Uhr und bietet den Besuchern die Wiener Seele musikalisch dar. Hier finden sich die Könner unter den Interpreten, intonieren „Stellt's meine Ross im Stall" oder „Mein Herz, das ist ein Bilderbuch vom alten Wien". Mit anderen Worten: Es ertönt die schwelgerisch, melancholische Sehnsucht nach dem alten Wien, das es so eigentlich nie gab – weswegen es umso mehr geliebt wird. Vor allem, wenn die Lieder so richtig ans Herz gehen. Doch Achtung. Wer im „Schmid Hansl" nur Vergangenheit erwartet, kann überrascht werden: Das Wiener Lied lebt, und seine zeitgenössischen Interpreten sind mit Vorliebe hier tätig. Da kann schon einmal Roland Neuwirth zur elektrischen Gitarre die dunklen Seiten der Stadt besingen, Tini Kainrath die hohe Schule des „Dudelns" (Wiener Variante des Jodelns) präsentieren. Oder es gehen beim A-capella-Festival „Wien im Rosenstolz" Jazz und brasilianische Rhythmen mit dem Wiener Lied sentimentalstarke Verbindungen ein. Der Schmid Hansl in der Währinger Vorstadt ist so etwas wie ein Geheimtipp, geschätzt auch von großen Musikern wie dem Jazz-Pianisten Joe Zawinul. Aber der stammt schließlich auch aus der Wiener Vorstadt.
XVIII., Schulgasse 31 (b 1)
Tel. 406 36 58
www.schmidhansl.at

Die Pradler Ritterspiele (Laien-Theater)
Tritt Ritter Kunibert der Schröckliche auf, dann wird geküsst, getrunken, gekämpft, geköpft. Vor allem ersteres wie letzteres. Und beides wird auf Verlangen des p.t. Publikums gerne und oft wiederholt. „No amoi" (noch einmal) ist der Standardzuruf der durchweg enthusiasmierten Gästeschar im heutigen Stammlokal „Centimeter" im 18. Wiener Bezirk. Und prompt wird eben noch mal geküsst oder geköpft. Zu Freud' und Gaudium des Publikums. Die „Pradler" – das ist den Wienern ein Ort, an dem sie den elementaren Bedürfnissen nachspüren dürfen. Wo es schlicht zur Sache geht und wo man aus seinem Herzen keine Mördergrube zu machen braucht. Von wegen Goldenes Wiener Herz, das sieht ein wenig anders aus! Die Catcher, die früher auf dem Heumarkt gleich beim Konzerthaus zugange waren, hörten bisweilen die ekstatisch gekreischte Aufforderung der weiblichen Fans „Reiß eam (ihm) die Brust auf und scheiß eahm aufs Herz!". Gecatcht wird in Wien schon lange nicht mehr. Aber so lange Kunibert der Schröckliche wieder und wieder geköpft, Jungfrau Bärbel zur Witwe gemacht wird, so lange ist die Wiener Welt noch in Ordnung.
Centimeter VI (m 2)
XVIII., Gersthoferstraße 51
www.pradler.at/tt

Des Kaisers Wunderkammern

Die Habsburger waren obsessive Kunstliebhaber. Die ungewöhnlichste ihrer Sammlungen besaß Rudolf II.: eine gigantische Anhäufung von Kuriositäten, Kunstwerken, Exotica, Naturalia. Sie sind die Prunkstücke der Kunstkammer

Text: Gerhard Roth, Fotos: Gerald Hänel

Blick von der Balustrade des Naturhistorischen auf das (baugleiche) Kunsthistorische Museum: Eine der vielen Statuen stellt den Botaniker Nikolaus Freiherr von Jacquin (1727-1817) dar, einen „Pflanzenjäger“ im Auftrag des Kaiserreichs

Die prachtvolle Architektur des Kunsthistorischen Museums ist der Rahmen für die unermesslichen Schätze der Habsburger. Am prächtigsten das Treppenhaus: reich dekoriert mit Malereien, Bilderzyklen, Säulen. Im Zentrum das Deckengemälde von Munkácsy, gedacht als Apotheose der Renaissance, auf halber Treppe die Theseusgruppe von Canova

Ein Himmelreich den Erdenschätzen

Vom Treppenhaus des Kunsthistorischen Museums gelangt man in die Kuppelhalle, deren Öffnung eine Verbindung mit dem Foyer schafft. Der marmorne Intarsienboden spiegelt in seiner Gliederung die Segmente und Rippen der Kuppel wider

Am 11. Mai 2003 gelang es einem Einbrecher binnen 46 Sekunden, die auf mindestens drei Millionen Euro geschätzte „Saliera" – die einzig erhalten gebliebene Goldschmiedearbeit Benvenuto Cellinis – aus dem Kunsthistorischen Museum in Wien zu rauben. Es dauerte fast drei Jahre, bis der Täter gefasst und das teuerste Salzfässchen der Welt sichergestellt werden konnte. Jetzt ist es wieder daheim.

Die Kleinskulptur aus dem Jahr 1543 ist eine der glanzvollsten Preziosen der geheimnisvollen Kunst- und Wunderkammern der Habsburger. Sie stellt den Meeresgott Neptun dar, mit Dreizack und einem Schiff in der Rechten für das Salz, und ihm gegenübersitzend die Göttin der Erde, Tellus, mit einem Tempel für den Pfeffer. Die Saliera war das prachtvollste Stück der Sammlung Erzherzog Ferdinands II., die in Teilen voraussichtlich 2008 wieder zu sehen sein wird.

Die Sammlung hatte Kaiser Rudolf II. beim Kauf des Schlosses Ambras kurz nach dem Tod seines Onkels miterworben. So faszinierend die Ambraser Sammlung auch war – sie verblasste gegen Rudolfs eigene, gigantomanische Kunst- und Wunderkammer im Prager Hradschin. Die bestand aus drei hintereinanderliegenden Räumen, denen zwei Gewölbe vorgelagert waren. **Rudolfs Sammlung, die lange als Beweis für die Raffgier eines Verrückten galt, erstreckte sich bald über den gesamten Palast. Machte ihn zu einer labyrinthischen Schatztruhe.**

Rudolf II. war hypochondrisch und litt an Syphilis, die seinen Oberkiefer zerfraß – vermutlich blieb er deswegen unverheiratet und also ohne legitimen Nachkommen. Sein Hof im Hradschin glich einem eigenen Universum: Der „Alchimist auf dem Kaiserthron" beschäftigte sich vor allem mit Astronomie, Astrologie, chemischen Experimenten und ließ sich sogar ein eigenes Labor bauen. Außerdem lud er nicht nur die berühmtesten Alchimisten seiner Zeit ein, sondern auch hervorragende Wissenschaftler wie Johannes Kepler und Tycho Brahe, für den er eigens eine Sternwarte errichtete.

Die Agenten Rudolfs II. schwärmten in ganz Europa aus, um für ihn die begehrten Objekte zu begutachten und zu kaufen. So wurde der Hradschin bald zum Zentrum für Maler, Kupferstecher, Medailleure, Kunsttischler, Steinschneider, Goldschmiede. In den kaiserlichen Inventarlisten sind nahezu 25 000 Skulpturen und mehr als 3 000 Gemälde verzeichnet, darunter Meisterwerke von Arcimboldo, Michelangelo, Leonardo da Vinci, Giorgione, Dürer, Rubens. Rudolfs Hofmaler, der Manierist Giuseppe Arcimboldo, malte Brustbilder von Menschen, die aus Meeresgetier, Früchten, Blumen, Wur-

Zu Tisch bei Kaisers: Die frühere Hofsilber- und Tafelkammer der Hofburg ist heute Museum. Das silberne Geschirr in der Vitrine wurde alltags genutzt

Zwerge oder auch „Haarmenschen", die an Königs- und Fürstenhöfen lebten. Am begehrtesten waren Riesen: So ließ sich Rudolf 1560 auf einem Turnier in Wien von dem 2,40 Meter großen Bauern „Bartlmä Bon" zu Kämpfen begleiten.

Außerdem sammelte der Monarch wissenschaftliches Gerät wie Astrolabien, Kompasse, Sextanten, Sanduhren, Himmelsgloben und mechanische Kunstwerke, vor allem kostbare Tischuhren. Aber auch 64 Automaten, darunter ein kleines Segelschiff, das über den Tisch fuhr und Musik machte. Von der Decke seiner Kunst- und Wunderkammer hingen präparierte Krokodile, Schlangen, Haifische.

Rudolfs Sammlung stellte eine Welt *en miniature* dar, einen Mikrokosmos, ein *theatrum mundi et sapientiae*. Der Erdball selbst nämlich, mit allem, was ihn bevölkerte, wurde von Fürsten, Königen und Kaisern und später auch von Wissenschaftlern, Apothekern und Ärzten als „Wunderkammer Gottes" aufgefasst, die sich in der eigenen Sammlung spiegeln sollte.

In Europa gab es Anfang des 17. Jahrhunderts fast 1000 bürgerliche „Museen" dieser Art, die ein Netzwerk des Wissens formten. Die größten Sammmlungen aber befanden sich an Königs- und Fürstenhöfen – wie in der Münchner Kunstkam-

zelwerk, Gemüse, Blättern, nackten Menschenleibern zusammengesetzt waren: Arcimboldos Werk gleicht einem Seelenspiegel der Kunst- und Wunderkammer Rudolfs II.

Die Sammelleidenschaft des Kaisers war nicht nur obsessiv, sondern auch morbid. Er interessierte sich heftig für Abnormitäten und Monstrositäten. Der Monarch erwarb zum Beispiel mehrere „Bezoare" – jene kugelförmigen, weißgrauen Magensteine von Ziegen, Pferden oder Lamas, die wegen ihrer angeblich neutralisierenden Wirkung auf Gift begehrt waren. Daneben besaß Rudolf so genannte „Naturwunder" – Menschen und Tiere mit körperlichen Anomalien wie Verkrüppelte,

Teuerstes Stück der Sammlung Rudolfs II.: Die 26 cm hohe und 33 cm breite Saliera (ital. für „Salzfass"), ein Meisterwerk des Goldschmieds Benvenuto Cellini

mer des Wittelsbachers Albrecht V. oder in der noch immer bestehenden Kunst- und Wunderkammer des Kurfürsten August I. von Sachsen im Grünen Gewölbe zu Dresden. Für die Adligen waren solche Sammlungen vor allem „Zeugnisse universalen Herrschaftsanspruchs und bildhaft gewordene Kosmologie, in deren Mittelpunkt sich der Fürst selbst sah“, so die Kunsthistorikerin Elisabeth Scheicher.

Man unterschied zwischen „Naturalia“, den Hervorbringungen der Natur, und „Arteficialia“, Kunstwerken des Menschen mit Hilfe der Natur. Naturprodukt und Artefakt wurden dabei nicht als Gegensatz begriffen, es ging vielmehr um die Durchdringung und Ergänzung des einen mit dem anderen. So war eine aus einem Kirschkern geschnitzte Plastik mit einer Fassung aus emailliertem Gold der Beweis dafür, wie aus einem unscheinbaren, winzigen Partikel der Natur von Menschenhand ein virtuoses Kunstwerk geschaffen werden kann. Als Folge der Entdeckung Amerikas, der Eroberung Mexikos, Perus und der Weltumsegelung Magellans kamen exotische Tiere und Pflanzen, Elfenbein, Seychellennüsse, Schildpatt und viele andere unbekannte Dinge nach Europa. Allen voran brachten die Habsburger als Könige von Spanien, die überdies noch durch eine konsequente Heiratspolitik mit Portugal verbunden waren, die begehrten Objekte in ihren Besitz.

Doch erst die Auswertung der in den 70er Jahren des vergangenen Jahrhunderts gefundenen Inventarlisten der Sammlung Rudolfs II. machte den sinnvollen Zusammenhang des Gesamtkomplexes sichtbar. Die Dinge waren nicht nur in „Naturalia“ und „Arteficialia“ eingeteilt, sondern auch nach den wissenschaftlichen Instrumenten in „Scientifica“, nach Anomalien und Naturwundern in „Mirabilia“ und den Waren aus fernen Ländern in „Exotica“. Die Fülle der stetig wachsenden Zahl an Objekten nagte mit der Zeit an der Psyche Rudolfs II. – er begann sie zu verstecken, ein- und ummauern zu lassen, einzukellern, zu vergraben. Nachdem sein Bruder Matthias ihm die Macht entrissen hatte, starb er am 20. Januar 1612.

Porträt des 24-jährigen Rudolf II. (1552-1612) von Martino Rota, gemalt im Jahr der Inthronisierung. Rudolf verbrachte einen Teil seiner Kindheit am Hof Philipps II. in Madrid, wo er dessen majestätische Sammlung kennen lernte

Mit Beginn des Dreißigjährigen Krieges begann der Niedergang dieser einzigartigen Sammlung. Der bayerische Herzog Maximilian I. übernahm ganze Wagenladungen als Gegenleistung für die Waffenbruderschaft, die er Kaiser Ferdinand II. geleistet hatte, auch der Kurfürst von Sachsen belohnte sich kurfürstlich, und vor allem die Schweden machten riesige Kriegsbeute, die sie nach Stockholm brachten. Schwedens Königin Christine konvertierte später zum Katholizismus und schenkte die wertvollsten Stücke dem Vatikan. Schließlich ließ Kaiser Joseph II. beim Umbau des Hradschin in eine Artilleriekaserne im 18. Jahrhundert alles, was als wertlos eingeschätzt wurde, in den Hirschgraben stürzen oder für ein Spottgeld versteigern. Zuletzt vergriffen sich auch noch die Nationalsozialisten an der Sammlung.

Die verbliebene Kunst- und Wunderkammer der Habsburger, speziell die „Arteficialia“ und „Scientifica“ – weltweit die bedeutendste, umfangreichste und wertvollste Sammlung ihrer Art – lagert heute in Depots oder in geschlossenen Sälen des Kunsthistorischen Museums in Wien. Die „Naturalia“ – so das „Einhorn“, ein Narwalzahn, die goldgefasste Smaragdstufe – befinden sich allerdings im gegenüberliegenden Naturhistorischen Museum, und die „Exotica“ – wie die angebliche Federkrone des Azteken-Herrschers Montezuma, die Mexiko seit langer Zeit zurückfordert – im nahegelegenen Völkerkunde-Museum. Will man also einen Gesamteindruck gewinnen, so muss man sich umsehen.

MERIAN | INFO

Die Wiedereröffnung der Kunstkammer des Kunsthistorischen Museums ist für 2008 geplant. Teile der Sammlung werden laufend ausgestellt, so gab es bisher Sonderschauen wie „Spielwelten“, „Mikrobilder“, „Exotika“, „Licht und Farbe“, „Bernstein für Thron und Altar“; bis 22. 7. 2007: „Des Kaisers Elfenbein“. Die große Ausstellung „Die Entdeckung der Natur“ mit Objekten aus Schloss Ambras bei Innsbruck, dem Kunsthistorischen und dem Naturhistorischen Museum in Wien findet vom 13. 6. bis 3. 9. 2007 im Naturhistorischen Museum statt.

Kunsthistorisches Museum
I. Maria-Theresien-Platz
Tel. 52 52 40
Di-Do 10-18, Do 10-21 Uhr
Das Treppenhaus als 360°-Bild bei: www.khm.at/arch/frameset.htm

Ich gehe mit der stellvertretenden Direktorin Sabine Haag durch die dämmrigen Gänge zum fensterlosen Depot im Hochparterre des Kunsthistorischen Museums. Dort ist in wuchtigen Vitrinenschränken ein Viertel der vorhandenen Objekte zu sehen, von herrlichen Schüsseln aus Bergkristall bis zu Gegenständen aus Perlmutt und Schildpatt. Die Fülle ist kaum zu erfassen: der Nashorn-Pokal, die Bernsteingefäße, Tric-Trac-Spiele aus edlem Holz, die reich dekorierte Nautilusschnecke und das Straußenei, gemalte Spielkarten und hunderte andere Schönheit ausstrahlende Dinge.

Über das Stiegendepot, in dem die Kostbarkeiten frei auf Regalen stehen, kommen wir in die geschlossenen Ausstellungsräume der Kunstkammer, wo mehr als die Hälfte der Sammlung meist in Schränken mit verglasten Türen ausgestellt ist, vor allem Arbeiten aus Bronze und Glas. Daneben gibt es Schnitzwerk aus Elfenbein, es finden sich Büsten, Tischuhren, Automaten, von denen längst kein Spielwerk mehr funktioniert. **Die Kunstkammer ist wahrlich ein Wunder, das Einblick bietet in Denken und Selbstverständnis einer Zeit im Aufbruch. In die Anfänge und Entstehung der modernen Wissenschaften, in das mechanische Zeitalter.**

Während ich durch die verlassenen Räume gehe und nur meine Schritte höre, ist es, als läge die Kunstkammer im Dornröschenschlaf. Das riesige Kunsthistorische Museum, seine Säle und Depots sind begehbare Träume der Menschheit, in denen wir uns selbst erkennen können: Die zerstreute und nur zum Teil wieder zusammengeführte Sammlung erzählt die Geschichte der namenlosen Gier und Neugier der Menschen. Und sie erzählt auch jenes endlose Epos vom Entstehen, Verschwinden und Wiederauftauchen der verlorenen Zeit. □

Gerhard Roth, *der mit vielen Preisen ausgezeichnete Schriftsteller und Dramaturg, lebt in Wien und in der Südsteiermark.*

Showräume der schönen Künste

Texte: Almuth Spiegler

Österreichs Hauptstadt ist in die erste Liga der Kunstzentren aufgerückt: Stars sind die Museen

Klassische Musik? Klar dominiert sie noch immer das kulturelle Leben in Wien. Doch seit Mitte der 90er Jahre erlebt Österreich eine wahre museale Welle – von Bregenz, Salzburg, Graz bis Linz, überall wurde neu gebaut. Und in Wien wurde durch die Gründung des Museumsquartiers 2001 und die Wiedereröffnung der Albertina 2003 die ohnehin schon exzeptionell reiche Museumsszene ordentlich aufgefrischt. Allen voran in der Wahrnehmung steht zwar noch immer die Gemäldegalerie des ehrwürdigen Kunsthistorischen Museums. Vermehrt jedoch sorgt in den vergangenen Jahren neben den historischen Sammlungen die zeitgenössische Wiener Kunstszene für internationales Aufsehen: Der florierenden Galerien-Szene und progressiven Institutionen wie dem Museum moderner Kunst, der Secession und der Generali Foundation mit ihrer vielgerühmten Konzeptkunst-Sammlung eilt ein exzellenter Ruf voraus. Interessant bei allen Wiener Neugründungen und Modernisierungen ist aber immer wieder die Verbindung von historischer und moderner Architektur – statt gewagter Neubauten werden hier lieber alte Gemäuer adaptiert.
Eine der wenigen Ausnahmen ist das Essl-Museum, Österreichs größte Privatsammlung von Gegenwartskunst. Zumindest ihretwegen sollte man den kleinen Sprung über die Stadtgrenzen hinaus nach Klosterneuburg wagen.

Museumsquartier

Der Überraschungseffekt ist enorm. Hinter dem schlichten, 335 Meter langen barocken Mauerriegel der ehemaligen Hofstallungen steht der Besucher plötzlich in einem der zehn größten Kulturareale der Welt (60 000 Quadratmeter): Zwei mächtige Monolithe beherrschen das 2001 eröffnete Museumsquartier (MQ) der Architekten Ortner & Ortner – ein schimmernd weißer Kubus, der die berühmte Sammlung österreichischer Moderne des Wiener Augenarztes Rudolf Leopold enthält (Leopold Museum), sowie ein mit dunkler Basaltlava verkleideter Block, das Museum moderner Kunst (MUMOK), seit 1979 von der deutschen Ludwig-Stiftung wesentlich gestützt. Neben diesen prägnanten Bauten architektonisch eindeutig verhaltener angelegt, wetteifern im MQ noch die städtische Kunsthalle mit ihrem ehrgeizigen internationalen Programm, das kleine, feine Architekturzentrum, ein Kindermuseum, ein Kindertheater und das experimentelle Tanzquartier um das Publikum. Bei gut drei Millionen Passanten pro Jahr, die es zur Hälfte nur in den als Sonnendeck genutzten Hof und in die acht schicken Café-Restaurants zieht, fällt sogar etwas für die ca. 40 kleinen Design-, Kunst- und Medieninitiativen ab, die als „Quartier 21" dort logieren, wo man sie am wenigsten vermuten würde: in der historischen Phalanx des MQ zur Außenwelt hin, im düsteren Schlauch der barocken Stallungen.
VII., Museumsplatz 1; Leopold Museum u. MUMOK tgl. 10-18, Do bis 21 Uhr, Kunsthalle tgl. 10-19 Uhr, Do bis 22 Uhr; MQ-Kombi-Ticket 25 €

Im Innenhof des Quartiers: die barocke Winterreitschule, gerahmt vom Museum Leopold (links) und Kunsthalle (rechts)

Eyecatcher des Oberen Belvedere: Max Klingers Skulptur „Kauernde" und Gustav Klimts Gemälde „Der Kuss"

Museum für Angewandte Kunst (MAK)

Das MAK war nie „nur" Museum für angewandte Kunst. Eröffnet wurde der an italienische Hochrenaissance erinnernde Backsteinbau an der Ringstraße 1871 als „k. k. Österreichisches Museum für Kunst und Industrie". Und seit seiner Neuausrichtung 1986, einer Generalsanierung und der Eröffnung der Außenstelle in Los Angeles (Schindler House), ist das Haus für Einzelausstellungen zeitgenössischer Architekten und Künstler international bekannt. Die Wiener Lokalszene interessiert sich allerdings mehr dafür, selbst gesehen zu werden, wofür Architekt Hermann Czech 1993 im MAK eines der ersten Designerlokale der Stadt einrichtete. In letzter Minute wurde das einstige Szene-Cafe 2006 vom Architektur-Büro „eichinger oder knechtl" und dem Starkoch Helmut Österreicher wiederbelebt – jetzt ist gesellschaftlich wieder voll rehabilitiert, wer hier sein Achtel kippt. Noch dazu unter einem riesigen Flaschenlüster. Das Geschirr ist gleich nebenan im originell sortierten Designshop zu erwerben, den man unbedingt auch in Gegenrichtung zum Café durchqueren sollte: Die historischen Schausammlungen zeichnen sich nicht nur durch die Namen Thonet und Wiener Werkstätte aus, sondern wurden noch dazu von zeitgenössischen Künstlern wie Donald Judd, Jenny Holzer und Heimo Zobernig inszeniert.

I., Stubenring 5; Tel. 71 13 60; Di 10-24 Mi-So 10-18 Uhr; 7,90 €, Sa Eintritt frei

Albertina

Sharon Stone, Brad Pitt, Angelina Jolie – sie alle waren hier schon vergeblich auf Hasen-Jagd. Auch für Hollywoodstars wird der kostbarste Schatz der Albertina, Dürers „Feldhase", nicht aus dem klimatisierten Sicherheitsspeicher geholt. Dafür entschädigen im Innenstadtpalais (1804 von der weltberühmten Grafischen Sammlung unter ihrem Gründer Herzog Albert von Sachsen-Teschen bezogen) populäre Retrospektiven und Gruppenausstellungen großer Namen der Kunstgeschichte bis zur Gegenwart. Auf vier Ebenen bieten moderne Hallen 3150 Quadratmeter Ausstellungsfläche, die frisch restaurierten klassizistischen Prunkräume sind zum Teil mit Originalmöbeln ausgestattet. Von der Terrasse des noblen Café-Restaurants blickt man auf den nahen Wiener Burggarten. Ähnlich elegant ist auch die Höhe der Bastei – ein Rest der alten Stadtmauer, auf der das Palais steht: Auf einer Freiluft-Rolltreppe und beschützt von einem 64 Meter langen markanten Alu-Flugdach Hans Holleins gelangt man hinauf. Die Neueröffnung der Albertina 2003 trug viel zum neuen Museumswunder Wiens bei.

I., Albertinaplatz 1; Tel. 534 83-0; tgl. 10-18, Mi 10-21 Uhr; 9.50 €

Nach zehnjährigen Renovierungsarbeiten hat die Albertina einen neuen Eingangsbereich von dem Wiener Architekten Hans Hollein

Belvedere

Gustav Klimts „Goldene Adele“, eines der teuersten Bilder der Welt, wird man hier jetzt vergeblich suchen. 2006 wurde das Porträt mit vier anderen Werken des Jugendstilmalers an die rechtmäßigen Erben restituiert und hängt inzwischen in New York. Doch noch immer befindet sich in der einstigen Sommerresidenz des Feldherrn Prinz Eugen die weltweit bedeutendste Sammlung von Klimt-Gemälden. Im repräsentativen oberen Teil der barocken Anlage wird die gesamte historische Schausammlung österreichischer Kunst vom Mittelalter über das Biedermeier bis hin zur Moderne präsentiert. Von hier aus kann auch der berühmte Canaletto-Blick auf Wiens Altstadt genossen werden. Im Marmorsaal, dem wohl schönsten Barocksaal Wiens, wurde 1955 der Österreichische Staatsvertrag unterschrieben. Die Sonderausstellungen des Museums finden seit 2007 konzentriert im Unteren Belvedere statt: In der benachbarten Orangerie befindet sich ein „White Cube“, ein 350 Quadratmeter großer, neutraler weißer Hightech-Raum. **Unteres: III., Rennweg 6a, Oberes: III., Prinz-Eugen-Str. 27, Tel. 79 55 70, tgl. 10-18 Uhr, Kombiticket 12,50 €**

Liechtenstein-Museum

Das „Österreichische Bauzentrum“ bot 1957 bis 1978 eine Art Dauerpräsentation der Nachkriegs-Bauwirtschaft, 1976 die erste Kunstmesse der Stadt und beherbergte von 1979 bis 2000 das erste Museum moderner Kunst. Im barocken Wiener Gartenpalais der Fürsten Liechtenstein, in der Rossau etwas abseits der Innenstadt 1689-1711 nach Plänen von Domenico Martinelli gebaut, hat schon viel gezeigt. Fast 60 Jahre aber dauerte es, bis die legendäre, mit der habsburgischen konkurrierende liechtensteinische Kunstsammlung in ihr Wiener Zuhause zurückkehren konnte. Sie war in den letzten Kriegswochen 1945 nach Vaduz evakuiert worden. 2004 eröffnete Fürst Hans-Adam II. das Palais wieder als Privatmuseum, als „barocke Erlebniswelt“, deren Horizont vom (allerdings englischen) Garten über Mobiliar, Bilder, Skulpturen bis zum Deckengemälde reicht. Mit einigem Abenteuergeist und viel Liebe fürs Details wurde das Gesamtkunstwerk restauriert – bis hin zu den seit 1819 hinter Ölgemälden versteckten Fresken des Barockmalers Johann Michael Rottmayr in den Stiegenaufgängen. Höhepunkte neben der ständigen Sammlung von Gotik bis Biedermeier und Historismus sind der pompöse Herkulessaal mit Andrea Pozzos illusionistischem Deckengemälde und Rubens monumentalem Decius-Mus-Zyklus.
IX., Fürstengasse 1; Tel. 319 57 67; Mo-Fr 10-17 Uhr; 10 €

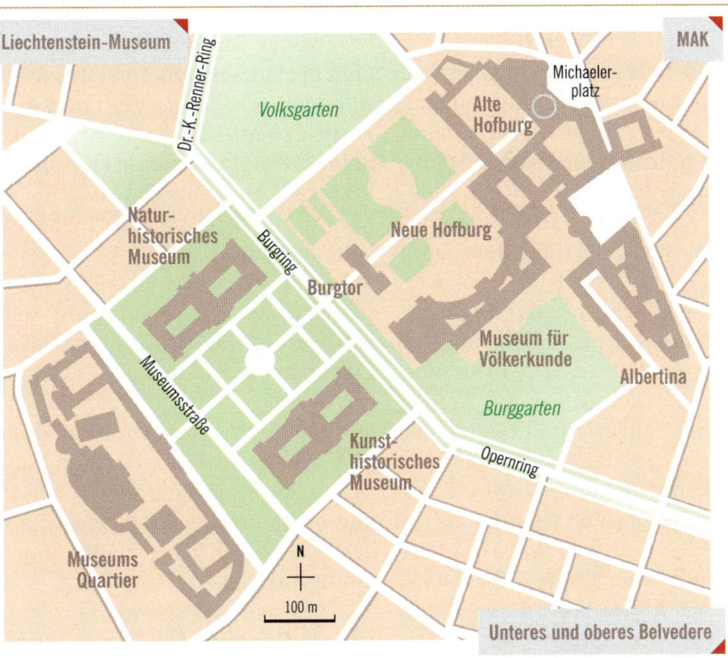

Museen entlang der imperialen Achse: Hofburg mit zahlreichen Sammlungen, das Kunsthistorische- und Naturhistorische Museum, das MQ

Keine Mäzenin verändert die zeitgenössische Kunstwelt so sehr wie Ihre Kaiserliche Hoheit Francesca von Habsburg Text: Markus Huber

Die Turbo Sammlerin

Die Küche muss wirklich außergewöhnlich sein, denn jeder, mit dem man über Francesca von Habsburg spricht, erzählt von ihr: dass sie riesig ist und von einer blutroten Küchenzeile dominiert wird. Dass dahinter ein Tisch steht, der noch riesiger ist und in seiner Siebziger-Jahre-Ästhetik nur noch von der weißen Designer-Plastik-Bestuhlung übertroffen wird. Dass die rotorange glühende Lampe und die dunklen Jorge-Pardo-Fliesen Francesca von Habsburgs Wohnküche endgültig zu einem Art-of-Living-Museum für Design machen. Und dass das alles natürlich ein gewaltiger Stilbruch ist, weil die Siebziger-Traumküche nicht etwa in einem Frank-Gehry-Gebäude ist, sondern in einem Palais in der Innenstadt. Und diese Stadthäuser sehen in Wien nun mal aus wie ein in Stein gemeißeltes Barocktörtchen.

Ein Stilbruch also, aber: Was würde man anderes von ihr erwarten? Von einer Frau, die in Interviews sagt: „Ich habe jede einzelne Regel gebrochen, die seit der Volksschule für mich gegolten hat"? Von einer Frau, die ihren Heiratsantrag in der Kapuzinergruft erhielt, der traditionellen Grabstätte des Hauses Habsburg. „Wie würde es dir gefallen, hier einmal begraben zu sein?", hatte der Habsburg-Erbe Karl sie hier gefragt, und Francesca gefiel es. Und was von einer Frau, die die vielleicht interessanteste Galerie und Kunststiftung betreibt, die Europa derzeit zu bieten hat? Francesca von Habsburg ist die Vorsitzende der Thyssen-Bornemisza Art Contemporary 21, kurz T-B A21.

Die selbstbewusste Frau ist schwer einzuordnen. 49 Jahre alt, Mutter von drei Kindern, verheiratet mit Karl von Habsburg, dem ältesten Sohn von Otto von Habsburg und Enkel des letzten Regenten der Donaumonarchie, Kaiser Karl I. Wäre Österreich noch eine Monarchie, dann wäre sie in Bälde die nächste Sisi. Sie ist aber auch die Tochter des deutschen Stahlbarons Hans Heinrich Thyssen-Bornemisza. Ihre Mutter war dessen dritte Ehefrau, ein britisches Fotomodell. Francesca wuchs in London auf und hatte sich vor ihrer Heirat den Ruf als Punk-Partygirl erarbeitet. Es gibt Fotos von 1991, auf denen Francescas nackter Po zu sehen ist – für die Zeit vor Paris Hilton ein durchaus ausgewachsener Skandal.

Vor allem ist Francesca von Habsburg Kunstsammlerin, Vermittlerin und Mäzenin. Seit sie 2004 von einem Schloss bei Salzburg ins Wiener Stadtpalais übersiedelte, mischt sie den modernen Kunstbetrieb in Österreichs Hauptstadt auf. Sie finanziert und fördert Aktionen von Künstlern wie Christoph Schlingensief, der Südafrikanerin Candize Breitz, dem Dänen Olafur Eliasson und von noch mehr jungen Leuten der internationalen Kunstszene. In ihrer Galerie und Stadtwohnung schmeißt sie Partys, von der die Eingeladenen berichten, sie wären das Coolste, was Wien zu bieten hat.

Das Faible für Kunst hat sie ganz eindeutig von ihrem Vater übernommen. Dieser hinterließ, als er 2002 starb, die bedeutendste private Kunstsammlung der Welt. Er setzte Francesca zwar in den Vorstand seiner Stiftung ein, die Sammlung selbst aber hatte er bereits 1993 für 350 Millionen Dollar an Spanien verkauft. Die insgesamt 800 Bilder sind seither in Madrid zu sehen.

Francesca baute daraufhin ihre eigene Sammlung auf. Und anders als ihr Vater, der sich auf das 19. Jahrhundert spezialisiert hatte, sammelt sie zeitgenössische Kunst. Installationen, Videokunst. Das Grundkapital dafür stammte aus dem Verkauf einiger Bilder von Malern des 19. Jahrhunderts, die sie geerbt hatte. Ziemlich rasch hatte sie ein paar hundert Werke zusammen, darunter Arbeiten von Doug Aitken, John Bock, Pipilotti Rist.

Francesca von Habsburg erkannte, allerdings, dass auf diesem Weg keine einzigartige Sammlung aufzubauen ist. So begann sie, selbst Kunstprojekte anzuschieben. Christoph Schlingensief baute mit ihrer Unterstützung eine Installation in Island, Candice Breitz lebte fast ein Jahr in der T-B A21-Außenstelle auf Jamaica. Aufsehen erregte auch die „Küba"-Aktion: Die Mäzenin von Habsburg schickte einen Transportkahn von Bulgarien die Donau aufwärts – als Workshop für junge Künstler aus ganz Europa, die auf dem Schiff auch ihre Exponate präsentierten. Diese „Reise gegen den Strom" entspricht dem eigenen Kunstkonzept Francescas: Ihr geht es nicht darum, Objekte anzuhäufen, sondern sie anzustoßen. Peter Weibel, der Direktor des Zentrums für Kunst und Medientechnologie Karlsruhe, nennt sie eine echte Mäzenin. Und die Kunstwelt staunt, wie rasch sie komplizierte Sachverhalte reflektiert.

Die Auswahl der Projekte, für die sich Francesca von Habsburg begeistert, erfolgt dabei weniger intuitiv. „Wenn man nur danach entscheidet, was einem gefällt, dann reicht das nicht und das Geld wird schnell ausgehen. Der wichtigste Teil einer Sammlertätigkeit ist, dass du die Werke verstehst und nicht nur magst." Das ist, zumindest was ihre Küche angeht, eine gewagte Aussage. □

Thyssen-Bornemisza Art Contemporary 21
(e 4) I., Himmelpfortgasse 13
www.tba21.org

GRABARZ & PARTNER
Wir haben Urlaub im ZeitlupenLand gemacht.
Warum nicht mal Länder besuchen, die man noch nie gesehen hat? Länder, in denen die Zeit schleicht, Länder, in denen die Zeit rast. Länder, in denen nichts ist, wie man es gewohnt ist – und all das ohne Visum. Im MobiVersum der Autostadt in Wolfsburg wird jeder zum Entdecker. Und auf dem Touareg Gelände-Parcours vielleicht auch noch zum Helden. Welche Urlaubswünsche wir außerdem erfüllen können, erfahren Sie unter 0800 288 678 238 oder www.autostadt.de.
Machen Sie sich einen schönen Tag.
Menschen, Autos und was sie bewegt
AUTOSTADT

Neue Erinnerungskultur: der Judenplatz mit dem Holocaust-Denkmal von Rachel Whiteread (2000), dessen Form eine nach außen gekehrte Bibliothek symbolisiert

Erste Funken jüdischen Lebens: ein Supermarkt für koschere Kost in der Kleinen Sperlgasse im II. Bezirk – auf der „Mazzesinsel"

Nichts ist nor

Wien besaß einst eine der größten jüdischen Gemeinden Europas. Was hat überlebt, was ist neu gewachsen?

Text: Charles E. Ritterband

Ein kahler Hofplatz, dekoriert von ein paar eingezäunten Bäumchen. Durch ein Gitter wird er von der Außenwelt abgegrenzt. Am anderen Ende ein Eingang mit Sicherheitsschleuse, Panzerglasscheiben, dahinter ein Sicherheitsmann, der eine schier endlose Liste von Fragen für den Einlass suchenden Fremden bereit hält. Hier steht eine kleine sephardische Synagoge: Tempelgasse 5, am Rand der Leopoldstadt, des Zweiten Gemeindebezirks – einst spöttisch „Mazzesinsel" genannt, weil dort ungefähr 50 000 Juden gelebt haben. Mazzes kommt von *mazzot,* den ungesäuerten Broten.

Das war vor dem Schreckensjahr 1938. Hier stand bis zur „Reichskristallnacht" der Leopoldstädter Tempel mit 2000 Plätzen; von ihm ist nach jener Scherben- und Brandnacht der Nazis nur noch der Nordflügel erhalten.

Erstmals hatten 1858 auf der Mazzesinsel die Wiener Juden den Mut gefunden, ein freistehendes Gebäude zu errichten und darauf verzichtet, ihr Bethaus hinter der Fassade eines Mietshauses zu verbergen – optimistisches Aufatmen, Symptom eines zunehmenden Selbstbewusstseins: Neun Jahre nach Eröffnung der Synagoge erfolgte dann auch die formale Gleichberechtigung.

Vor dem „Anschluss" im März 1938, dem von der Wiener Bevölkerung mit frenetischem Jubel begrüßten Einmarsch der Truppen Hitlerdeutschlands, lebten in Wien etwa 200 000 jüdische Einwohner – mehr als zehn Prozent der Gesamtbevölkerung. 65 000 wurden in der NS-Zeit verschleppt und ermordet, über 120 000 ins Exil getrieben. Heute zählt die Israelitische Kultusgemeinde Wien knapp 8000 Mitglieder – ein müder Abglanz des einstigen jüdischen Lebens, das Wien seit dem Ende des 19. Jahrhunderts zur Weltstadt, zur kulturellen und wirtschaftlichen Metropole gemacht hatte.

Nicht nur die Jüdische Gemeinde Wiens, auch Wien selbst hat sich von diesem Aderlass nie wirklich erholt – man sehe sich nur die Medien- und Literaturlandschaft an. Wien ist nicht mehr, was es war. Was wir heute an Wien bewundern, sind die Zeugen einer vergangenen Zeit. Der Schriftsteller Hugo Bettauer, der selbst zur personifizierten Prophezeiung wurde – zum ersten Opfer eines nationalsozialistischen Mordanschlages – hatte die Schilderung dieses Zustands bereits 1922 in seiner Satire „Die Stadt ohne Juden. Ein Roman von übermorgen" vorweggenommen: **Nach der Vertreibung der Juden versinkt Wien schlagartig in Provinzialität – und besitzt selbst heute noch den unbestreitbaren Charme der größten Kleinstadt der Welt.**

Und die jüdische Gemeinde? Ihre sozialen und kulturellen Einrichtungen gleichen jenen eingezäunten Bäumchen auf dem bewachten Hofplatz. Mehr als sechzig Jahre nach Kriegsende müssen sich die Juden hinter Panzerglas vor der Außenwelt schützen, ihre Einrichtungen werden ständig von Polizisten bewacht mit Schnellfeuergewehren und in Israel ausgebildeten Sicherheitsleuten.

mal

Fast verschämt sprühen hier und dort wieder kleine Funken jüdischen Lebens. Mal jiddisches Theater, mal ein Klezmer-Konzert, ein Grüppchen jüdischer Jugendlicher, das unbeschwert durch die Kärntner Straße flaniert, Ultraorthodoxe im schwarzen Kaftan, die einer versteckten Betstube entgegeneilen. Eine Handvoll jüdische Restaurants im I. Bezirk und auch in der Leopoldstadt, wo inmitten des Karmelitermarkts ein Schlachter koscheres Fleisch verkauft.

Ein paar Schritte entfernt der mit importierten Koscherprodukten vollgestopfte Supermarkt, mit allen nur denkbaren Mazzes-Varianten und Cola, die den Rabbinatsvorschriften genügt. Ein Schnellimbiss, der israelische Falaffel brät und sich denn auch stolz „Maschu Maschu" nennt – was so viel bedeutet wie „alle Achtung, das ist ja wirklich was!" Trotz dieser Nischen mit nostalgisch-jüdischem Charakter oder exotisch-israelischem Touch: Eine „Rue des Rosiers" wie im Pariser Marais-Viertel, ein stimmungsvolles, geschlossenes jüdisches Quartier sucht man in Wien vergeblich.

Eine jener Nischen ist die vielleicht am besten sortierte deutschsprachige jüdische Buchhandlung Europas, „Book Shop Dorothy Singer", im jüdischen Museum an der Dorotheergasse im Herzen der Stadt. Hier gibt es Judaica, Sachbücher, Romane; die unerlässlichen Zutaten für das profane wie sakrale jüdische Dasein.

Die Familiengeschichte der Inhaberin Dorothy Singer, 43, ist typisch für das Wiener Judentum. Ihre Vorfahren waren in den ersten Jahren des 20. Jahrhunderts aus der Slowakei bzw. Ungarn nach Wien eingewandert, ließen sich im 2. Bezirk nieder, brachten es zu bescheidenem Wohlstand. Der Vater konnte nach England fliehen, Großmutter und Tante überlebten mehrere Konzentrationslager.

Dorothy lebt in der Leopoldstadt, genau gegenüber dem Haus, in dem ihr Vater aufwuchs. Über Österreich, das sich gegenüber den jüdischen Emigranten und Erben der Ermordeten in der Regel schäbig verhalten hatte, spricht Dorothy mit Bitterkeit. Zweimal dachte sie ans Auswandern, doch inzwischen sieht sie sich in der Tradition der vielen jüdischen Buchhändler der Vorkriegszeit, empfindet Verantwortung als Nachkomme von Überlebenden und will mit ihrer Buchhandlung die Stellung halten – als Ansprechspartnerin und Auskunft für die Kinder und Enkel jener Juden, die vor den Nazis aus ihrer Heimatstadt flohen und jetzt ihre Wurzeln suchen. Alle fragen nach dem „jüdischen Wien" oder wenigstens nach einem jüdischen Stadtviertel.

Auch Michelle Blum (Name geändert), 41, lebt im 2. Bezirk. Sie leitet eine PR-Agentur. Dass sich diese hauptsächlich mit Veranstaltungen zu jüdischen Themen befasst – Ausstellungen, Theatervorstellungen, Kongresse – war kein bewusster Entscheid. Das kam einfach so. Ebenso, dass Michelle an der Praterstraße lebt, am einstigen „Wiener Broadway" – damals mit Dutzenden von Kleintheatern eine der beliebtesten jüdischen Wohnadressen.

Michelle wohnt hier, weil ihr der Bezirk am Herzen liegt – und weil er heute wieder so etwas wie jüdisches Flair hat. Für sie ist die Leopoldstadt ein Lebensstil. Schon die Eltern hatten in Wien gelebt, eine Verwandte wohnte eine Etage über ihr. Manchmal kauft sie in den koscheren Geschäften ein, besucht sie eines der vielen neuen Restaurants – nicht notwendigerweise ein jüdisches. Die gastronomische Palette sei heute ebenso vielfältig wie der Ursprung der heutigen Bewohner: „Der Zweite" sei bei jungen Leuten „in" – weil er so multikulti und also spannend sei und über einen leicht maroden Charme verfüge, so Michelle. Natürlich steigen damit auch die Mieten der einfachen Wohnungen des Viertels. Michelle hat sich hier ihr eigenes jüdisches Wien wiedergeschaffen – nicht auf den ersten Blick erkennbar.

Aber wer als jüdischer Bewohner der Leopoldstadt ruhig schlafen will, muss das Wissen um all die Schrecknisse ausblenden können, das diese einstige Gettoinsel für ihre jüdischen Bewohner mehr als nur einmal bereithielt: nicht erst in der Nazi-Zeit, sondern bereits im 17. Jahrhundert. Damals ließ Kaiser Leopold I. die nur wenige Jahrzehnte zuvor hier im „Unteren Werd" angesiedelten Juden wieder aus ihren Wohnstätten vertreiben, ihre Synagoge zerstören und im Jahr 1670 auf deren Trümmern eine Kirche errichten. Dass es bei jener Vertreibung durch Kaiser und Kirche kaum weniger tragisch zuging wie knapp drei Jahrhunderte später, bezeugen die Chronisten. Genügend Stoff für Albträume also.

Zwar soll im nahegelegenen Prater bald das mit 20 000 Quadratmetern größte jüdische Freizeit-, Schul- und Sportzentrum Europas entstehen, finanziert durch die Kultusgemeinde. Wer jedoch nach den Spuren des jüdischen Wien sucht, braucht einen geschärften Blick, Phantasie und ein detailliertes Geschichtsbuch. Denn das jüdische Wien ist ein virtuelles Phänomen. In Dorothy Singers Buchhandlung gibt es einen Stadtplan: „Jewish Vienna, Past and Present", der flächendeckend übersät ist mit hellgrünen Punkten: die nur noch virtuell vorhandenen Merkpunkte im jüdischen Vorkriegs-Wien. Ein paar vereinzelte rote Punkte markieren das real existierende jüdische Wien von heute.

Zu dessen wichtigsten Sehenswürdigkeiten gehört an erster Stelle der 1826 eingeweihte Stadttempel an der

Nur wenige der einst 200 000 Juden Wiens haben hier ihre letzte Ruhe finden können: Israelische Abteilung im Norden des Zentralfriedhofs

Die Erinnerung bleibt

Seitenstettengasse, zugleich die älteste noch existierende Synagoge Wiens und das Zentrum des heutigen jüdisch-religiösen Lebens. Der Tempel entging als einzige Synagoge unversehrt der Zerstörungswut in der „Kristallnacht" – und dies paradoxerweise aufgrund einer diskriminierenden Bauvorschrift Kaiser Josephs II.: Die Fassade nichtkatholischer Gotteshäuser durfte von der Straße her nicht sichtbar sein. Also wurde die Synagoge in die Hausfassaden integriert, und hätte man sie abgebrannt, wäre der ganze Häuserblock in Flammen aufgegangen.

Das Jüdische Museum im Palais Eskeles an der Dorotheergasse hingegen wird von der Stadt betrieben. Bereits ab 1895 hatte es ein jüdisches Museum in Wien gegeben. 1938 wurden seine Bestände von den Nazis mutwillig zerstört und die Reste beschlagnahmt, ins Völkerkundemuseum gebracht. Die wohl berührendsten Exponate der Dauerausstellung des Museums sind die hier wahllos angehäuften, in jener Zeit aus Häusern und Synagogen geraubten Kultgegenstände – manche beschädigt, verbogen und angesengt.

Eine der größten jüdischen Sehenswürdigkeiten Wiens ist gleichzeitig ein gewaltiger Skandal: Im Stadtteil Währing dämmert einer der größten Biedermeierfriedhöfe Europas einem ungewissen Schicksal entgegen – dem Verfall, dem Vandalismus, wuchernder Vegetation preisgegeben. Obwohl sich Österreich 2001 zur Erhaltung der jüdischen Friedhöfe verpflichtete, schieben sich der Bund und die Stadt Wien gegenseitig die Verantwortung zu. 8000 Gräber aus den Jahren 1784 bis 1874 mit unwiederbringlichen Grabsteinen, die den Zerstörungen der NS-Zeit entgangen sind, dokumentieren eine entscheidende Phase der Entwicklung Wiens und des jüdischen Bürgertums. Hier lag beispielsweise die legendäre Fanny Freifrau von Arnstein begraben, die zur Zeit des Wiener Kongresses die Großen Europas um sich versammelte. Doch ihr Grab ist leer: Die Nazis hatten ihre Gebeine für rassekundliche Forschungen ins Wiener Naturhistorische Museum transferiert, wo sie womöglich noch heute in irgendwelchen Behältnissen lagern.

Dann natürlich der Judenplatz, die jüdische Geschichte Wiens auf einen Blick: der monströse weiße Block der im Jahr 2000 eingeweihten Shoah-Gedenkstätte der britischen Künstlerin Rachel Whithread. Durch einen unterirdischen Gang aus dem so genannten Misrachi-Haus erreicht man die Überreste der 1421 zerstörten Synagoge. Spätestens hier wird einem bewusst, wie sich für die Wiener Juden die Geschichte seit dem Mittelalter unter ähnlichen Vorzeichen mehrmals wiederholt hat: Als wirtschaftlich nutzbringend betrachtet wurden sie eine Zeit lang toleriert, die Gemeinde florierte – und wenn die geistlichen oder weltlichen Machthaber es für opportun erachteten, wurde der Hass des Mobs mobilisiert, die Juden ausgeplündert, vertrieben und ermordet.

Man tut sich in Wien schwer mit Erinnerung und Gedenken an die dunklen Jahre. Und doch gibt es neue Ansätze: Alfred Hrdlickas Mahnmal gegen Krieg und Faschismus zwischen Staatsoper und Albertina mit dem verhöhnten, straßenwaschenden Juden aus Bronze beispielsweise, das sich jedoch als äußerst problematisch erwies. Manche sahen hier ihre Erniedrigung in Erz gegossen, Touristen verzehrten auf dem Rücken der Figur ihre Wurstsemmeln, so dass dem bronzenen Juden in kaum beabsichtigter Ironie Stacheldraht auf den Rücken montiert werden musste.

Privatleute bemühten sich redlich, vor arisierten Häusern Gedenktafeln anzubringen, die regelmässig heruntergerissen oder unleserlich gemacht wurden. In der Leopoldstadt wurde 2006 ein „Weg der Erinnerung" eingeweiht – ins Straßenpflaster eingelassene Bronzetafeln führen die Namen von Deportierten an und dokumentieren, in welchem Konzentrationslager ihr Leidensweg endete. Doch am erschütterndsten war das Bild, das sich im Mai 2006 in den Straßen Wiens bot: An vielen Haustüren waren weiße Rosen angebracht; jede Rose symbolisierte einen Juden, der durch diese Tür abgeführt wurde. Für die meisten war es, wie aus der Etikette mit Namen und Destination ablesbar, der Beginn einer Reise in den Tod. Schulkinder hatten das Schicksal dieser Menschen recherchiert und Bündel von Rosen in der ganzen Stadt verteilt. In der Leopoldstadt wurden an diesem Tag die Haustore von Rosen geradezu überwuchert. Denn hier hatte man die Juden in Sammelwohnungen zusammengepfercht – nachdem man sie aus ihren Wohnstätten vertrieben hatte und bevor sie per Bahn in die Konzentrationslager verfrachtet wurden. An jenem 6. Mai wurde Geschichte im jüdischen Wien erstmals für jedermann erkennbar, sichtbar, berührbar: in Gestalt zigtausender weißer Rosen. □

Charles E. Ritterband, *Österreich-Korrespondent der* Neuen Zürcher Zeitung, *wurde in Zürich geboren und verbrachte einen Teil seiner Kindheit in Wien. Pendelte also zwischen dem grauen Wien der Nachkriegszeit und dem Wohlstand in der Schweiz.*

FREU DICH!
DU BIST IN
SPANIEN
ESPAÑA
Ein Ort, an dem jede Mahlzeit
Geschichte schreibt.
www.spain.info

Die Stadt und ihr

Die Wien unter Wien

Im Stadtgebiet verläuft der Fluss fast durchweg in dem 1895-99 gebauten Bett. Von der Hamburgerstraße bis zum Stadtpark ist er auf rund 2,6 km Länge sogar unsichtbar: Hier wurde die Wien eingedeckt.

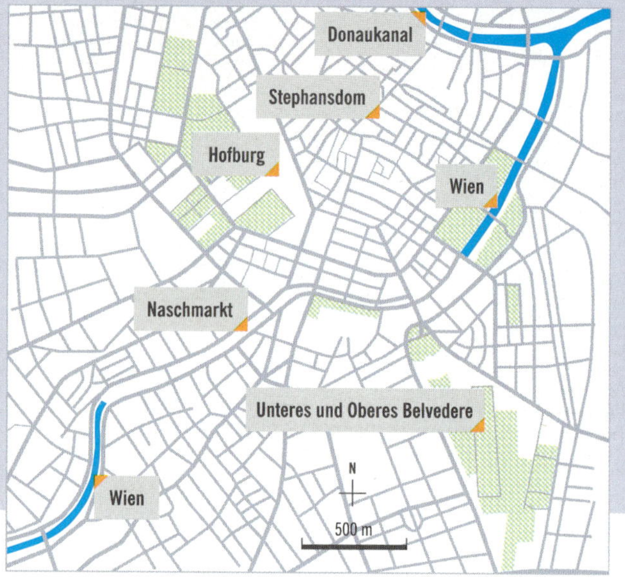

So märchenhaft wie im Walzer ist das Bild von Wien „An der schönen blauen Donau": Man hört Hans Mosers näselnden Singsang – welch schöne Illusion im Dreivierteltakt. Denn das mit der Donau ist nur halbwahr: Was man in Wien mehr grau als blau blitzen sieht, ist in Wahrheit der Donaukanal. Die Donau selbst fließt außerhalb des Stadtzentrums, also neben der Stadt.

Was Fremde nicht wissen können und Wiener nicht wissen wollen: Wien liegt tatsächlich an der Wien. An einem Fluss gleichen Namens wie die Stadt. Doch die Wien ist ein ärmlich dünnes Rinnsal und wird weder geliebt noch besungen. Im Gegenteil – man schämt sich ihrer. Versteckt sie.

Am Kaiserbrunnberg im Wienerwald, also dort, wo der Fluss entspringt, ist noch alles anders. Hier fließt sie an Hängen vorbei, um Hügel herum, hier wird sie von Bibern geliebt, von Graureihern, Flusskrebsen. Spätestens im Stadtgebiet aber wird aus dem Flussidyll ein hart ausgeformter Kanal. Wo der nicht übermauert ist, blickt man auf graues Wasser, riecht Gestank. Bis das kanalisierte Rinnsal an der Aspernbrücke im Wasser des Donaukanals verschwindet.

Die Wiener haben ihre Wien nie besonders gemocht. Schon die frühen Siedler, die Römer, litten unter der Tücke des Flusses. Sie versuchten, die Wien zu zähmen, die bei Hochwasser noch heute bis zu zweitausend Mal mehr Wasser führen kann als in Trockenperioden. Ursache hierfür ist der Untergrund des Flusses, der aus Wiener Sandstein besteht – also bei Regen schnell gesättigt ist. Schon in den Anfängen der Stadt war das so: Um ihr Legionslager Vindobona vor Überflutungen zu schützen, legten die Römer ein großes Flutbecken an. Trotzdem war das Siedlungsgebiet weiterhin den Launen des Flusses ausgesetzt, der in nur wenigen Stunden zum Wildwasser anschwellen kann.

Im Mittelalter degradierten die Wiener ihren Fluss zur Jauchegrube: Hier entsorgten sie Abfälle wie Exkremente. Das war damals so üblich, ebenso wie die Folgen: Epidemien. Selbst in der Neuzeit, und obwohl 1739 die Stadt fast vollständig kanalisiert war, kam es immer wieder zu Seuchen. Mehr als 2000 Menschen starben bei der Choleraepidemie 1831, deren Ursache ein Wien-Hochwasser war.

Noch im selben Jahr begann man links und rechts der Wien mit dem Bau von Sammelkanälen, den „Choleraka-

Fluss Erst Bach, dann kanalisiertes Rinnsal, jetzt technisches Großprojekt: Die Geschichte der Wien

Der Kanal unter dem Kanal

Um die Wasserqualität der Wien zu verbessern, wird seit 1997 in bis zu 38 m Tiefe der 11,8 km lange Wiental-Kanal gebaut – ein riesiger Tunnel von 8,6 Meter Durchmesser (links). Er schützt den Fluss mithilfe neuer Überläufe vor Verunreinigung durch das bestehende Kanalsystem. Ein Rechner sorgt für die optimale Steuerung auch des Speichersystems.

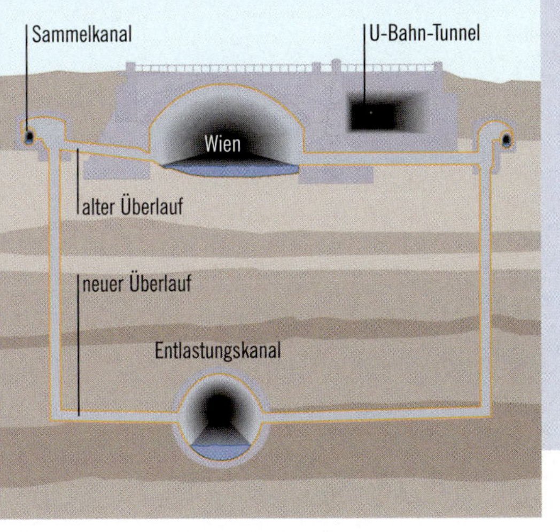

nälen“. Das neue System entlastete den Fluss fortan von Abwässern und Schmutzwasser. Weitere Regulierungsmaßnahmen folgten: Am Stadtrand baute man Rückhaltebecken, und von Mariabrunn bis zum Donaukanal bekam die Wien ein steinernes Bett. Ein trister Kanal also, umgeben von zwei ebenso tristen Kanälen. Das Geld für die geplante Komplett-Überwölbung aber reichte nur für ein Teilstück – von der Hamburgerstraße bis zum Stadtpark.

Vor 20 Jahren gab es zaghafte Ansätze für eine „Revitalisierung“ des gezähmten Flusses. Die Wien sollte zum „erlebbaren Freizeitraum“ werden. Mehr als ein zwei Kilometer langer Geh- und Radweg am westlichen Stadtrand ist nicht dabei herausgekommen. Und bei Hochwassergefahr fordern dort Wachpersonal, Lautsprecher und Blinkanlagen Radler wie Spaziergänger auf, den Flussraum zu verlassen. Denn weder Regulierung noch zusätzliche Kanäle können der auftretenden Wassermassen in solchen Zeiten Herr werden. Bei Regen laufen die alten Sammelkanäle schnell voll, und damit fließen Regen- und Abwässer in die Wien und auch in die Donau. Pro Jahr sind das drei bis sechs Millionen Kubikmeter Schmutzwasser.

Abhilfe soll jetzt der „Wiental-Kanal“ schaffen – eine unterhalb der Wien angelegte Tunnelröhre. Er gilt als der erste unter einem Flussbett verlegte Kanal überhaupt. Davon sind bislang 3,5 Kilometer fertiggestellt – immerhin 80 Prozent des Schmutzwassers, das üblicherweise in die Wien geflossen wäre, kann er bereits aufnehmen und zum Klärwerk weiterleiten. Bis etwa 2015 soll der 400 Millionen Euro teure Kanal auf 11,8 Kilometer Länge angewachsen sein.

Die Bauarbeiten sind extrem kompliziert. Der kürzlich vollendete zweite Bauabschnitt musste, um die U-Bahn-Tunnel am Karlsplatz zu unterqueren und ein Gefälle zu garantieren, auf 30 Meter Tiefe verlegt werden. Auf manchen Strecken verläuft der neue Kanal nur drei Meter entfernt von den Röhren der U-Bahn-Linie. Aus Sicherheitsgründen waren dort tonnenweise Betoninjektionen nötig.

Von dem „ökologischen Musterprojekt“ erhofft man sich endlich eine Minderung der lästigen Gerüche, eine Steigerung der Wasserqualität. Tatsächlich sollen Wienfluss, Donau und Donaukanal zu den saubersten Stadtgewässern Europas werden. Eine schöne Aussicht – dann auch an der schönen blauen Wien. □ *Rabea Wachsmann*

Foto: Manfred Horvath

Land der Bur

Es liegt links und rechts der blauen Donau und ist die Quintessenz Österreichs: steile Berge, sanfte Hügel, dichte Wälder und fruchtbare Äcker, trutziges Mittelalter und üppiges Barock, bodenständige Küche und beste Weine – Niederösterreich ist ein Land für alle Sinne!

gen, Land am Strome

Aggstein, die Raubritterburg am rechten Donauufer in der Wachau, hockt 320 Meter hoch über dem Strom. Natürlich ist diese romantische Ruine ein Lieblingssujet von Malern und Fotografen

Jausen genießen

Loiben, ein Dörfchen links der Donau, ist für besonders schöne „Heurige" bekannt – für Gastgärten, in denen Winzer ihre eigenen Weine ausschenken. Wann ein Heuriger geöffnet hat, erkennt man daran, dass über dem Eingang ein Föhrenbusch „ausg'steckt" ist. Dieser Heurige gehört zum mehr als 600 Jahre alten Winzerhaus der Familie Brustbauer in Oberloiben, das im 15. Jahrhundert als Kloster gebaut wurde

Foto: Lois Lammerhuber

Foto: Lois Lammerhuber

Erntedankfest in Kürnberg: Die Frauen tragen Goldhauben zur festlichen Tracht. 300 Stunden dauert es, eine solche Haube herzustellen, ihr Wert ist, so heißt es in einer alten Beschreibung, „vergleichbar einem guten Ackergaul". Über einen biegsamen Gitterrost werden ein 1,15 Meter langes, handgewebtes, mit Perlen und Edelsteinen besticktes Goldband und schwarze Spitze gesteckt

Traditionen pflegen

IHS

Foto: Lois Lammerhuber

Eine uralte Kulturlandschaft ist das Mostviertel,
die Grenzmark, Ostarrichi-Land, die Region, die
Österreich seinen Namen gab: üppig, bukolisch mit
fruchtbaren Äckern und Hügeln, auf denen meist
ein Mosthof steht, oder ein Kloster, ein Schloss,
eine Kirche, so wie hier bei St. Michael
Felder bestellen

Glauben leben

Der strenge Zysterzienserorden war wirtschaftlich erfolgreich – deshalb holte Hadmar I. von Kuenring die Mönche ins Waldviertel. Am Silvestertag 1137 wurde Stift Zwettl gegründet, der Bau ist ein Meisterwerk der Gotik. Die barocke Innenausstattung stammt aus dem 18. Jahrhundert, zum Beispiel in der Prälatur, der Wohnung des Abtes, der im Hintergrund zu sehen ist

Niederösterreich liegt wieder mitten in Europa – eine Chance, die das Land der Gegensätze zu nutzen weiß. Auch in seiner spannenden Beziehung zu Wien

Leben und leben lassen

Wien hat eine schöne Umgebung, in die Beethoven öfter geflüchtet ist. Dieser Satz von Karl Kraus sagt viel über die Beziehung zwischen Niederösterreich und Wien. Niederösterreich, Österreichs größtes Bundesland, liegt wie ein Ring um die Metropole, es ist das Kernland der Habsburger, das Herzstück der k.u.k.-Monarchie.

Doch wenn Niederösterreich das Kernland Österreichs ist, dann ist Wien der Kern Niederösterreichs – geballt und kompakt liegt es mitten im Land. Jeden Freitag Nachmittag ist Stau auf Wiens Ausfallstraßen, zum Wochenende verlassen hunderttausende Wiener fluchtartig ihre Stadt. Sie verwandeln sich in Niederösterreicher, in so genannte Zweitwohnsitzer; später am Tag überkreuzen sich ihre Wege mit denen niederösterreichischer Jugendlicher, die aufbrechen, sich in der Großstadt zu amüsieren. Menschenwellen fluten hin und her. Sonntags verlassen die Wiener Wochenendausflügler und Zweitwohnsitzer das Land und kehren zurück in die Stadt, montags stehen die niederösterreichischen Pendler früh auf und fahren in die Stadt zur Arbeit.

Die Verbindungen und Spannungen zwischen Provinz und Metropole machen es unmöglich, die beiden ohne einander zu denken, zu sehr gehören sie im Gegensatz zusammen: Landadel und Kaiserhof, schwarzes Land und rote Stadt, Bauern und Arbeiter, das sind die historischen Gegensätze, die immer wieder zu Vermischungen führten und neue Trennungen hervorriefen. Vermischungen: Die Wiener Polizisten kamen lange Zeit aus dem Ort Mistelbach, weswegen sie im Wiener Dialekt noch heute „Mistelbacher" heißen; und Trennungen: In der Ersten Republik, die 1918 der Monarchie folgte und bis zu Hitlers Einmarsch 1938 bestand, war die imperiale Metropole für das kleine Restösterreich zu groß geworden. Es entstand das böse Wort vom „Wasserkopf Wien", und bald verschärfte sich der Gegensatz zwischen autoritär katholischem Umland und austromarxistisch regierter Metropole bis zum Bürgerkrieg 1934, zu bewaffneten Auseinandersetzungen zwischen schwarzer Heimwehr und rotem Schutzbund.

Seit dem Mittelalter war Wien die Hauptstadt von Niederösterreich gewesen. 1922 dann wurden die beiden in zwei Bundesländer getrennt. Niederösterreich hat seither nicht nur eine äußere, sondern auch eine innere Grenze, die zu Wien. Doch das Land wurde weiter von Wien aus regiert. Erst 1986 votierten die Niederösterreicher für eine eigene Hauptstadt. Diese innige Verflechtungs- und Trennungsgeschichte erklärt und relativiert alle Ressentiments, die Wiener und Niederösterreicher füreinander hegen. Wer sich in einem Wiener Beisl über Provinz und flaches Land lustig macht, ist möglicherweise ein zugezogener Zwettler oder Amstettner, und wenn sich im Grünen einer über städtische Arroganz mokiert, ist das vermutlich ein Chirurg vom Wiener Allgemeinen Krankenhaus, der gerade im Jägerloden steckt und auf eine Wildsau ansitzt.

Der Zauber des Landes lockt die Leute aus der Stadt. Seit Jahrhunderten kommen Dichter, Maler und Musiker hierher: Grillparzer, Schnitzler und Altenberg, Beethoven, Schubert und Schönberg, sodass das Land von Kunst förmlich durchtränkt ist. Kein Marterl, an dem nicht eine Gedichtzeile hinge, kein Weizenfeld, das nicht ein Bild evozierte. Der Hauptfluss, 236 Kilometer fließt er durchs Land, hat der heimlichen Nationalhymne des Weltstaats ihren Namen gegeben: dem Donauwalzer. Und über allem wacht der Zauberberg des Wiener Fin de Siècle, der Semmering. Die menschengestaltete Terrassenlandschaft der Wachau ist ein Monument europäischer Kultur.

Niederösterreich ist in vier Viertel aufgeteilt, nördlich der Donau liegt das karge Waldviertel sowie das Weinviertel mit seinen weiten Äcker- und Weingärten. Südlich des Flusses liegen das üppige, wohlgerundete Mostvierteil und das wohlhabende Industrieviertel. Diese Bezeichnungen führen zum Teil in die Irre, die Weinlandschaft Wachau liegt im Wald- und Mostviertel, die liebliche Thermenregion, die Voralpen und die Schubert-Gegend des Wienerwalds südlich von Wien gehören zum Industrieviertel. Alle vier Viertel zusammen umschließen vielfältige Landschaften; von der böhmischen Granitplatte im Nordwesten bis zu den Kalkalpen im Süden, von den fruchtbaren Ebenen des Marchfelds im Osten bis zum reichen Donautal im Westen. Niederösterreich, so kann man sagen, ist landschaftlich und kulturell die Quintessenz ganz Österreichs, „Land der Berge, Land am Strome, Land der Äcker, Land der Dome" – so heißt es in der Nationalhymne und Niederösterreich hält als einziges Bundesland all diese Verheißungen ein.

So viel Natur, so viel Kunst – vielleicht deshalb hält sich die Kunstsinnigkeit der Ansässigen in Grenzen; andererseits sind sie es von alters her gewohnt, Kultur als eine Sache der Herrschenden zu betrachten. Spät erst wurde die Leibeigenschaft aufgehoben, und nirgendwo wirkte die Gegenreformation kräftiger als hier. Das prägt noch immer: Grafen und Barone werden, der republikanischen Verfassung Österreichs zum Trotz, als solche

Text: Armin Thurnher

Mindestens so schön wie die Toskana: Das Weinviertel bei Gänserndorf

tituliert, Klosterherren geben tatsächlich in ihrer Region den Ton an, selbst erzdemokratische Politiker haben es nicht schwer, sich mit feudaler Aura zu umgeben. Als ich einst mit einem Freund ein paar deutsche Bekannte nach Niederösterreich lotste, machte ihnen dieser Freund, selbst ein Deutscher, das Thayatal mit den Worten schmackhaft, es handle sich gleichsam um die Toskana Österreichs. Er spielte auf die Schönheit der Hügel an, auf den Reichtum an Stiften, Klöstern, Burgen und Schlössern, und natürlich auf den Wein. Doch, leider, während es in der Toskana eine seit Jahrhunderten gewachsene demokratische Kultur gibt, bezahlte Niederösterreich seine Schönheit mit einer besonders brutalen Gegenreformation, mit militanter Rekatholisierung. Herrliche Gegenleistung allerdings, dieses Barock, die Kircherln und Kathedralen, die Marterln und Pestsäulen, die Nepomukstatuen und Adelssitze, die Bürgerhäuser und Dorfplätze.

Auch hatte kaum eine andere Region Europas eine Grenzgeschichte wie Niederösterreich zu erdulden. Nicht die innere Grenze zu Wien ist damit gemeint, sondern der lange Schatten des Kalten Kriegs. Die Wiener Abtrennung schmerzte kaum, die böhmische, mährische, slowakische, ungarische durch den eisernen Vorhang hingegen schmerzte sehr. Zusammengehörige Räume wurden so gründlich getrennt, dass selbst die Aussicht auf demnächst freien Personenverkehr zwischen EU-Staaten sie nicht ohne weiteres zusammenwachsen lässt. Vom Kernland zum Land an der Außengrenze des freien Europa geworden zu sein und zehn Jahre sowjetrussische Besatzung bis 1955 – das hat Niederösterreich lange zu schaffen gemacht. Heute liegt genau darin seine größte Chance: zu einer Zentralregion mitten in Europa zu werden.

Voller Wohlwollen nebeneinander herzuleben macht die Sache für beide Seiten erträglicher. Diesen Satz kann man auf die Koexistenz von Künstlern und Bevölkerung gewiss ebenso anwenden wie auf die von Niederösterreichern und ihren Nachbarn. Wo man lange Zeit nur über den Eisernen Vorhang hinüberschielte, kauft man heute ein, fährt man – in beide Richtungen – zur Arbeit, redet wieder miteinander, unterstützt einander bei Katastrophen (die niederösterreichische Feuerwehr hat zu diesem Zweck tschechisch sprechendes Personal). Entscheidend ist, dass das Wohlwollen wächst.

Im Inneren wie im Äußeren hilft dabei ein entschlossenes Kulturprogramm, mit dem das Land demonstriert, dass es nach vorne will. Mit manchem Festival in Kunst, Theater und Pop am Puls der Zeit überholt es sogar die Metropole. Am besten haben Niederösterreich jedoch die Fortschritte in Weinbau, Gastronomie und Tourismus getan. Seit dem Glykolweinskandal von 1985, der die Weinwirtschaft beinahe ruinierte, haben Niederösterreichs Winzer sich kompromisslos der Qualität verschrieben, das hat sie in wenigen Jahren an die Weltspitze katapultiert. Im Sog des erfolgreichen Weinbaus entwickelte sich eine hochklassige Gastronomie, noch in die kleinsten Dörfern pilgern die Gourmets aus Wien, weil sie dort hervorragend (und günstig) speisen können. Die Basis dieses Erfolgs ist eine wenig industrialisierte Landwirtschaft. Aus der schieren Not heraus mussten sich viele kleine Bauern spezialisieren und auf Qualität besinnen. Sie erzeugen mittlerweile hochwertige, meist biologische Produkte.

Niederösterreich ist ein dynamisches Land voller Ungleichzeitigkeiten, ein fortschrittliches Land voll traditioneller Religiosität, ein agrarkapitalistisches Land voll Freude am Genuss – all diese Gegensätze machen es aus. Manch schmucke Dorffassade ist nichts als Fassade – sie besteht aus leeren Häusern, die Besitzer sind in die Stadt geflüchtet, weil sie in all der landschaftlichen Schönheit, des Waldviertels zum Beispiel, keine Arbeit finden. Der ersehnte Fortschritt bringt Dynamik, löst aber die Dorfgemeinschaften auf. Fronleichnamsprozessionen werden kürzer, überall müssen Pfarreien zusammengelegt werden. Die führenden Politiker sind meist noch Bauern, so wie Leopold Figl, der Niederösterreicher schlechthin, Gründervater der Zweiten Republik, legendär ob seiner Trinkfestigkeit, mit der er angeblich den Russen die österreichische Neutralität abtrotzte.

Jenseits aller touristischen, politischen und kulturellen Slogans kennzeichnet aber das Motto „Leben und leben lassen" Niederösterreich vermutlich am besten. Und wer möchte nicht gern in einem Land leben, in dem diese Maxime regiert? □

Armin Thurnher, *Jahrgang 1949, ist Chefredakteur der Wiener Stadtzeitung* Falter. *Niederösterreich ist er als „Zweitwohnsitzer" in Oberhöflein im Waldviertel tief verbunden.*

Ehre sei

Stift Melk, im Weltkulturerbe Wachau gelegen, wird jährlich von 400 000 Touristen besucht. Kaum zu glauben, dass neben dem Trubel in aller Stille 30 Mönche leben. Ein Tag im berühmten Benediktinerkloster Österreichs

Text: Oliver Fischer, Fotos: Andreas Riedmiller

Gott über der Donau

Hoch über der Donau thront das Stift Melk – ein Superlativ des Barock. Den Himmel in all seiner Pracht wollten die Baumeister nachempfinden – damit die Menschen eine Ahnung bekommen, was sie dort oben erwartet

Foto: Lois Lammerhuber

* Die Seitentitel sind Zitate aus der Ordensregel der Benediktiner, die der Heilige Benedikt im 6. Jahrhundert nach Christi Geburt schrieb

Um die Pracht der Stiftskirche gebührend zu beschreiben, müsste „barock“ sich steigern lassen. 65 Meter hoch ist die Kuppel, aus deren Höhe diese Aufnahme von der feierlichen Messe entstand

Damit in Allem Gott verherrlicht werde
ut in omnibus glorificetur Deus*

Stairway to Heaven: Die stuckverzierte und vergoldete Wendeltreppe zum Himmel führt von der Stiftsbibliothek in die Stiftskirche

In seiner Güte zeigt der Herr uns den Weg des Lebens
pietate sua demonstrat nobis Dominus viam vitae

Während der Mahlzeiten im Refektorium liest einer der Brüder – hier Pater Jakob – aus Zeitschriften oder Zeitungen vor

Fest überzeugt, dass Gott überall auf uns schaut
in omni loco Deum se respicere pro certo scire

Mehr als 100 000 Bücher und fast 2 000 mittelalterliche Handschriften beherbergt die Stiftsbibliothek. Einige wenige Minuten dürfen die Besucher hier verweilen, es ist der Höhepunkt jeder Melk-Führung

6.28 Uhr, Wohntrakt: Draußen der Nebel. Er hängt wie Watte zwischen der Kuppel und den Zwiebeltürmen des Stifts Melk. Drinnen, im zweiten Stock, hastet Pater Jakob einen Gang entlang. Er ist 28 Jahre alt, der jüngste Benediktiner im Kloster. Seine Nacht war kurz: erst mit den Lehrerkollegen im Café gesessen, dann einen Text des Philosophen Hegel noch einmal durchgegangen. Jetzt bleiben ihm noch zwei Minuten bis zum Gebet.

Er läuft das mit Stuckranken verzierte Treppenhaus hinunter, das längst nicht so prächtig ist wie die Stiegen im Kaisertrakt, die Touristen auf ihrem Rundgang sehen. Noch einer dieser bahnsteiglangen Gänge, dann biegt er in die Chorkapelle ab. Sechs Patres sitzen schon da. Ein paar Momente später läutet der Abt ein Glöckchen. Alle stehen auf, ein Rumpeln im Chorgestühl, das Morgengebet, die Laudes, beginnt – wie an jedem Tag seit dem 21. März 1089, als Markgraf Leopold II., der damalige österreichische Landesherr, auf einem Felsen über der Donau ein Benediktinerkloster gründete.

Als die Mönche schon singen, kommt Pater Adolf herein. Der 46-Jährige arbeitet als Notfallseelsorger und muss raus, wenn es drüben auf der Autobahn einen Unfall gab. Seine Nächte sind oft noch kürzer als die von Pater Jakob. Eine halbe Stunde lang spricht er mit den Brüdern Psalmgebete. „Dem Herrn gehört die Erde und was sie erfüllt", murmelt die linke Seite, „der Erdkreis und seine Bewohner", antwortet die rechte, ein Hin und Her der Stimmen, wie Wellen, die flach am Ufer auslaufen.

Woran denkt ein Mönch beim Gebet? „Manchmal denkt man gar nichts, manchmal freut man sich, dass es der letzte Psalm ist", sagt Pater Jakob, der immer etwas schnoddrig antwortet, wenn man ihn zu direkt nach religiösen Gefühlen fragt.

8.37 Uhr, Stiftsgymnasium: Nach dem Frühstück hat Pater Jakob sein schwarzes Gewand ausgezogen. Er trägt jetzt Kordjackett und Jeans und läuft hinüber in den Schultrakt. Mehr als 900 Jungen und Mädchen werden in Melk unterrichtet, die Klosterschule ist das einzige Gymnasium im Bezirk Melk und Pater Jakob einer von vier Mönchen, die hier als Lehrer arbeiten.

Als er das Zimmer der Klasse 2 B betritt, werden die 12- und 13-Jährigen noch etwas lärmiger. Pater Jakob legt mehrmals die Fingerspitzen zusammen und sagt: „Bitte, es ist zu laut." Dann beginnt die Religionsstunde. Thema: der heilige Koloman, der Schutzpatron des Klosters, der in der Stiftskirche begraben liegt. Eine Schülerin fasst zusammen, wie der irische Pilger im 11. Jahrhundert auf dem Weg nach Jerusalem in der Nähe von Melk vorbeikam, wegen seiner fremden Sprache für einen Spion gehalten und am nächsten Baum aufgehängt wurde. „Was hat hier nicht funktioniert?", fragt Pater Jakob. „Die Verständigung", sagt die Schülerin.

„Richtig. Koloman ist ein warnendes Beispiel dafür, wohin Verständigungsprobleme führen. Deswegen ist er ein sehr aktueller Heiliger", sagt Pater Jakob und macht aus der mittelalterlichen Heiligenlegende ein Lehrstück über die Bedeutung von Kommunikation und Respekt vor dem Fremden. Dann läuft er ein paar Reihen vor, wo zwei Mädchen sich mit der Bastelschere gegenseitig die Haare schneiden und windet ihnen die Schere aus der Hand. „Ihr seid auch so schön genug" –, dann ist wieder Ruhe.

Vor gut zehn Jahren, erzählt Pater Jakob auf dem Weg zur nächsten Unterrichtsstunde, war er selbst noch Schüler des Stiftsgymnasiums.

Ihm gefiel das Leben, das die Patres führten, direkt nach dem Abitur trat er in den Orden ein, ohne ein spektakuläres Berufungserlebnis. Er weiß, das klingt glatt, und deswegen betont er mehrmals, dass er sich auch ein anderes Leben hätte vorstellen können, eines mit Frau und Kindern. Lehrer wäre er wohl auch ohne den Orden geworden, dann aber wahrscheinlich für Physik und Mathematik.

9.30 Uhr, Wirtschaftshof: Pater Adolf, ein Mann mit schmalem Ziegenbärtchen und großen dunklen Augen, fährt hinunter in die Stadt. Er ist unterwegs in Sachen Nächstenliebe. Diesmal nicht als Notfall-, sondern als Krankenhausseelsorger. Die nächsten zwei Stunden wird er über die Stationen des Krankenhauses laufen, kurz mit dem Blinddarm-Patienten plaudern und etwas länger am Bett der jungen Frau sitzen, die eine Totgeburt hatte, ihr zuhören und schweigen.

Ahnengalerie aller Babenberger und Habsburger im 196 Meter langen Kaisergang

„Um für die Menschen da zu sein", aus diesem Grund ist er, nach einigen Jahren als Konditor, in den Orden eingetreten. Aber auch 25 Jahre Klosterleben schützen einen nicht vor Ratlosigkeit und Wut. Es kommt vor, dass er zu Selbstmorden gerufen wird, und „wenn dann so ein junges Leben vor einem liegt, da mag man am liebsten schreien." Manchmal versteht Pater Adolf ihn nicht, seinen Gott.

11.55 Uhr, Kreuzgang: Die Köchin hat das Radio eingeschaltet, „One Moment in Time" schnulzt es bis auf den Kreuzgang hinaus. 30 Meter weiter den Gang hoch sieht man die Mönche zum Mittagsgebet in die Stiftskirche laufen: Pater Jakob, jetzt wieder in Schwarz, und Pater Adolf, der gerade rechtzeitig aus dem Krankenhaus zurückgekommen ist.

12.00 Uhr, Stiftskirche: Die Mittagsglocken läuten, mehr als hundert Touristen sitzen in den Kirchenbänken. Irgendwann im Laufe des Morgens sind sie angekommen, haben die Autos auf dem riesigen Parkplatz abgestellt. Besucher betreten die Klosteranlage durch ein Portal, vor dem Statuen der Heiligen Koloman und Leopold Wache halten. Über einen Vorhof und die freskenverzierte Benediktihalle erreicht man den annähernd fußballfeldgroßen Prälatenhof, geschmückt mit Apostelfiguren. Dann hinein, die Treppen der Kaiserstiege hoch, auf deren Balustrade Putten mit Habsburger Adlern spielen. Weiter durch fast 200 Meter Zimmerfluchten – hier wohnten die Kaiser, wenn sie in Melk zu Besuch waren. Danach in den Marmorsaal, in dem schlanke Zierpfeiler den Blick nach oben auf kunstvolle Stuckarbeiten und Fresken lenken, schließlich nach draußen, auf die geschwungene Terrasse, direkt auf dem Felsabbruch gelegen. Der Blick geht spektakulär ins Weite, übers Donautal.

„Hier möchte man Wagner singen", sagt ein Besucher. Dabei stehen ihm die Höhepunkte der Besichtigung noch bevor: Die Bibliothek, in der Umberto Eco seinen berühmten Roman „Der Name der Rose" beginnen lässt, ist über zwei Stockwerke mit braun-golden intarsierten Regalen gefüllt. 100 000 Bücher und 2000 kostbare Handschriften lagern hier unter einem himmelblauen Deckenfresko, bewacht von vergoldeten Heiligen.

Melk ist ein Barockwunderland mit fast 500 Zimmern, erbaut ab 1701 unter der Regie des jungen, ehrgeizigen Abtes Berthold Dietmayr, der die mittelalterliche Klosteranlage fast vollständig abreißen ließ und für den Neubau den Großmeister des Donau-Barock, Jakob Prandtauer engagierte. Dessen berühmtestes Werk ist die Melker Stiftskirche, in Rotbraun- und Goldtönen gehalten, an deren Wänden goldene Engel Girlanden tragen. Unter der 65 Meter hohen Kuppel steht jetzt Pater Jakob am Altar und betet vor: „Die Himmel rühmen die Herrlichkeit Gottes …"

Die 20 Minuten Gottesdienst sind für Touristen im Prinzip die einzige Gelegenheit, etwas vom Klosterleben mitzubekommen. Viele wissen gar nicht, dass im Weltkulturerbe-Kloster Melk nach wie vor Mönche leben, und

Benediktinermönche sollen sieben Mal am Tag beten. Pater Jakob geht dazu meistens in die schlichte Chorkapelle und kniet nieder vor dem Kruzifix

Bete und arbeite und lies

ora et labora et lege

wenn einer der Patres im schwarzen Gewand über den Hof läuft, wird er schon mal gefragt: „Sind Sie echt?"

Die Mönche freuen sich trotzdem über die Besucher, an manchen Tagen sind es bis zu 10 000, im Lauf eines Jahres rund 400 000. Sie bringen dem Stift sechs Millionen Euro Umsatz im Jahr, der Gewinn geht vor allem an das Gymnasium. „Außerdem", sagt Pater Martin, der Leiter der Tourismus-Abteilung, „ist es schön, an einem Ort zu wohnen, der Menschen anzieht."

12.20 Uhr, Refektorium: An den Wänden Heiligenbilder, davor zwei lange Tische, an denen sicher 80 Mönche Platz hätten. Tatsächlich sitzen nur acht Patres hier, essen Gulasch und stehen manchmal auf, um sich an der Durchreiche von der Köchin neue Schüsseln geben zu lassen.

Insgesamt hat der Konvent fast 30 Mitglieder, doch die Hälfte lebt und arbeitet in den mehr als 20 Pfarreien. Die gehören schon seit Jahrhunderten zum Kloster und liegen oft weit von Melk entfernt – eine „große Belastung", sagt Abt Georg, 57 Jahre alt, ein Mann mit schulterlangen Haaren, der seit fast sechs Jahren das Kloster leitet.

Neueintritte gibt es nur wenige. Melk ist ein liberales Kloster, und das ist für Männer, die Mönch werden wollen, offenbar zur Zeit nicht attraktiv. Zulauf haben konservative Klöster wie das Stift Heiligenkreuz im Wienerwald. Dort feiern gut 70 Mönche ihre Gottesdienste auf Latein, und an der klostereigenen Hochschule unterrichtet ein Moraltheologe, für den Homosexualität „gegen die göttliche Ordnung verstößt". In Melk betet man auf Deutsch, und wenn es etwas zum Thema Homosexualität zu sagen gibt, äußert sich Pater Karl, der sich selbst dazu bekennt. „Bei unseren Nachwuchszahlen überlegt man schon manchmal, ob man alles richtig macht", sagt Abt Georg. An der liberalen Ausrichtung des Stiftes will er trotzdem nichts ändern: Ein Kloster sei schließlich kein Produkt, das man den Bedürfnissen einer Zielgruppe anpasst. „Mir ist wichtig, dass wir begeisternd wirken. Dann werden wir auch wieder mehr Neueintritte haben."

14.10 Uhr, Stiftspark: Gegen Mittag hat sich der Nebel aufgelöst, die Sonne scheint auf das steinerne Wasserbassin, in dem Karpfen jagen, und auf knotige Linden, die aus der Zeit Maria Theresias stammen. Gut sechs Hektar ist der Stiftspark groß, er besteht aus einem geometrisch-barocken Teil und einem englischen Landschaftsgarten mit geschwungenen Wegen. Über einen dieser Wege läuft jetzt Pater Martin mit drei Gärtnern. Die Eibe dort drüben müsse ein wenig gestutzt werden, sagt er. Und hier bitte die Wegbegrenzung wieder klarer machen, und beim Harken soll das Laub unter den Sträuchern ruhig liegen bleiben, ist doch der beste Schutz für den Winter.

Der 56-Jährige ist nicht nur Leiter der Tourismusabteilung, sondern auch Gartendirektor des Klosters und außerdem zuständig für die Küchen. Er ist Chef von 93 Angestellten und braucht einen Organizer, um seine Termine zu verwalten.

Früher hat es ihn manchmal gestört, dass bei all der Arbeit zu wenig Zeit für Kontemplation blieb. Dann stieß er auf einen Satz in der Ordensregel, die der heilige Benedikt im 6. Jahrhundert schrieb: Die Mönche sollen „in allem Gott verherrlichen", heißt es dort. „In allem", das bedeute doch auch: bei der Arbeit, erklärt Pater Martin. „Auch die Arbeit ist Gottesdienst – diese Entdeckung war für mich eine große Freude und auch ein Anspruch", sagt Pater Martin: „Wir müssen die Arbeit gut machen und unseren Besuchern etwas Schönes bieten."

15.05 Uhr, Zimmer von Pater Jakob: Die Tür steht halb offen, doch, doch, man darf eintreten. Auch wenn sein Zimmer, wie Pater Jakob sagt, wie eine Müllhalde aussehe. Was völlig übertrieben ist, vor dem Schreibtisch liegen sechs, sieben Bücher auf dem Boden und ein paar Schnellhefter. Pater Jakob wohnt auf gut 25 Quadratmetern. Rechts ein schmales Bett, geradeaus ein Regal, in dem ein Dutzend Teddybären sitzen – Geschenke von Schülern, weil er auf einer Jugend-Freizeit einmal so schön eine Bärengeschichte vorgelesen hat. Daneben die Gesamtausgaben von Platon, Nietzsche und Georg Wilhelm Friedrich Hegel.

Hegels Philosophie ist sehr wichtig für Pater Jakob, in ihr, sagt er, gehe es darum, immer wieder alles in Frage zu stellen – besonders das, was man gern festhalten möchte. Pater Jakob hat von Hegel gelernt, skeptisch zu sein gegenüber denjenigen, die von ihrer Sicht der Dinge zu sehr überzeugt sind.

Die Sache mit dem Ordensgewand etwa, das er nach dem Essen wieder ausgezogen hat. Beim Studium hat er Mönche aus anderen Klöstern kennen gelernt, die viel Aufhebens um ihr Habit machten. Die meinten, ein Mönch müsse immer und überall am Gewand erkennbar sein. Als wenn das Mönchsleben ein Kostümfest wäre.

Im mediterran bepflanzten Innenhof treffen sich die Padres zur Kaffeepause

Kaffee kommt gleich: Novize Andreas feiert seinen 26. Geburtstag

Das hat Pater Jakob nicht gefallen. Es hat ihn auch nicht überrascht, dass dieselben Mönche den Namenstag des Papstes feierten und lange darüber diskutieren konnten, ob man beim „Ehre sei dem Vater“ am Ende eines Psalms aufstehen soll oder nicht. Solch ein Mönch will Pater Jakob nicht sein, und damit er das nicht vergisst, zieht er sich dreimal am Tag um.

16.00 Uhr, Zimmer von Pater Jeremia: Pater Jeremia trägt Jeans, Holzfällerhemd und bürstenkurze Haare. Er ist ein wetterfester Typ, der gern Bergtouren geht. Und ein geübter Gratwanderer. Das muss man wohl sein, wenn man im Kloster lebt und Frauen liebt.

Sechs Jahre lang hatte der 58-Jährige eine Freundin. Er deutet an, dass er nicht der einzige Mönch ist, dem so etwas passiert. Ungewöhnlich ist, dass er die Beziehung öffentlich machte. Er nahm seine Freundin mit nach Zwerndorf, einem Bauerndorf an der slowakischen Grenze, in dem er Pfarrer ist, und tanzte mit ihr auf dem Gemeindefest. Auch in Melk, wo er zwei Tage in der Woche als Psychotherapeut arbeitet, waren sie gemeinsam. Die Mitbrüder, sagt er, reagierten „fair und tolerant“. Doch irgendwann fing er an, seine Freundin zum Chorgebet mitzubringen. Da meinten selbst die liberalen Melker Mönche, das sei jetzt ein bisschen viel. Was wiederum die Freundin verletzte.

Jeremia merkte, dass er sich entscheiden musste. Zu dieser Zeit war er seit 30 Jahren im Orden. Er spricht von den Wurzeln, die er hier geschlagen hat, Wurzeln, die man nicht einfach ausreißen könne, ohne ihn zu brechen. Er trennte sich von seiner Freundin – „aus Wertschätzung für den Orden“.

Er schaut auf die Uhr, zwei Stunden Psychotherapie hat er noch vor sich, seine Klienten sind ganz normale Kassenpatienten aus der Umgebung. Dazwischen geht er um 18 Uhr zum Abendgebet. In seinem Leben, sagt er noch, habe ihn am meisten die Anweisung aus der Ordensregel geprägt, dass jeder Mönch wahrhaft Gott suchen soll. „Für Benedikt ist die Suche keine lästige Zwischenstufe. Man bleibt immer ein Suchender – bis zuletzt.“

18.32 Uhr, Chorkapelle: „Eine ruhige Nacht und ein gutes Ende gewähre uns der allmächtige Gott“, betet der Abt, dann ist die Komplet, der letzte Gottesdienst für diesen Tag vorbei. Die Mönche gehen hinüber ins Refektorium zum Abendessen. Pater Martin und Abt Georg halten danach beim Rotary-Club einen Vortrag über ein Hilfsprojekt des Klosters in Rumänien, Pater Jakob geht ins Café und Pater Jeremia gibt noch eine Therapiestunde, setzt sich anschließend in den Wagen und fährt die 140 Kilometer zurück in seine Gemeinde.

3.15 Uhr, Benediktuskapelle: Spätnachts ist meist nur noch Pater Adolf unterwegs. In der Regel schläft er schnell wieder ein, wenn er von einem Unfall zurückkommt. Nur manchmal, wenn die Bilder zu entsetzlich sind, geht er noch hinüber zu seinem „Nachbarn“, wie er es nennt: in die Benediktuskapelle direkt neben seinem Zimmer. Dort steht ein modernes Holzkreuz mit einem fast lebensgroßen Christus. Christus lässt den rechten Arm vom Kreuz heruntersinken, es sieht so aus, so als wolle er dem Betrachter die Hand reichen.

Vor diesem Kreuz bleibt Pater Adolf sitzen, bis er wieder ruhig wird. □

Oliver Fischer, *Autor aus Hamburg, studierte katholische Theologie und beschäftigte sich schon im ersten Semester mit der „Regula Benedicti“, der 1500 Jahre alten Ordensregel, nach der die Mönche von Melk noch heute leben.*
Andreas Riedmiller, *Fotograf aus Kempten, kannte Stift Melk nur als Tourist. Die Weltoffenheit der Mönche hat ihn überrascht.*

MERIAN | TIPP Klosterurlaub

In vielen Klöstern Niederösterreichs kann man für wenig Geld Urlaub machen – in Melk leider nicht. In einigen Klöstern wird erwartet, einmal täglich an den Gebeten teilzunehmen.

(F 3) **Stift Göttweig** Benediktinerkloster, 4 km südlich von Krems. Übernachtung im Exerzitienhaus für 35/65 Euro (EZ/DZ mit Frühstück).
Tel. (027 32) 85 58 13 32
www.stiftgoettweig.at

(G 4/5) **Stift Heiligenkreuz** Zisterzienserkloster im Wienerwald. Filmregisseur Florian Henckel von Donnersmarck schrieb hier das Drehbuch für „Das Leben der Anderen“. Übernachtung in sehr einfachen Zimmern für 30 Euro (Vollpension).
Tel. (022 58) 870 31 01
www.stift-heiligenkreuz.at

(F 5) **Stift Lilienfeld** Zisterzienserstift im Traisental. Übernachtung gegen eine Spende von 24 Euro (Standardzimmer mit Frühstück) oder 36 Euro (Komfortzimmer mit Frühstück).
Tel. (027 62) 524 20 37

(D/E 2) **Zwettl** Zisterzienserstift im Waldviertel. Übernachtungen im Bildungshaus des Klosters. Zimmer mit Vollpension ab 36 Euro pro Person, Einzelzimmerzuschlag 6 Euro pro Nacht.
Tel. (02 82 29) 202 02 25
www.stift-zwettl.at

(C 5) **Stift Seitenstetten**
Benediktinerstift im Mostviertel. Einzelzimmer ab 18 Euro pro Nacht.
Tel. 074 77/423 00
www.stift-seitenstetten.at

Ein Hauptwerk des österreichischen Barocks: die Kaiserstiege im Stift Göttweig mit Kaiser Karl VI. als Apoll

Die Protestanten waren vertrieben und die Türken besiegt. In Österreich erblühte der Barock Text: Andreas Hallaschka

In Stein gebaute Macht

Ganz Österreich war evangelisch. Der Adel, die Bauern, die Städter. Schon kurz nach Luthers Auftritt auf dem Wormser Reichstag hatte die neue Konfession die zum Reich gehörenden habsburgischen Gebiete erreicht. 1522 wurde im Wiener Stephansdom die erste evangelische Predigt gehalten, es folgten Sankt Pölten und Waidhofen an der Thaya.
In Wien waren in der Folge 80 Prozent der Bevölkerung evangelisch, in Niederösterreich nicht viel weniger. Und hier finden wir heute die prachtvollsten Bauten des Barocks – des Baustils der Gegenreformation.
Vor allem die Habsburger und natürlich die hohe Geistlichkeit blieben katholisch – beide hatten wenig Grund zur Änderung des Status quo. Zunächst blieben die Versuche zur Rekatholisierung zaghaft, Kaiser Maximilian II. gewährte 1571 sogar Religionsfreiheit. Doch bald war es damit vorbei: Mit Gewalt wurden Bauern, Städter und Adel unter das Joch der katholischen Kirche gezwängt oder zur Emigration gezwungen. Manche Familien bewahrten über Generationen bis zum Toleranzedikt 1781 den evangelischen Glauben im Verborgenen. De facto aber war der Protestantismus seit 1620, dem Sieg der katholischen Liga über Böhmens Protestanten, auch in Österreich vernichtet. Der Triumph war vollkommen, als 1683 die 150-jährige Bedrohung durch den äußeren Feind, die Türken, abgewehrt war. Es folgte ein beispielloser Bauboom, eine Architektur der Sieger, die dem absolutistischen Machtanspruch des Kaiserhauses und des katholischen Klerus Ausdruck verlieh.
Der neue Baustil war üppiger, formenreicher und verspielter als der der Renaissance und wurde, nach einem Fachwort für „unregelmäßig geformte Perle", Barock genannt. Für uns prägt diese Neubau-Weise heute das Bild Österreichs. Es ist, den Zeitläuften geschuldet, ein eher später Barock, der hier erblüht ist. Ein Baustil, der noch heute die Pracht und den Prunk entfaltet, die damals beabsichtigt waren. Zu nennen sind vor allem Stifte (Melk, Göttweig), die die Herrlichkeit der triumphierenden Kirche manifestieren, die mächtigen Zwiebelaufbauten auf schlanken (gotischen) Kirchtürmen, Schlösser wie Schönbrunn und das Obere Belvedere oder auch die zahlreichen Pestsäulen. □

Die barocke Dreifaltigkeitssäule auf dem Markt von Perchtoldsdorf erinnert an die Pest von 1713

Wenn Neugier und innovatives Denken
mit einer Auszeichnung belohnt werden …
… dann muss es live! sein!
1. PLATZ ITB BuchAward 2004 Kompakte Reiseführer REISEMESSE
1. PLATZ ITB BuchAward 2005 Kompakte Reiseführer REISEMESSE
1. PLATZ ITB BuchAward 2006 Kompakte Reiseführer REISEMESSE
WELTWEIT GRÖSSTE 1. PLATZ ITB BuchAward Innovationspreis 2007 REISEMESSE
Doppelter Grund zur Freude: Der Innovationspreis 2007 der Internationalen Tourismus-Börse ITB in der Kategorie „Kompakte Reiseführer" geht an MERIAN live! – für die nützlichen und spannenden Neuerungen „herausnehmbarer Faltplan" und „MERIAN Quiz". Darüber freuen wir uns sehr. Und Sie können sich noch mehr auf Ihre nächste Reise freuen! Überall, wo es Bücher gibt. Mehr Informationen unter WWW.MERIAN.DE
MERIAN live!
Die Lust am Reisen
MERIAN live!
Berlin
EXTRA: Berlin-Lexikon
Hackesche Höfe – Wo Berlin sich amüsiert
• Galerien und Museen – Wo alte Meister und Junge Wilde sich begegnen
EXTRA MERIAN Quiz mit Gewinnspiel
NEU Stadtplan zum Herausnehmen

Verbotene Liebe

Erzherzog Franz Ferdinand ging in die Geschichte ein, weil sein Tod den Ersten Weltkrieg auslöste. Aber es ist von ihm auch eine große Liebesgeschichte zu erzählen

Text: Oliver Fischer

Als Franzi und Sopherl sterben, geht eine Welt unter. Am 28. Juni 1914 biegt ihr Wagen im Stadtzentrum von Sarajevo falsch ab. Als der Fahrer nach ein paar Metern zurücksetzen will, zieht ein junger Serbe am Straßenrand eine Pistole und feuert zwei Mal. Erzherzog Franz Ferdinand, der Thronerbe von Österreich-Ungarn, und seine Frau Sophie sterben innerhalb von wenigen Minuten, das Attentat löst den Ersten Weltkrieg aus. Und es beendet die Geschichte des ersten Thronfolgerpaares, das nur aus Liebe heiratete.

Eine Illustration aus „Le Paris Journal" zeigt das Attentat von Sarajevo

Begonnen hat diese Geschichte 1894 auf einem Ball in Prag. Franz Ferdinand ist 30, ein rastloser Mann, der bei der Jagd in manchen Jahren mehr als 18 000 Tiere schießt. Die Ballbesucher wundern sich, dass er so lange mit Sophie Chotek spricht. Sie ist die Tochter eines bankrotten böhmischen Grafen und „schon" 26. Es ist unwahrscheinlich, dass sie noch einen Ehemann finden wird. Der Thronfolger kommt dafür auf keinen Fall in Frage, er darf, so sehen es die Habsburger Hausgesetze vor, nur die Tochter eines ebenbürtigen Fürstenhauses heiraten.

Franz Ferdinand aber verliebt sich in die Gräfin und ihre geheimnisvollen, dunklen Augen. Besuche lassen sich leicht arrangieren: Sophie arbeitet in Preßburg als Hofdame bei Erzherzogin Isabella, einer entfernten Verwandten Franz Ferdinands. Isabella nimmt an, dass der Thronfolger sich für eine ihre Töchter interessiert. Doch ihm geht es nur um Sophie: „Sie ist meine Ratgeberin", schreibt er, „mein Doktor, mein Kamerad, mit einem Wort, mein ganzes Glück."

Vier Jahre lang bemerkt niemand die Affäre. Dann vergisst Franz nach einem der Besuche seine Taschenuhr in Preßburg. Ein Diener findet sie und bringt sie zu Erzherzogin Isabella. Die öffnet ein Medaillon, das an der Uhrkette hängt – und entdeckt ein Foto ihrer Hofdame. Isabella, die sich schon als die Schwiegermutter des künftigen Kaisers sah, ist halb irre vor Wut und fühlt sich betrogen – von Franz, vor allem aber von ihrer Hofdame. Sie zwingt Sophie, aus „gesundheitlichen Gründen" zu kündigen.

Es wird erwartet, dass Franz Ferdinand die Affäre beendet. Doch er lässt sich einen Termin bei seinem Onkel, dem Kaiser, geben und bittet um Heiratserlaubnis. Der Kaiser lehnt ab. Franz Ferdinand droht mit Abdankung, später mit Selbstmord, denn „von der Sopherl lasse ich nicht." Monatelang geht das so. Am 25. Juni 1900 ist der Kaiser zermürbt. „Dein Franzi ist närrisch vor Freude", schreibt Franz noch am selben Tag an Sophie. „Seine Majestät ließ mich holen, gab mir die Bewilligung, am 1. July in Reichstadt zu heiraten. Hoch! Hoch! Hoch!"

Sieben Zwiebeltürmchen mit blauen Schindeln zieren Schloss Artstetten (oben). Im Park gingen Franz Ferdinand und Sophie viel mit ihren drei Kindern spazieren (rechts)

Hochzeit im nordböhmischen Reichstadt und nicht in Wien, das war eine Bedingung des Kaisers. Die andere: Die Ehe ist morganatisch, Sophie wird nach der Thronbesteigung ihres Mannes nicht Kaiserin, ihre Kinder sind von der Thronfolge ausgeschlossen. Die Hofbeamten lassen sie den Rangunterschied immer wieder spüren: Beim Hofball darf sie erst lange nach ihrem Mann den Saal betreten, wenn Staatsgäste zu Besuch kommen, wird sie nicht eingeladen. Nicht einmal Kranken- oder Waisenhäuser darf sie eröffnen und schafft es so nie, beim Volk beliebt zu werden. Franz Ferdinand lässt bald Register anlegen über alle, die seine Frau schlecht behandeln – „die werden mich kennen lernen, wenn ich Kaiser bin".

Die Ehe aber ist glücklich. Viel Zeit verbringt das Paar auf Schloss Artstetten, einem weißen, dornröschenhaften Bau mit sieben Zwiebeltürmen, in Niederösterreich, hoch über der Donau. Franz Ferdinand hatte hier als Kind glückliche Sommer verbracht, später bekam er Artstetten von seinem Vater geschenkt und ließ es renovieren. Noch heute lebt hier seine Urenkelin Fürstin Anita. In Teilen des Schlosses hat sie ein Franz-Ferdinand-Museum eingerichtet. Gezeigt wird etwa Franz Ferdinands Sammlung von Marinebildern – die Begeisterung für die Seefahrt teilt er mit seinem Freund, dem deutschen Kaiser Wilhelm II. Außerdem sieht man Privatfotos der Familie, auf denen Franz und Sophie händchenhaltend im Park spazieren oder mit den Kindern Schlittschuh fahren.

Auf Artstetten wollen sie auch begraben werden. 1908, nachdem Sophie einen Sohn tot zur Welt gebracht hat, lassen sie unter der Schlosskapelle eine Gruft anlegen. Doch als die beiden sechs Jahre später in zwei Prunksärgen aus Sarajevo zurückkommen, wollen die Hofbeamten sie für immer trennen: Franz Ferdinand soll in die Wiener Kapuzinergruft zu den anderen Habsburgern – ohne seine nichtstandesgemäße Sophie. Ein Vertrauter Franz Ferdinands sucht verzweifelt im Nachlass der Ermordeten, bis er endlich das Testament findet, in dem die Beisetzung genau geregelt ist. Die Hofbeamten geben nach – das gemeinsame Grab auf Artstetten ist Franz' und Sophies letzter Sieg.

Zurück bleiben drei Kinder. Es klingt wie eine rührselige Erfindung, aber es ist wahr, dass Sophie, fast 13 Jahre alt, die älteste Tochter, nach einer durchweinten Nacht sagt, es habe schon seine Richtigkeit, dass ihre Eltern gemeinsam gestorben seien: „Denn der Papi hätte nicht ohne die Mami leben können und die Mami nicht ohne den Papi." □

MERIAN | INFO

Erzherzog-Franz-Ferdinand-Museum im Schloss Artstetten (E 4)
www.schloss-artstetten.at
1. April bis 1. November
tgl. 9-17.30 Uhr, 6,50 Euro

Donau so

Blick von Westen auf Dürnstein: links oben auf dem Fels die Ruine der Burg aus dem 12. Jahrhundert, am Ufer das Städtchen rund um das ehemalige Chorherrenstift mit seinem weithin sichtbaren Kirchturm

Die Wachau – eine Landschaft wie ein Lied! Dramatisch wie eine Opernarie, romantisch wie eine Ballade, beschwingt wie ein Walzer. Wer einmal mit dem Schiff durch das berühmteste aller Donautäler gefahren ist, will immer wiederkommen

Text: VERENA LUGERT

blau, so blau

Foto: Lois Lammerhuber

Das Wachaumuseum in Weißenkirchen (rechts) ist mit seinem blumen- und maiskolbengeschmückten Renaissancehof einer der schönsten Profanbauten der Region. An sonnigen Tagen genießt man die spektakuläre Aussicht auf die Donauschleife zwischen Weißenkirchen und Dürnstein am besten bei einem Picknick im Weinberg (unten)

Silbernes Band knüpft Land an Land

Da legst Dich nieder! Eine Fahrt durch die Wachau bedeutet Rast für den Körper, aber Aufregung für den Geist – weil es am Ufer so viel zu sehen gibt. Zum Beispiel Schloss Schönbühel (rechts). Vor dem Schloss liegen zwei Felsen in der Donau, sie werden Kuh und Kalb genannt und wurden schon vielen Schiffern zum Verhängnis

An Deck steht im Schauen aufs Wasser versunken ein Paar. Über achtzig mögen die beiden sein, sie beugen sich über die Reling, Morgennebel liegt über der Donau. Sie stehen und schweigen und betrachten, wie sich im diffusen Licht Ufer und Hänge verdichten: die herbstliche Wachau.

Wachau heißt der Abschnitt des Donautales zwischen dem Städtchen Krems und dem Stift Melk, das sind knappe vierzig Kilometer Landschaft. Die Donau fließt hindurch und macht aus jeder Kurve, die sie nimmt, eine große Oper. Sie brüstet sich, sie aalt sich in den Blicken ihrer Bewunderer und schmückt sich wie eine Diva mit Weinhängen, barocken Klosterstiften und Burgen.

Still gleitet die „Arosa Mia", das Flusskreuzfahrtschiff, über das Wasser dahin. Hoch oben, am Ufer, thront mehr als 300 Meter über dem Strom, zerklüftet und gebieterisch, die Ruine der Raubritterburg Aggstein. Wer dort oben das Sagen hatte, verfügte über das logistische Instrumentarium, das ganze Donautal zu terrorisieren. Wie die Kuenringerbrüder, Heinrich und Hadmar, die vor achthundert Jahren mit eisernen Ketten die Donau sperrten und die Handelsschiffe um ihre Ladung erleichterten. Wie Georg Scheck vom Wald, vor 600 Jahren Hausherr auf Aggstein, bald nur noch Schreckenwald genannt: Er sperrte seine Gefangenen auf einen winzigen Felsbalkon, den er sein „Rosengärtlein" nannte. Dort erlösten sie sich per Freitod durch einen Sprung in die Tiefe. Oder verhungerten jämmerlich.

Wie anders heute auf dem Schiff: Da gab es am Vorabend zum Dinner Spinat mit Weinbergschnecken, Zander in Ei, das Filet mit Schalotten in Rotwein mundete köstlich und der Käsegang schloss perfekt an: Roquefort und Ziegenfrischkäse, dazu Walnüsse, danach Crêpe mit Vanilleeis und Karamellsauce, ein wenig Mangocreme noch und ein Löffelchen nur von der Mousse au Chocolat. Nach der Loungebar zog man sich zurück in die Außenkabine, mit geöffneter Balkontür und vollem Magen ins Bett, das Schiff stampfte weiter, unbeeindruckt, flussaufwärts von Osten kommend, Bratislava im Rücken, über Wien auf der stillen, der blauen, der gleichmütigen Donau in Richtung Wachau.

Eine goldene Herbstsonne bricht sich Bahn, die Strahlen kitzeln, das Schiff liegt jetzt vor Krems, hat festgemacht und es geht landeinwärts für die

Am Ufer wächst Wein

Das Benediktinerkloster Stift Göttweig liegt auf einem Berg über dem Donautal. Mit seinen charakteristischen Ecktürmen ähnelt es den spanischen Palast „El Escorial" bei Madrid

Passagiere der Kreuzfahrt. „Alle Radler sammeln sich auf Deck 2", schnurrt es aus dem Lautsprecher, und dort stehen wir dann, mit Windbreakern und Fahrradhelmen bewehrt. Denn jetzt wird geradelt, den Strom entlang, der hier satt und breit seit hunderttausend Jahren seine behäbigen Schwünge zieht. Und der schon einiges zu sehen bekommen hat: Kelten, Römer, Raubritter und heute uns Fahrradtouristen in Neonsportswear, die wir klingelnd, singend und Warnrufe ausstoßend seine Ufer abradeln. „Vorsicht, Traktor von hinten!", gellt es, die Truppe sammelt sich verängstigt am Wegesrand.

Doch der kleine Traktor biegt ab von der Straße, fährt hinauf, in den Weinberg. Darin sieht man die Rücken der Rebenpflücker, wie sie sich bücken und wieder aufrichten, die Weinlese hat begonnen. Die Weinberge, Lagen genannt, wachsen die Hänge der Donau hinauf, die Weinblätter lodern im Herbstlicht, rot und gelb leuchtet das Ufer. Eine uralte Weinlandschaft ist die Wachau, in jahrhundertelanger Arbeit für den Weinbau mit terrassierten Hängen urbar gemacht. Weltberühmt ist der Wein, der hier wächst.

Wir radeln weiter, nach Dürnstein, das wie ein Mittelalter-Themenpark

Weißenkirchen (links) ist die größte Weinbaugemeinde der Wachau. Der Großmeister des Barock, Jakob Prandtauer, hat das Weingut (unten) im Ortsteil Joching barockisiert. Ein wichtiger Termin im Brauchtumskalender ist der Spitzer Marillenkirtag (rechts), der im Juli gefeiert wird

MERIAN | INFO Richard Löwenherz auf Dürnstein

Königliches Lösegeld für eine prominente Geisel

Hoch über der Donau liegt die Ruineder Raubritterburg Dürnstein. Im Winter 1192-93 saß dort ein prominenter Gefangener: der englische König Richard Löwenherz. Bei einem Kreuzzug mit dem Babenbergerherzog Leopold V. ins Heilige Land hatte Richard dessen Banner in den Schmutz getreten – Leopold war zutiefst beleidigt. Er ließ Löwenherz auflauern, als dieser auf dem Rückweg vom Kreuzzug durch Wien kam. Löwenherz wurde auf Dürnstein eingekerkert. In England wusste indessen keiner, wo der König war – und ob er noch war. Die Legende besagt, dass Blondel, der treueste Diener Richard Löwenherz', singend von Burg zu Burg zog, sich nächtens an die Luken der Verliese schlich und das Lieblingslied seines Herrn sang. Bis ihm aus den Dürnsteiner Gemäuern die zweite Strophe des Liedes entgegen schallte – in der vertrauten Stimme von Richard Löwenherz.
Historisch verbürgt ist, dass Leopold den englischen König an Kaiser Heinrich VI. auf Burg Trifels auslieferte. Dort wurde er 1194 gegen 100 000 Mark Silber freigelassen. Heinrich und Leopold teilten das Geld – es floss in die Befestigung der Babenbergerstädte, zum Beispiel Laa an der Thaya.

aussieht. Das Städtchen sitzt gemütlich auf einem Balkon über der Donau, es wurde im zwölften Jahrhundert als Mautstelle von den Kuenringern gegründet. Und auch heute drücken die meisten Besucher in Dürnstein ein paar Euro ab – zu nett sind die Souvenirs, die in Körben an der Straße stehen: Marillenschnaps und -marmelade, mit Spitzenhäubchen verziert. Durch die krummen Gassen mit den bunten Fassaden, den Zunftschildern und den zierlichen Erkerchen laufen jährlich eine Million Besucher. Unsere Fahrradgruppe genießt den Blick und schart sich an einem Ausguck: Der Turm der Barockkirche leuchtet in kobaltblau, vor den Häusern blühen ganze Buschen von lila Topfblumen und hinter den Rosetten der Häusergiebel leuchten die Weinberge, vor denen rote Rosen verblühen. Rosen wurden früher vor jede Rebenreihe gepflanzt – blühten sie gut, waren die Weinstöcke gesund.

Träge fließt die Donau dahin, als könne sie nichts aus der Ruhe bringen. Doch sie hat ihre Tücken, Strudelgau wird die Gegend auch genannt – die Donau war hier früher besonders gefährlich und von todbringenden Strudeln durchsetzt. Mütter, die aus Not ihre Söhne als Arbeitskräfte auf die Flussschiffe verkauften, mussten schwören, dass ihre Kinder nie das Schwimmen gelernt hatten. Denn wenn ein Boot kenterte, sollte die Mannschaft die Ladung nicht verlassen können. Diese Regel galt bis ins Zeitalter der Dampfschifffahrt.

Die Donau war von jeher eine der wichtigsten Transportadern zwischen Osten und Westen. Waren früher hauptsächlich Salz und Eisen geladen, sind es heute Autos und Öl. Und Touristen – der Donaukreuzfahrtschiffverkehr hat sich vervielfacht: waren 1992 noch 16 Touristenschiffe auf der Donau unterwegs, sind für 2007 schon 113 angemeldet.

Weiter geht es per Rad durch die sanfte Landschaft, die durchtupft ist von Astern und feuerbunten Dahlien. Vor jeder Haustür liegen Kürbisse. Ein Baum ist verschwenderisch behängt mit Äpfeln, einige liegen verstreut im Gras und verströmen den süßweichen Sommerendsfäulnisduft. Die Wachau ist ein fruchtbarer Landstrich, eine Klimainsel. Und deswegen seit Urzeiten besiedelt – hier haben schon Steinzeitmenschen gesammelt und gejagt.

Die Fahrradgruppe darf rasten, ohne vorher ein Mammut erlegt zu haben. In einer wunderhübschen Wirtschaft sitzen wir im Freien, trinken Marillenlikör und Staubigen, so heißt der junge Wein, der noch trüb ist, in der Wachau. Gelbe und rote Lindenblätter liegen wie von leichter Hand drapiert auf den hölzernen Tischen, die Kaiserlinde verliert verträumt ihre Blätter, die Äste des Baumes berühren fast den Boden.

Alte Burgen seh'n nieder von den Höh'n

Wie Perlen auf einer Kette reihen sich in der Wachau die Sehenswürdigkeiten 36 Kilometer an der Donau entlang. Seit 2000 zählt das Natur- und Kultur-Ensemble zwischen Melk und Krems zum Unesco-Welterbe

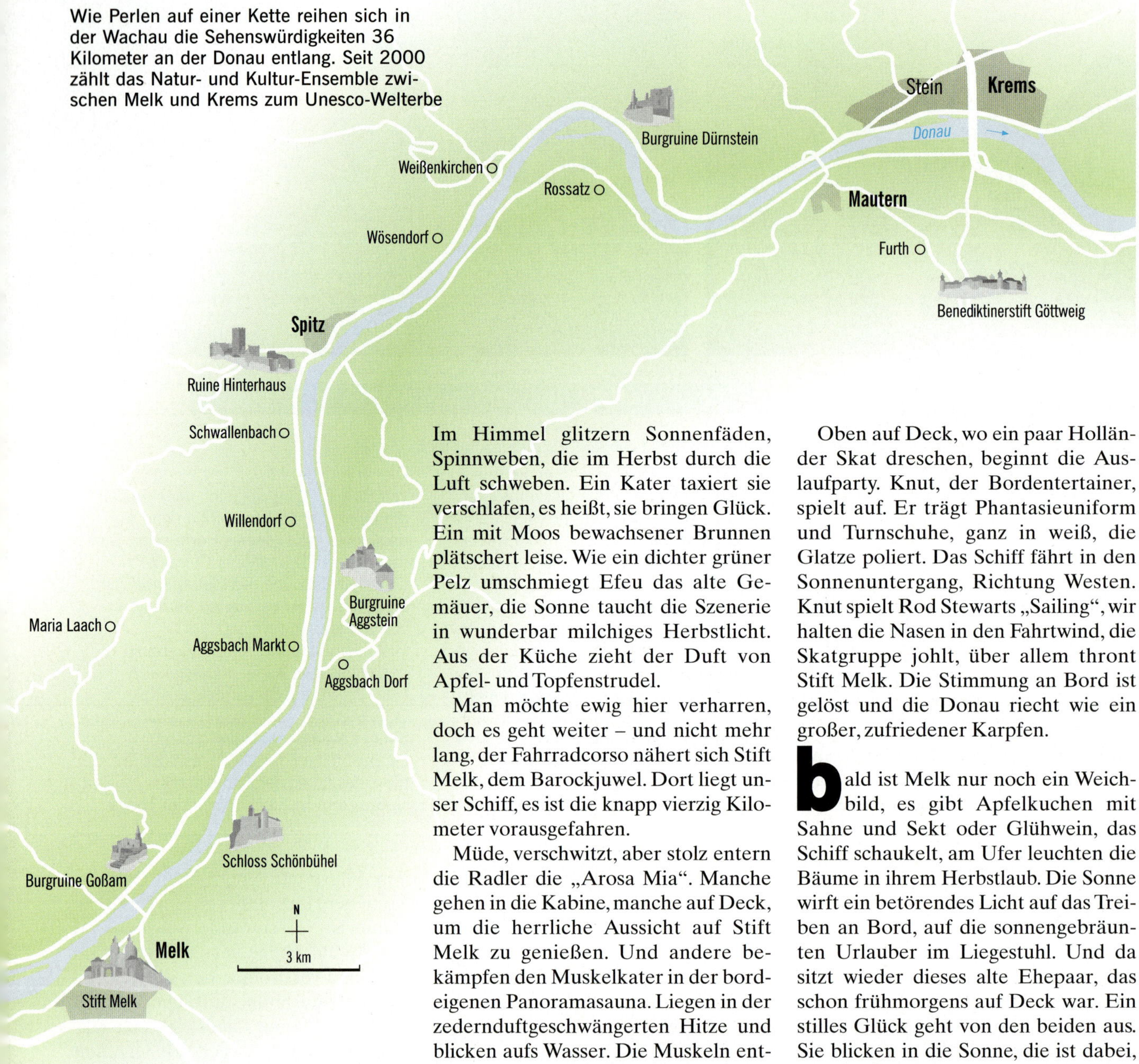

Im Himmel glitzern Sonnenfäden, Spinnweben, die im Herbst durch die Luft schweben. Ein Kater taxiert sie verschlafen, es heißt, sie bringen Glück. Ein mit Moos bewachsener Brunnen plätschert leise. Wie ein dichter grüner Pelz umschmiegt Efeu das alte Gemäuer, die Sonne taucht die Szenerie in wunderbar milchiges Herbstlicht. Aus der Küche zieht der Duft von Apfel- und Topfenstrudel.

Man möchte ewig hier verharren, doch es geht weiter – und nicht mehr lang, der Fahrradcorso nähert sich Stift Melk, dem Barockjuwel. Dort liegt unser Schiff, es ist die knapp vierzig Kilometer vorausgefahren.

Müde, verschwitzt, aber stolz entern die Radler die „Arosa Mia". Manche gehen in die Kabine, manche auf Deck, um die herrliche Aussicht auf Stift Melk zu genießen. Und andere bekämpfen den Muskelkater in der bordeigenen Panoramasauna. Liegen in der zederndufgeschwängerten Hitze und blicken aufs Wasser. Die Muskeln entspannen, das Fleisch ruht. Eine Frau jammert über die Opulenz der Büfetts und zählt ihre Röllchen. Unwillkürlich denkt man an die nackte Pracht der Venus von Willendorf, die ein paar Kilometer donauabwärts in Willendorf gefunden wurde. Und tröstet sich: die elf Zentimeter kleine und kugelrunde Frauenfigur aus der jüngeren Altsteinzeit mit den monumentalen Brüsten war damals ein Fruchtbarkeitssymbol und mit all ihrem Speck ein Schönheitsidol.

Oben auf Deck, wo ein paar Holländer Skat dreschen, beginnt die Auslaufparty. Knut, der Bordentertainer, spielt auf. Er trägt Phantasieuniform und Turnschuhe, ganz in weiß, die Glatze poliert. Das Schiff fährt in den Sonnenuntergang, Richtung Westen. Knut spielt Rod Stewarts „Sailing", wir halten die Nasen in den Fahrtwind, die Skatgruppe johlt, über allem thront Stift Melk. Die Stimmung an Bord ist gelöst und die Donau riecht wie ein großer, zufriedener Karpfen.

Bald ist Melk nur noch ein Weichbild, es gibt Apfelkuchen mit Sahne und Sekt oder Glühwein, das Schiff schaukelt, am Ufer leuchten die Bäume in ihrem Herbstlaub. Die Sonne wirft ein betörendes Licht auf das Treiben an Bord, auf die sonnengebräunten Urlauber im Liegestuhl. Und da sitzt wieder dieses alte Ehepaar, das schon frühmorgens auf Deck war. Ein stilles Glück geht von den beiden aus. Sie blicken in die Sonne, die ist dabei, ihre Kraft zu verlieren, sie wird milchig, ihr Schein stirbt. Die anderen Leute verlassen das Deck, es wird kühl, aber die alte Frau steht an der Reling. Ein Glas in der Hand, sagt sie versonnen. „Jetzt ist der Herbst da. Und das ist gut." □

Verena Lugert, *freie Journalistin in Hamburg, war so begeistert von der Kreuzfahrt durch die Wachau, dass sie bald nach der Rückkehr ihre Eltern auf die gleiche Reise schickte.*

MERIAN | TIPP Schifffahrt

Auf der schönen blauen Donau
Am eindrucksvollsten erlebt man die Wachau an Bord eines Schiffes – ob als Teil einer mehrtägigen Kreuzfahrt, als Tagesausflug oder auch nur beim Übersetzen mit einer der Fähren in Spitz, Weißenkirchen oder Dürnstein.
Kreuzfahrt: z.B. Arosa, www.a-rosa.de
Tagesausflüge: z.B. www.brandner.at oder www.ddsg-blue-danube.at

NIEDERÖSTERREICH – DAS WEITE LAND

donau NIEDERÖSTERREICH

Spitzen-Gewächse

Mehr als sechzig Prozent aller österreichischen Trauben werden in Niederösterreich gekeltert. Vor allem die Wachau, das Kamptal und das Weinviertel bringen beste Qualitäten hervor

Fotos: Marc-Oliver Schulz

Pralle, runde Trauben mit winzigen braunen Pünktchen auf der Schale: typisch für Niederösterreichs Paradewein, den Grünen Veltliner

Hoch auf dem grünen Wagen sitzt der Hund beim Fahrer vorn: Besucher des Museumsdorfs Niedersulz werden mit historischen Traktoren zur Weinlese gefahren

Wein ist Handwerk für die Alten

Leopold Heugl verarbeitet Blauen Portugieser in seiner alten Weinpresse in der Kellergasse von Haugsdorf. Das Dorf im Pulkautal ist die Rotweinmetropole des Weinviertels, auch wenn hier überwiegend Weißwein angebaut wird

Fassbinder schichten das Holz für die Weinfässer zu einem Daubenturm auf. Bis zu fünf Jahre müssen die Fassdauben trocknen. Im Inneren des Turmes sorgt das an einem Seil pendelnde Gegengewicht dafür, dass der Turm nicht ins Wanken gerät

In den Verkostungsverschlägen des Bundesamtes für Wein- und Obstbau in Klosterneuburg finden die Qualitätsprüfungen statt. Staatlich geprüfte Verkoster bewerten die Weine. Sie wissen nicht, von welchem Winzer sie stammen

Schulstunde im Weinberg: Karl Mayer, Lehrer für Weinbau, hat Rebsortenkunde auf den Stundenplan gesetzt. Die Höhere Bundeslehranstalt für Wein- und Obstbau in Klosterneuburg gilt als „Harvard für Winzer“

Die Rebgärten von Falkenstein – sie sind ein Arkadien unterhalb der Burgruine aus dem 11. Jahrhundert. Genießer schätzen das niederösterreichische Weindorf auch wegen seiner Kellergasse, einer der längsten des Weinviertels

Wein ist Business für die Jungen

Wie ein Tempel zur Ehre Bacchus' thront das Loisium hoch über Langenlois. 25 mal 25 mal 13 Meter groß ist der Komplex, der sich in einem Winkel von fünf Grad vor den Reben verneigt. US-Stararchitekt Steven Holl hat seinen ersten Bau in Österreich dem Wein und den Kellern gewidmet

Wein ist Inspiration für die Kunst

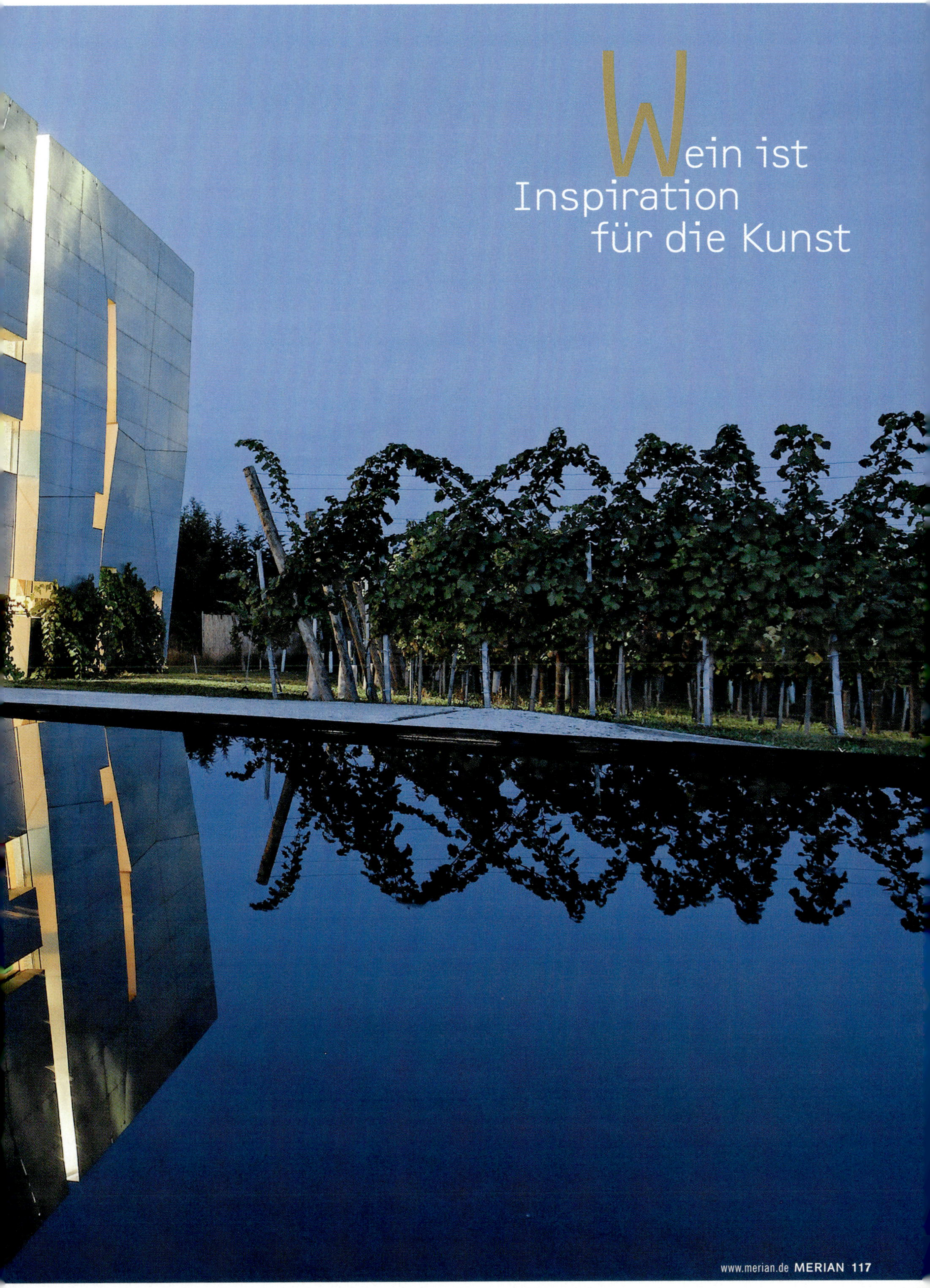

Der Klotz des Herrn Holl

Das kleine Langenlois macht weltweit Furore: Das extravagante Weinzentrum „Loisium" hat das Städtchen in die Postmoderne katapultiert. Nur wollten die Bewohner da nie hin Text: Oliver Fischer, Fotos: Marc Oliver Schulz

Wenn die Verkäuferin Christine Öhlzelt aus dem Fenster ihres Modeladens schaut, vorbei an Motivsocken, Strumpfhosen und fleischfarbenen BHs, dann sieht sie das alte Langenlois: den Kornplatz, die Dreifaltigkeitssäule und die Blumenkübel, aus denen rote Geranien schwappen. Manchmal sieht sie auch Reisebusse. Die fahren hinauf ins neue Langenlois, in das Weinerlebnis-Zentrum Loisium. Nur 400 Meter sind es vom Modeladen bis dorthin, aber Christine Öhlzelt war nur einmal da. „Die Architektur passt nicht hierher", sagt sie, und mehr Kunden habe es ihr auch nicht gebracht.

Seit 2003 gibt es das Loisium. Der New Yorker Stararchitekt Steven Holl setzte an den Rand der Weinberge einen Bau, wie ihn die Langenloiser noch nicht gesehen hatten: einen Würfel, gut 13 Meter hoch, mit leicht eingedellten Seiten. Die Fenster sind tief eingeschnitten, ihre Form ist dem Lauf der unterirdischen Langenloiser Keller nachempfunden, wie Risse ziehen sie sich senkrecht die Fassade herunter, mit Scheiben aus weinflaschengrünem Glas. Innen ist das Gebäude mit Kork ausgekleidet, außen liegt eine Haut aus gebürstetem Aluminium über dem Bau, die im Sonnenlicht zartblau schimmert.

Vor dem Bau des Loisiums war Langenlois ein Weinbaustädtchen mit 7200 Einwohnern und 33 Heurigenlokalen. Die Hauptattraktion: das Heimatmuseum mit dem längsten Mammutstoßzahn Mitteleuropas. Jetzt wird Langenlois in internationalen Zeitschriften gefeiert, gleich neben New York und Amsterdam. Selbst die japanische *Vogue* berichtete auf sechs Seiten. Und während das Heimatmuseum von 550 Menschen im Jahr besucht wird, kommen ins Loisium über 90 000. Außerdem sind 80 Arbeitsplätze entstanden, vor allem im Loisium-Hotel, das Holl zwei Jahre später direkt nebenan baute. Das Loisium hat Langenlois in die Postmoderne katapultiert. Ein Zeitalter, in dem die Langenloiser nie ankommen wollten.

Egal, wen man im Stadtzentrum nach dem Loisium fragt, fast jeder mäkelt, murrt oder grummelt. Fast jedem fällt etwas ein, das am Loisium stört. „Es ist so bunkerartig", sagt die Frau im braunen Kostüm, die vom Zahnarzt kommt. „Ich hätte es nicht so modern gemacht", sagt die junge Kellnerin im Café am Kornplatz. „An machen Tagen kommen mehr als 30 Reisebusse", schimpft Anna Jeschko, 67, die neben dem Loisium wohnt. Und manchmal hört man auch: „Da hat sich der Herr Nidetzky ein Denkmal gesetzt."

Gerhard Nidetzky, Geschäftsführer einer der größten Steuerberatungskanzleien Österreichs, sitzt in der Bar des Loisium-Hotels auf einem schwarzen Freischwinger und trinkt ein Glas Champagner. Er hatte die Idee für das Loisium, 24 Millionen Euro hat er in das Projekt investiert, ein großer Teil davon stammt aus seinem Privatvermögen. Er ist nicht der breitbeinige Typ des lokalen Investors, der so tut, als ginge jetzt nichts mehr ohne ihn in der Stadt, sondern ein stiller Mann, der Kunst sammelt und mit gedämpfter Stimme spricht. „Ich bin ja schon froh", sagt er, „dass die Leute nicht aggressiv werden."

Nidetzky wurde 1947 in Schönberg am Kamp geboren, sechs Kilometer von Langenlois entfernt. Später lebte er viele Jahre in Wien, bis er 1996 ein altes Haus im Zentrum von Langenlois kaufte, in der Walterstraße, ganz in der Nähe von Frau Öhlzelts Modeladen. Zu diesem Haus gehörten riesige Gewölbe, die früher als Weinkeller genutzt wurden und mit den Kellern einiger Nachbarn verbunden sind. Aus diesen Gewölben – einige davon sind 900 Jahre alt, insgesamt ist das unterirdische Labyrinth rund einen Kilometer lang – muss man etwas machen, meinte Nidetzky und setzte sich mit zwei Nachbarn zusammen.

Ihr Plan: Die Keller sollten eine Ausstellung zum Thema Wein beherbergen, aber keine nüchtern-sachliche über Säuregrade und Gärzeiten, sondern eine emotionale, die vom Mythos des Weins erzählt und Lust auf Genuss machen soll. Um einen Kontrast zu

Ein Monolith aus gebürstetem Aluminium mit Blick auf den barocken Kirchturm. Architekturkritiker loben den spannenden Kontrast zwischen Avantgarde und historischer Altstadt (links). Im Inneren ist das Besucherzentrum mit Kork verkleidet. Die Form der Fenster zeichnet die Struktur der Kellergänge nach (Mitte). Im unterirdischen Erlebniszentrum (rechts) hat der Künstler Hugo Schär Installationen geschaffen, die das Reifen des Weines symbolisieren sollen

den alten Gewölben zu setzen, entschieden sich die drei Herren, oberirdisch ein Besucherzentrum im modernen Stil zu bauen – mit Ticketschalter, Cafeteria und Weinshop. „Uns war klar, dass wir dafür einen guten Architekten brauchen", sagt Nidetzky. Zufällig kannte er den Leiter des Wiener Architekturzentrums, und zufällig hatte der kurz zuvor eine Ausstellung über Steven Holl organisiert. Nidetzky, der mit einer Finnin verheiratet ist, war begeistert von Holls jüngstem Werk – dem Kiasma-Museum in Helsinki. Sein Bekannter lud den Architekten nach Langenlois ein, und über ein paar Gläsern preisgekröntem Grünen Veltliner kam Nidetzky zu seinem Architekten, und Holl zu seinem ersten Bau in einem deutschsprachigen Land.

In zwei, drei Jahren, glaubt Nidetzky, werden die Leute sich an Holls Stil gewöhnt haben. Vor ein paar Monaten, zum Tag der offenen Tür im Hotel, seien mehr als 800 Einheimische gekommen, ein gutes Zeichen. Dass ihn das Gemurre seiner Mitbürger mehr verletzt, als er zeigt, merkt man, als er kurz darauf eine giftige Bemerkung macht über die Seifenstücke in den Bädern, die an diesem Tag abhanden kamen. Eine Bemerkung, die seine Pressesprecherin sofort korrigiert: „Sagen wir lieber: Manche Besucher haben sich ein Souvenir mitgenommen."

Johann Ennser war nicht beim Tag der offenen Tür im Hotel, aber das Besucherzentrum und die Ausstellung in den Gewölben hat er sich zweimal genau angeschaut. Ennser, 66, ein pensionierter Gymnasiallehrer mit weißem Vollbart, ist dabei zu einem der eloquentesten Loisium-Kritiker geworden. Oder, wie er lieber sagt, zu einem Skeptiker, das klingt nicht so biestig. Außerdem sieht er ja auch das Positive: „Ökonomisch hat es einiges gebracht, vor allem Arbeitsplätze."

Nur ändert das nichts daran, dass Ennser beim Blick auf den Loisium-Würfel zuerst das Wort „Möbelzentrallager" einfällt. „Dass die Architekten uns da etwas hinsetzen, was so arg fremd ist ...", sagt er vor den Kreuzsprossen-Fenstern seines Wohnzimmers. Vor allem aber stört ihn die Weinerlebnis-Ausstellung. Der Aufzug am Eingang, in dem der Besucher ein wenig geschüttelt wird, damit er sich fühlt wie eine Traube in der Presse. Oder die Wasserspiele, bei denen der Kopf des Weingotts Bacchus zu Synthesizer-Musik aus dem Becken hochtaucht – „Das hat zu wenig Substanz", meint Ennser. „War das wirklich den ganzen Aufwand wert?"

Natürlich weiß auch er, dass noch nie so viele Touristen nach Langenlois kamen wie in den vergangenen vier Jahren. Aber, fragt Ennser, wie lange wird das anhalten? „Die Ausstellung ist ein einmaliges Konsumgut, die sieht

Design zwischen Rebstöcken

Die Lampen in der Lobby des Loisium Hotels (links) sind Korken nachempfunden. Säulen wie Baumstämme tragen die Betonquader der zwei Zimmerstockwerke (oben), das Erdgeschoss ist komplett verglast

sich kaum jemand ein zweites Mal an." Der Erlebnispark Anderswelt in Heidenreichstein, nur 80 Kilometer entfernt, habe nach zweieinhalb Jahren wieder schließen müssen, weil die Besucher ausblieben. „Die Renaissancehäuser an unserem Kornplatz sind seit fast 500 Jahren schön, die schaut man sich noch heute gern an." Aber wird sich in 500 Jahren noch jemand für das Loisium interessieren?

„Wir wissen doch nicht mal, was in 50 Jahren ist", sagt Kurt Renner, der Bürgermeister. „Manchmal tun mir die Kritiker ein bisschen leid." Renner ist seit 17 Jahren im Amt, er weiß, was die Leute reden, hat auf alles eine Antwort. Der Lärm der Reisebusse? „Lächerlich, wer es noch ruhiger haben möchte als hier, der muss Eremit werden." Die Baugenehmigung nach nur vier Wochen? „Wir sind Entscheider, keine Verhinderer." Der Vorwurf, dass er persönlich von dem Bau profitiert habe? Der Bürgermeister ist auch Chef eines großen Metallbaubetriebes und hat die Aluminiumfassade des Loisiums gefertigt. „Der Bürgermeister hat eben ein günstiges Angebot gemacht."

Renner trägt ein grünes Jackett und Oberlippenbart, er ist Mitglied der konservativen ÖVP und wohnt in einer klassizistischen Villa am Holzplatz, ganz nah am Rathaus. Wie die meisten Langenloiser hat er Steven Holl vorher nicht gekannt. „Aber ich goutiere diese Architektur. Es ist ein Glücksfall für uns. Wir stehen jetzt auf einem Podest mit Städten wie New York und Helsinki." Es dauere vielleicht noch etwas, aber bald würden sich bestimmt alle im Ort mit dem Loisium identifizieren. Langenlois sei wie eine Reisegruppe, unterwegs in eine neue Epoche. Die einen laufen zügig mit, andere trödeln hinterher – „und der Bürgermeister geht voran und hält das Fähnchen hoch."

Es sind noch nicht viele, aber einige in Langenlois laufen in dieser Gruppe ganz weit vorne mit. Zum Beispiel Nikolas Haugeneder, 36. Vor vier Jahren gab er seinen Job als Geschäftsführer eines Restaurants in Wien auf, zog nach Langenlois und übernahm den heruntergewirtschafteten Heurigenhof Bründlmayer in der Walterstraße. „Das Loisium hat bei dieser Entscheidung eine wichtige Rolle gespielt", sagt er. Haugeneder erweiterte das Angebot an Weinen und Speisen, schloss Kooperationen mit dem Loisium ab – und hat Erfolg. „Wir wachsen jedes Jahr zweistellig."

Oder Fred Loimer. Der 42-Jährige war schon am Ziel, als die Gruppe des Bürgermeisters noch gar nicht losgelaufen war. Loimer stammt aus einer alten Weinbauernfamilie. Ende der achtziger Jahre begann er – nach drei Monaten Praktikum in Kalifornien – mit neuen Methoden der Weinherstellung zu experimentieren. International bekannt ist er heute unter anderem durch seinen Grünen Veltliner. Viele Weinexperten halten ihn für einen der besten Winzer Österreichs, Praktikanten aus Neuseeland und Australien wollen bei ihm lernen.

Mit postmoderner Architektur hat auch er seine Erfahrungen gemacht. Ende der 1990er Jahre – das Loisium gab es noch nicht – wollte Loimer über seinen Weinkellern Büroräume bauen. Er beauftragte den Wiener Architekten Andreas Burghardt. Der ist längst nicht so bekannt wie Holl, baut aber noch kompromissloser – und stellte einen schwarzen, L-förmigen Betonblock hin, der zur Straße fast fensterlos ist. Obwohl das Haus ein Stück außerhalb liegt, fingen die Leute schon damals an zu grummeln und sprachen hämisch über den „schwarzen Sarg". Andere schrieben Briefe an den Bürgermeister und beschwerten sich über den ersten „offiziellen Schwarzbau" von Langenlois.

Über das Loisium freut Loimer sich aus mehreren Gründen: Er mag das urbane Flair der Hotelbar. Und wenn Geschäftspartner kommen, kann er sie endlich im Ort unterbringen – vorher gab es in Langenlois kein Hotel. Vor allem für eines aber ist er Nidetzky dankbar: „Die Leute regen sich jetzt nicht mehr über meinen Bau auf." □

mittendrin im weinviertel

Kellergasse Falkenstein — Foto: WTG; M. Himml

Foto: WTG; M. Himml

Aktionist Hermann Nitsch — Foto: H. Cibulka

select-us.com

...würzen Sie ihr Leben mit Wein

Wo er wohnt, schmeckt er doch am besten - der Grüne Veltliner mit seiner unverkennbaren pfeffrigen Würze. Ausgezeichnet wurde er mit dem Prädikat „Weinviertel DAC". Die Weingärten lieben das hügelige Land des Weinviertels mit seinem Lößboden. Und die Winzer haben in diesen Boden ihre Weinkeller hinein gegraben. So sind unzählige Kellergassen entstanden und zu Wahrzeichen der Region geworden. In der Weinstadt Retz ist der begehbare Erlebniskeller sogar ein weitverzweigtes Geflecht von Gängen, das die gesamte Stadt unterhöhlt.

...stellt sich Entschleunigung rasch ein

Die fruchtbare Landschaft des Weinviertels wechselt zu jeder Jahreszeit ihr Farbenkleid und wirkt beruhigend auf das Gemüt. Über die Hügel-Wellen führen beschilderte Radrouten und um Bad Pirawarth Wege zum „Weinberg-Walken". Aber auch das gemächliche Fahren mit der Fahrraddraisine in den Leiserbergen und das „Traktor-Wandern" durch die Weinstadt Poysdorf bieten beschauliche Erlebnisse. Wohltuende Entspannung bietet die Therme der Sinne in Laa an der Thaya. Und immer wieder ergeben sich Momente, wo man bei einem guten Glas Wein und einem anregenden Gespräch mit freundlichen Leuten die Zeit schnell vergisst.

...inspirieren die Werke von Menschen, die selbst inspiriert wurden

Ein steinreicher Graf hat sich vor rund 150 Jahren seinen Traum erfüllt und nahe der Donau die mächtige Burg Kreuzenstein mit Fantasie und Originalteilen aus ganz Europa erbaut. Mit originalen Gebäuden aus der Region, die er im Museumsdorf Niedersulz wieder errichtete, hat auch ein Weinviertler Restaurator seine Vision verwirklicht und ein ganzes Dorf erstehen lassen. Ein k.u.k. Armee Lieferant hat nicht nur das nostalgischen „Heldenberg" Areal angelegt, sondern konnte mit viel Geld auch den großen Feldmarschall Radetzky dazu bewegen, sich dort seine letzte Ruhestätte zu erwählen. Ganz anderes haben die selbst ernannten Ver-ruckten von Herrnbaumgarten im Sinn. Sie lassen sich zu „Erfindung die wir auch nicht brauchen" inspirieren und haben erstmals dem Nonsens ein eigenes Haus gebaut: das Nonseum.Ein Haus gebaut hat man in Mistelbach auch den großformatigen Schüttbildern des international anerkannten Aktionisten Hermann Nitsch, der im Weinviertel lebt und sich zu seinen Gesamtkunstwerken inspirieren lässt.

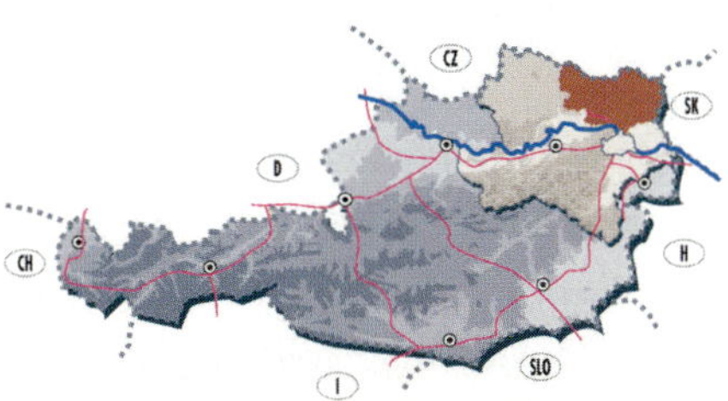

wein viertel

mittendrin

Weinviertel Tourismus GmbH
A- 2170 Poysdorf
Kolpingstraße 7
Tel +43 (0) 2552 / 3515-0 (Fax - 4)
Email info@weinviertel.at
www.weinviertel.at

Winzer Horst Schuckert aus Poysdorf, vielfach prämiert für seinen Grünen Veltliner, bestimmt den zu erwartenden Alkoholgehalt seines Weines mit der Oechslewaage

Pfefferl im Glas

Der Grüne Veltliner hat eine erstaunliche Karriere gemacht: Vom billigen „Heurigen" wurde er zum begehrten Sammlerwein

Text: Jürgen Zichnowitz

Eigentlich müsste Niederösterreich „Veltliner-Land" heißen. Denn diese Reben wachsen hier fast noch besser als Gras: Auf mehr als 30 000 Hektar Weinbaufläche ist jeder zweite niederösterreichische Rebstock ein Grüner Veltliner. Aus den hellgrün glänzenden Trauben, die sich, wenn sie reifen, gelb einfärben und kleine braune Tupfen bekommen, wird ein Wein gekeltert, der typisch österreichisch ist – und ganz besonders gut.

Bis vor zehn Jahren allerdings wussten nur wenige Nicht-Österreicher mit dem Namen dieser Rebe überhaupt etwas anzufangen. Heute dagegen gibt es kaum ein Spitzenrestaurant weltweit, das nicht zumindest eine Sorte Grünen Veltliner auf der Weinkarte hätte. Selbst in den USA ist er als „Gruner" bekannt – der vollständige Name ist dort offenbar unaussprechlich. Eine erstaunliche Karriere – obwohl ihn selbst international renommierte Autoren lange Zeit nicht so richtig auf dem Zettel hatten.

„Kurzlebig, idealer Heuriger", urteilte der britische Weinguru Hugh Johnson in den 80er Jahren. Beruhigend für den normalen Weinfreund, dass sich auch Experten täuschen können. Mittlerweile mussten diese ihre Meinung gründlich revidieren – nicht zuletzt aufgrund einer 2002 international organisierten Blindprobe, bei der Grüne Veltliner aus Österreich mit burgundischen Chardonnays in den Wettstreit traten und sieben der zehn ersten Plätze belegten.

Der Erfolg des Grünen Veltliner rührt aber sicher auch daher, dass aus ihm Weine ganz unterschiedlichen Typs gekeltert werden, die fast jeden Weinfreund glücklich machen können: Ja, es gibt ihn auch als „Heurigen" – spritzig und in den Buschenschänken im Jahr nach der Lese zu trinken. In der Wachau heisst die darauf folgende, leichteste Variante „Steinfeder" – ein frischer Wein, mit geringem Alkoholgehalt. Wertvoller ist der „Federspiel": mittelkräftig, viel Frucht, guter Speisenbegleiter, und letztlich die Spitzenkategorie „Smaragd" – kraftvoll und elegant. Smaragd-Weine lagern und reifen im Idealfall länger als zehn Jahre und garantieren dann einen grandiosen Genuss.

Berühmt ist der Grüne Veltliner für sein „Pfefferl", wie die Anklänge von weißem Pfeffer am Gaumen liebevoll genannt werden. Bei leichteren Vertretern seiner Gattung kommen Aromen von frischen Äpfeln und Zitrusfrüchten hinzu, sehr oft findet man auch Noten von tropischen Früchten, wie Maracuja, Ananas oder Mango. Meist werden die Weine in Edelstahltanks ausgebaut und bewahren sich so ihre kühle Würze.

Schließlich wird der Grüne Veltliner selbst mit göttlichem Segen angebaut: Das Benediktiner-Stift Göttweig bei Krems ist für seine pfeffrigen Weine berühmt. Insgesamt 26 Hektar Weinberge befinden sich in der frommen Obhut von 60 Mönchen. Aus den klösterlichen Trauben keltert der verantwortliche Winzer auch Messwein – zur göttlichen Erbauung von Mönchen und Gemeinde. □

Jürgen Zichnowitz, *ist Redakteur der Zeitschrift* Wein Gourmet *und für einen knackig-würzigen Grünen Veltliner gern zu haben.*

MERIAN | TIPP

Die persönliche Empfehlung von Weingourmet Jürgen Zichnowitz. Besonders guten **Grünen Veltliner** gibt es bei folgenden Winzern:

(F 3) **Bernhard Ott**
Neufang 36, Feuersbrunn
Tel. (027 38) 22 57, www.ott.at

(F 3) **Freie Weingärtner**
Dürnstein 107
Tel. (027 11) 371, www.fww.at

(F 3) **Weingut Bründlmayer**
Zwettler Str. 23, Langenlois
Tel. (027 34) 217 20
www.bruendlmayer.at

(F 3) **Fred Loimer**
Vögerlweg, Langenlois
Tel. (027 34) 22 39, www.loimer.at

(F 3) **Kurt Angerer**
Schinkenberggasse 4, Lengenfeld
Tel. (027 19) 84 24
www.kurt-angerer.at

(F 3) **Franz Xaver (F.X.) Pichler**
Oberloiben 27, Tel. (027 32) 853 75
www.fx-pichler.at

(m 1) **Fritz Wieninger**
Stammersdorfer Str. 80, Wien
Tel. (01) 290 10 12, www.wieninger.at

Wein oder Nichtsein

Den größten Teil des Jahres herrscht Stille in den malerischen Kellergassen. Erst im Herbst zur Weinlese kehrt das Leben ein: Nirgends lässt sich besser feiern als in den alten Presshäusern im Weinviertel Text: Alfred Komarek, Fotos: Marc-Oliver Schulz

Es gibt Dörfer hier, in denen niemand wohnt. In langen Reihen stehen weiß gekalkte Häuser und geben der Landschaft des Weinviertels eine eigenwillige Struktur. In den so genannten Kellergassen stehen keine Wohn-, sondern nur Presshäuser – die so heißen, weil dort die Weinpressen stehen. Unter ihnen dehnt sich ein dunkles Gewirr von Kellern, die Erde ist ausgehöhlt, wie ein Schweizer Käse, 30 Meter tief ragen die Keller im Schnitt in die Erde hinein. Der fruchtbare Lössboden, der die Reben gedeihen lässt, machte es leicht, tiefe und haltbare Keller zu graben.

Die praktischen, einfachen Siedlungen sind Zeugnisse naiver Architektur, die dem Profil der Landschaft folgen: In Pillersdorf liegt an einem krummen Hohlweg eine krumme Kellergasse, in Hautzendorf verläuft sie schluchtartig, gräbt sich tief in ein Tal hinein. Es gibt Kellerhügel wie den von Wildendürnbach, oder die Presshäuser stehen in einer Mulde beieinander wie Bauern nach dem Kirchgang, zum Beispiel in der „Loamgrui", der Lehmgrube, bei Unterstinkenbrunn.

Die Häuser sind schmucklos, allenfalls zeigt die Presshaustür schöne Zimmermannsarbeit, versehen mit kunstvoll geschmiedeten Türbeschlägen. Die ältesten Bauten sind aus einem Gemisch aus Lehm und Stroh errichtet, geschützt durch Kalkmörtel und Kalkanstrich. Später entstanden Mauern aus Schichten gebrannter und ungebrannter Lehmziegel, schließlich setzten sich gebrannte Tonziegel durch, dazu kamen in jüngster Zeit Hohlziegel. Mit der Zeit und ihren wechselnden Baustoffen wurden die Wände immer glatter und ihre Formen immer vorhersehbarer. Ältere Presshäuser kümmern sich wenig um das Diktat des rechten Winkels, und der weiß gekalkte Verputz, immer wieder ausgebessert, korrespondiert mit der unebenen Landschaft ringsum. Die ziegelgedeckten Dächer ruhen, ein wenig eingesunken, auf uraltem Holz, sorgsam zum richtigen Zeitpunkt geschlagen und gelagert, bis es zum Dachstuhl wurde.

Es gibt mehrere Theorien, warum ab dem 17. Jahrhundert die Kellergassen gebaut wurden, die wahrscheinlichste besagt, dass die Siedlungen schon fertig waren, als die Bauern von den Klöstern und anderen Grundherren das Recht bekamen, Weinberge zu bewirtschaften. Unter ihren Häusern gab es keine großen Keller für den Wein – also bauten sie ihm die Kellergassen, Dörfer neben dem Dorf. Es gibt sie in dieser Form und Menge nur hier, im Weinviertel, wo auf 16 000 Hektar Anbaufläche ein Drittel des österreichischen Weins erzeugt wird.

Die Kellergassen waren klug erdacht und bewährten sich gut drei Jahrhunderte: Die Trauben sollten in unmittelbarer Nähe der Weingärten verarbeitet werden, die Wege von der Weinpresse ins Fass denkbar kurz sein. Die Arbeit wurde kollektiv verrichtet, gegenseitige Hilfe war rasch zur Hand. Hier waren Männer unter sich und füreinander da.

In großen Hallen vor den Dörfern stehen heute klimatisierte Edelstahlbehälter, die eine exakt gesteuerte Gärung ermöglichen – und in den Kellern bleibt so manches Fass leer. Es ist still geworden in den früher so betriebsamen Gassen. Da und dort strebt noch ein alter Kellermann seinem unterirdischen Reich zu, wo er ungestört trinken und nachdenken kann, über das Leben, den Wein und die Jungen, die immer alles besser wissen.

Doch im Spätsommer und Herbst öffnen Presshäuser und Keller ihre Türen für Verkostungen und Weinfeste. Für die Weinviertler ist die Kellergasse ein Schauplatz ungenierter Lebensfreude – zumindest für ein paar Wochen im Jahr, in denen die Feste kaum zu zählen sind. Der Herbst ist die beste Jahreszeit für einen Besuch im Keller, schwerer Maischegeruch liegt in der Luft, in der feuchten Kühle zwischen den Fässern wird gekostet, und während der frische Wein in die Gläser rinnt, werden Händel per Handschlag fixiert, Freundschaften geschlossen und erneuert. Die Stunden verrinnen ungezählt, Zeit spielt keine Rolle, denn der Alltag ist draußen, weit weg. Vielleicht in den Dörfern der Menschen, in denen der Wein nicht wohnt. □

Alfred Komarek *ist Schriftsteller. In seinen Kriminalromanen ermittelt Gendarmerie-Inspektor Simon Polt in den Kellergassen des Weinviertels.*

Die alten weißen Presshäuser werden heute nur noch für Weinfeste aufgesperrt. In Falkenstein (links) schenkt Familie Czermak aus, und im Museumsdorf Niedersulz spielt die örtliche Blaskapelle zum Heurigen auf (unten)

Erstklassige Lage: 184 Keller gehören zur Gasse am Galgenberg (oben) bei Wildendürnbach. Eines der schönsten Ensembles im Weinviertel

MERIAN | TIPP Kellergassen und ihre Feste

DIE SCHÖNSTEN KELLERGASSEN

(H 2) „Loamgrui“ Unterstinkenbrunn
Über 90 Keller bilden die Kellergasse der „Loamgrui“ (Lehmgrube) oberhalb des Ortes Unterstinkenbrunn. Das Kellerviertel ist schön renoviert und wie ein kleines Dorf mit Gassen und einem Platz im Zentrum angelegt.
www.loamgrui.at

(H 1) „Golingbir“ Wildendürnbach
Golingbir bedeutet Galgenberg und bis 1828 überragte ein Galgen auch den außerhalb von Wildendürnbach gelegenen Kellerhügel, um den herum 184 Keller und Presshäuser liegen.
www.wildenduernbach.at

(G 2) „Zipf“ Mailberg
Die Kellergasse Zipf ist die einzige z. T. denkmalgeschützte Kellergasse im Weinviertel. Prächtige Aussicht auf die Weinhänge rund um Mailberg, zum Buchberg, Galgenberg, zur Kunigundenkirche und auf das Malteser Schloss.

(G 2) Lohrkellergasse Frauendorf
Die malerische Lohrkellergasse umfasst nur 29 Keller und liegt ca. 200 m außerhalb des Ortes eingebettet in einen tiefen Hügeleinschnitt. In einem der Presshäuser kann sogar eine Ferienwohnung gemietet werden.
www.frauendorf.at

(G 2) Pinkelsteinkellergasse Raschala
Die Raschalaer Kellergasse gehört zu den schönsten in Niederösterreich. Hier steht auch ein „Pinkelstein“, an dem sich angeblich selbst Wolfgang Amadeus Mozart schon erleichterte.
www.raschala.com

DIE STIMMUNGSVOLLSTEN KELLERGASSENFESTE

Viele Feste fallen in die Zeit von Mitte August bis Anfang Oktober, über die genauen Termine informieren die jeweiligen Internetseiten.

(H/J 1) Wein-Kunst-Kultur Falkenstein
Weinherbst-Fest in der romantischen Falkensteiner Kellergasse unterhalb der Burgruine mit Musik und Brauchtum.
www.falkenstein.gv.at

(J 2) Sturmfest Gstetten Poysdorf
Sturm (Federweißer) steht in der Poysdorfer Kellergstetten in zahlreichen Varianten bereit.
www.poysdorf.at

(G 2) Kürbisfest, Maulavernkellergasse Zellerndorf
Nicht nur um Wein, sondern vor allem um den Kürbis, der im Norden des Weinviertels angebaut wird, dreht sich das Kürbisfest in der Kellergasse Maulavern. Die Gegend wurde übrigens als Drehort der Serie „Julia, eine ungewöhnliche Frau“ mit Christiane Hörbiger bekannt.
www.kuerbisfest.at

(H/J 3) Kellergassenfest Pillichsdorf
Pillichsdorf besitzt eine der längsten zusammenhängenden Kellergassen Mitteleuropas. Beim Fest erwirbt man ein Kostglas, mit dem man in allen 15 Kellern Weine probieren kann.
www.kellergassenfest.at

(F 2) Klingende Kellergasse Stoitzendorf
Musik- und Gesangsgruppen, von Volksmusik bis Jazz, sind im Mai der Mittelpunkt der „Klingenden Kellergasse“.
www.eggenburg.at

> Infos: www.weinviertel.at

Über der Erde wächst ein vorzüglicher Grüner Veltliner, in 5000 Meter Tiefe liegen die Ölfelder: Mehr als 900 Pumpsonden fördern bei Matzen Öl und Gas. Früher betreuten viele Winzer nebenbei die Sonden in ihrem Weinberg

Ölrausch zwischen Reben

Das größte Erdölfeld Mitteleuropas liegt im Weinviertel. 14 Millionen Barrel Öl und Gas werden jährlich gefördert, mit Hightech-Methoden sucht man nach mehr. Die teure Schatzsuche rentiert sich, denn die Raffinerie liegt gleich nebenan Text: Anja Haegele

Das meistgesehene Bauwerk in und um Wien? Ist nicht der Stephansdom. Es ist die Raffinerie Schwechat, nur ein paar Kilometer vom Flughafen entfernt. Wer von dort in die Stadt fährt, mit dem Auto oder dem Zug, muss an der gigantischen Industrieanlage vorbei. Bis zu 70 Meter hoch sind die Destillierkolonnen und riesigen Tanks – kugelförmige für Gas, zylinderförmige für Rohöl, Benzin und Diesel. Auf fast zwei Quadratkilometern, so groß wie das Fürstentum Monaco, dehnt sich die Raffinerie aus, mehr als 7000 Kilometer Rohrleitungen kann man im Vorbeifahren sehen. Über der Anlage steht Wasserdampf, der aus den Kühltürmen steigt, es riecht nach Diesel.

„Mei, das ist keine Zuckerlfabrik", sagt Anton Alfred Jettmar, der stellvertretende Produktionsleiter der Raffinerie. Seit 30 Jahren arbeitet Jettmar in Schwechat, er hat die Raffinerie wachsen sehen, mittlerweile sind es rund neun Millionen Tonnen Rohöl, die Jahr für Jahr hier verarbeitet werden. Würde man diese Menge in Tanklaster füllen, reichte die Kolonne zweimal von Wien bis London und zurück.

Reich: 70 Prozent der Bohrungen sind wirtschaftlich ergiebig

90 Prozent dieses Öls sind Importe, aus Russland, Kasachstan und Saudi-Arabien – aber immerhin zehn Prozent stammen aus der Nachbarschaft, aus dem Wiener Becken. Denn dort liegt rund um das Städtchen Matzen das größte Erdölfeld Mitteleuropas.

Oberirdisch ist die Grenzregion zur Slowakei eine karge Gegend. Die Dörfer sind schlicht, von den Häusern bröckelt die Farbe, keine Spur von alpenländischer Puppenstubendeko. Um dieses flache Land attraktiv zu finden, muss man vielleicht aus Norddeutschland stammen. Kaum ein Hügel oder Wald verstellt die Sicht, an klaren Tagen sieht man die Skyline des 45 Kilometer entfernten Bratislava. Es wächst ein vorzüglicher Grüner Veltliner, Rebstöcke wechseln sich ab mit Sonnenblumenfeldern – und dazwischen stehen alle paar Meter Industrieanlagen, die nicht so recht in die Landwirtschaftsidylle passen wollen: Unermüdlich dengelnde Pferdekopfpumpen, die älteren rostig braun, die neueren im grasgrün-himmelblauen Design des Mineralölkonzerns OMV, zeugen vom unterirdischen Reichtum der Gegend. Und immer wieder Bohrtürme, rund 60 Meter hoch. Nur die Wüste fehlt zum Texas-Gefühl.

Seit Anfang der 30er Jahre wird im Wiener Becken Erdöl gefördert. Und obwohl das, was hier aus dem Untergrund gepumpt wird, zu 92 Prozent aus Wasser besteht, auf dem das Öl schwimmt wie Fettaugen auf einer Suppe, entstand aus diesem Grundstock einer der weltweit am stärksten wachsenden Konzerne der Erdölbranche – die OMV. 14 Millionen Barrel im Jahr lassen sich bei Matzen aus der Tiefe saugen, das reicht gerade, um zehn Prozent des österreichischen Bedarfs zu decken, und doch investiert die OMV viele Millionen Euro in die heimische Förderung.

„Wir können es uns leisten, weil die Transportwege zur Raffinerie minimal sind", erklärt Kurt Wagner, Leiter der OMV-Abteilung „Exploration Austria". Wagner ist Geologe bei der OMV, man könnte auch sagen, der ranghöchste Ölsucher Österreichs. Ein zurückhaltender, überlegter Mann, nicht besonders gesprächig, es sei denn, es geht um Techniken und Methoden seiner Abteilung. Wagner hat in Libyen nach Erdöl gesucht, im Nahen Osten und in Asien. Jetzt ist das südliche Weinviertel seine Schatztruhe.

Tief: Seismische Wellen dringen 6 Kilometer in die Erde ein

Mehr als 900 Pumpsonden fördern rund um Matzen Erdöl und Erdgas. Und nach dem Motto „Wo etwas ist, da gibt's noch mehr" sucht Wagner das Weinviertel nach weiteren Reserven ab. „Es gibt keine Garantie, dass man etwas finden wird und ob es sich dann rentiert, es zu fördern. Aber wir glauben, dass im Weinviertel noch große Mengen Öl zu entdecken sind", sagt er. Wenn es überhaupt jemand findet, dann er. Denn unter Wagners Führung ist die österreichische Abteilung „Exploration & Production" der OMV Weltspitze in der fossilen Schatzsuche. Sieben von zehn Bohrungen, die Wagner in den vergangenen Jahren im Weinviertel anordnete, waren wirtschaftlich fündig. Zum Vergleich: Im internationalen Durchschnitt ist es gerade mal ein Drittel. Wagners Zaubermittel heißt 3D-Seismik – eine Methode, mit der Geophysiker und Geologen die Landschaft der sanften Hügel, Weinberge und Sonnenblumenfelder bis in eine Tiefe von 6000 Metern dreidimensional kartographieren.

Damit die Wissenschaftler einen möglichst exakten Querschnitt der Unterwelt berechnen können, bebt an einem Vormittag Ende Februar auf einem Kartoffelacker bei Oberweiden die Erde. 16 Sekunden lang. Aus dem benachbarten Wäldchen flieht eine Gruppe Feldhasen. Nach einer Pause von 30 Sekunden bebt die Erde erneut. Es fühlt sich an, als stünde man neben einer monströsen Waschmaschine, die im schnellsten Gang schleudert. Der Lärm ist ohrenbetäubend. Schuld an

Schwer: 18 Tonnen lassen die Erde beben

Lang: 6 Monate brauchen 150 Mann, um 200 km² zu vermessen

diesem Mini-Erdbeben sind vier riesige Tieflader, die auf dem Kartoffelacker im Schlamm stehen.

Es sind keine gewöhnlichen Lastwagen: Sie wurden zu seismischen Vibratoren umgebaut, mit 18 Tonnen schweren Stempeln, die im Abstand von wenigen Metern in den Boden gewummert werden. Das erzeugt niederfrequente seismische Wellen, die bis zu sechs Kilometer tief in die Erde eindringen. Menschen spüren die Erschütterungen in einem Umkreis von rund 15 Metern, Tiere sind sehr viel empfindsamer. Und wie Schallwellen, die sich in engen Tälern an Felsen zum Echo brechen, werden diese seismischen Wellen im Untergrund reflektiert – immer dann, wenn verschiedene Gesteinsschichten aufeinandertreffen.

Dieses „Erdbebenecho" wird von Geophonen aufgezeichnet, die in einem dichten Raster über der Messfläche verteilt sind. Auf zwölf Kilometer langen Parallelen im Abstand von je 300 Metern steckt alle 25 Meter ein Geophon im Boden. Jedes hängt an zwei Kabeln, eines für Strom, das andere überträgt die aufgezeichneten Daten in den Messwagen. Es ist mühsam, das Netz aus Kabeln und Hunderten Geophonen, die für eine exakte Messung benötigt werden, auszulegen. Die Kabeltrupps müssen querfeldein, 15 Kilometer schafft ein guter Mann am Tag, durch Felder, in denen die Schuhe zentimetertief versinken, besonders dann, wenn es geregnet hat. Drei Schritte, dann ein Kniefall, um das Kabel zu befestigen, das ist der Rhythmus, in dem die Arbeit läuft. Um rund 200 Quadratkilometer Land zu vermessen, sind 150 Männer von Oktober bis März beschäftigt.

Sind die Kabel verlegt und die Geophone ins Erdreich gesteckt, kommen die Seismik-Lastwagen: Sie queren die Geophonlinien im rechten Winkel und schalten alle paar Meter ihre Vibratoren ein. Der Landwirtschaft wegen wird nur im Winter vermessen, aber auch dann gibt es „No-Go Areas", etwa Spargelfelder, alte Weinberge oder Naturschutzgebiete. Dann weichen die Lastwagen von ihrer GPS-gesteuerten Route auf befahrbare Straßen aus, statt mitten durch die Botanik zu kreuzen.

„In bebauten Gebieten wird nicht vibriert", erklärt Erwin Herndler, OMV-Koordinator der seismischen Messungen. Er ist der Mann fürs Praktische, ruhig wie ein Zen-Mönch – dass während der Messungen fast täglich irgend etwas nicht funktioniert, ist für ihn Routine. Monate bevor die Seismik-Trupps anfangen, Weinviertler Äcker zu queren, besucht Herndlers Team jeden Grundeigentümer und jeden Hausbesitzer der Region. Diskutiert, erklärt, bittet um Erlaubnis. Mit Erfolg: „In all den Jahren ist es noch nie vorgekommen, dass wir irgendwo nicht messen durften."

Zu Häusern, Brunnen und Kanälen wird ohnehin ein Abstand von mindestens 20 Metern gehalten. Bis die Karten für Kabeltrupps und Vibrationsfahrzeuge erstellt sind, ist Herndlers Abteilung ein halbes Jahr beschäftigt. Dann sieht das in der Theorie rechtwinklige Netz aus Geophon-Parallelen und Vibrationslinien schließlich aus, als hätte es ein Betrunkener gezeichnet: viele Dellen und Schlangenlinien.

Trotzdem sind die Ergebnisse der Messungen, die rund zehn Millionen Euro im Jahr kosten, beeindruckend. Wenn die Geophysiker die Daten nach monatelanger Computerarbeit in Bilder aus der Tiefe umgerechnet haben, ist deutlich zu sehen, wo dichte Tonschichten den Untergrund hermetisch nach oben verschließen: immer dort,

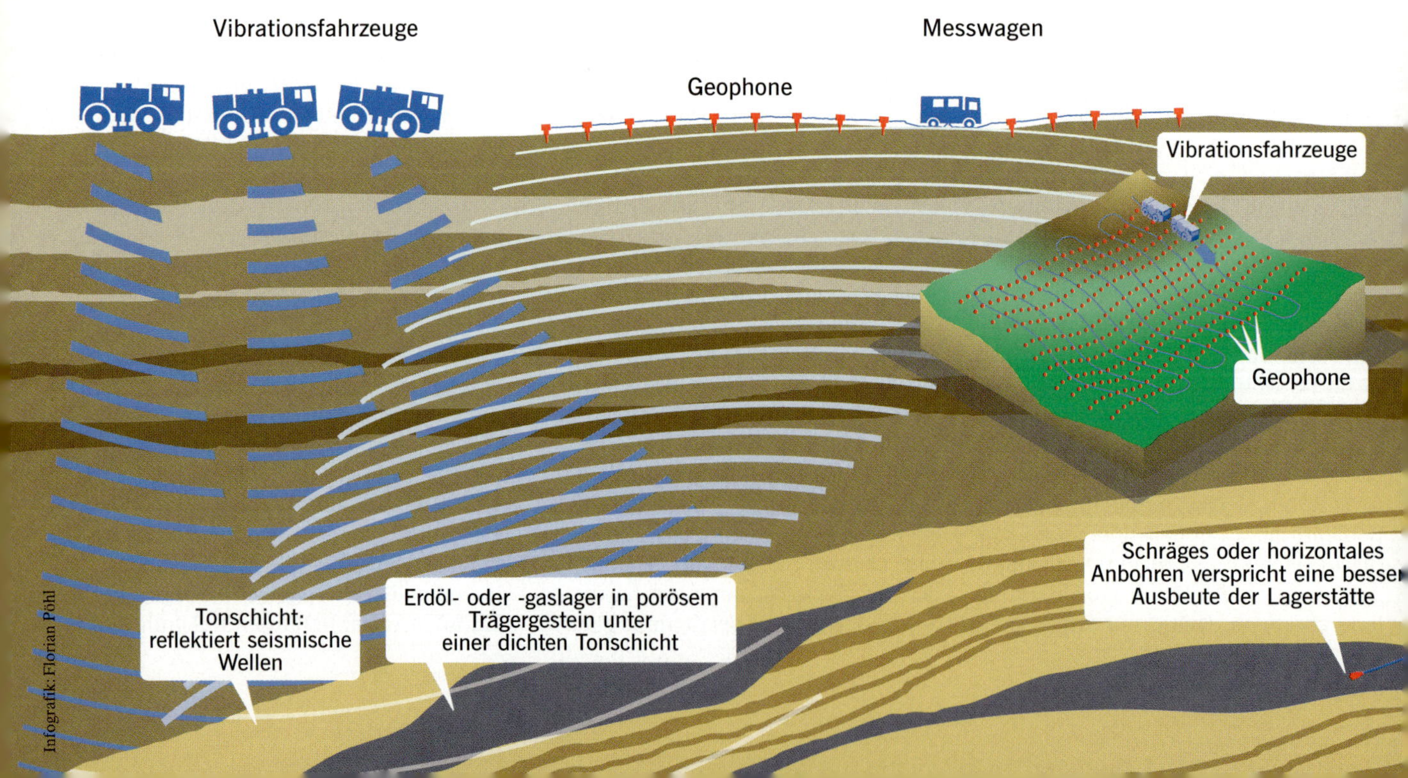

Infografik: Florian Pöhl

Die Raffinerie Schwechat: Im „Steam Cracker" (links) entsteht bei Temperaturen von 850 Grad aus Leichtbenzin Äthylen, das später zu Kunststoffen verarbeitet wird

wo die seismischen Wellen stark reflektiert wurden. Nach solchen Strukturänderungen des Gesteins sucht die Ölindustrie. Um das zu verstehen, muss man wissen, wie das Erdöl entstanden ist: Vor Jahrmillionen war das Wiener Becken ein Ozean, in dem Algen und Plankton nach dem Absterben auf den Meeresboden sanken. Unter Sauerstoffabschluss und dem Druck sich darüber ablagernder Schichten entstand – lange nach dem Austrocknen des Meeres – das so genannte Muttergestein. Ab einer Tiefe von 1500 Metern und bei Temperaturen zwischen 80 und 150 Grad Celsius lösten sich daraus Erdöl und Erdgas und wanderten durch poröses Gestein Richtung Erdoberfläche, bis sie auf undurchlässige Schichten, zum Beispiel Ton, stießen.

Diese Tonschichten im Erdreich sind auf Wagners Computerbildern rot oder blau markiert – Zeichen für eine Frequenzänderung der rückgestrahlten Seismik-Welle. Wenn unter solch einer Tonschicht „möglichst lange nichts" – also keine Reflektion – zu sehen ist, bedeutet das vielleicht „bingo" für Kurt Wagner: eine Öl- oder Gaslagerstätte. Auf Satellitenbildern sind große Strukturen meist auch über Tage nachvollziehbar, erklärt er, so deutlich, dass früher aufgrund solcher Hinweise nach Öl gesucht wurde. All diese Stellen im Wiener Becken sind aber längst abgebohrt. Und trotzdem kann es sein, dass bisher nichts gefunden wurde, wenn sich zum Beispiel eine Lagerstätte in einem ungünstigen Winkel versteckt, der mit einer älteren Bohrung nicht erreicht wurde. Mithilfe der dreidimensionalen Seismik und Karten alter Bohrungen sehen die Geologen heute, wohin man den Meißel hätte richten müssen. Und die Montaningenieure sind mit neuester Technik heute in der Lage, schräg oder sogar über Eck zu bohren, um eine Lagerstätte horizontal anzupieksen – was die spätere Ausbeute verbessert.

Verantwortlich für solch komplizierte Bohrungen in Niederösterreich ist Ulrich Winter. Er stammt aus Ostberlin, hat im sächsischen Freiberg Montanwesen studiert – ein Bergmann vom alten Schlag, der „Teufe" statt „Tiefe" sagt und „Glück auf" zum Gruß. „Unsere Treffsicherheit ist auf zwei bis drei Meter genau – in Tausenden Metern Tiefe", betont Winter stolz. Seine Augen hinter der Sicherheitsbrille glänzen vor Begeisterung, wenn er auf dem Bohrturm steht und von „Blowout-Preventern" schwärmt, die wie Korken über dem Bohrloch sitzen und sicherstellen, dass es immer fest verschlossen bleibt.

Wir stehen 27 Meter über einem solchen Bohrloch auf dem Kranführerstand des Bohrturmes. Es riecht seifig-satt nach Bohrspülung. Unter uns gräbt sich der Meißel mit mehr als hundert Umdrehungen pro Minute ins Erdreich, angetrieben von einer Bohranlage mit 2000 PS und 430 Tonnen Zuglast. Rund 20 Meter pro Stunde sind zu schaffen, und es dauert Monate, bis die Ingenieure die erforderliche „Teufe" erreichen. Gesucht wird ein Gasfeld, das mehrere frühere Versuche jeweils knapp verfehlt haben. Zur Stabilisierung der Bohrung werden Rohre in die Tiefe gepresst, die sich teleskopartig nach unten verjüngen, wie eine auf den Kopf gestellte Radioantenne. Das Zielgebiet hat einen Radius von 50 Metern, es liegt leicht schräg 5000 Meter unter dem Bohrloch. Zwölf Millionen Euro wird es kosten, dorthin vorzudringen. Und nur 50 Meter entfernt äst am Waldrand friedlich ein Rudel Rehe. □

Anja Haegele, *Redakteurin dieses Heftes, ist mit Gasmaske und Schutzhelm auf den Bohrturm geklettert. Ein Erinnerungsfoto bekam sie leider nicht: Wegen Explosionsgefahr sind Kameras am Bohrloch streng verboten.*

MERIAN | TIPP Radtour zum Öl

Das Marchfeld im nördlichen Wiener Becken mit seiner eigentümlichen Mischung aus Weinwirtschaft und Erdölindustrie, wo zwischen Rebstöcken alle paar Meter Pumpsonden stehen und Bohrtürme, ist eine Besichtigung unbedingt wert. Die OMV hat zusammen mit der Region einen Radweg angelegt, 45 Kilometer lang, mit Stopps am Erdöl- und Erdgasmuseum in Prottes und einem Lehrpfad etwas außerhalb des Ortes. Entlang der Strecke liegen Sehenswürdigkeiten, zahlreiche Heurige sowie Unterkünfte, die in der Begleitbroschüre aufgelistet sind.

Infos: www.weinviertel-sued.at

WERDEN SIE JETZT MERIAN-ABONNENT!

GRATIS ZUR WAHL!

MERIAN-Reise-Trolley
Ein hochwertiger Trolley in exklusivem Design mit leise laufenden Rollen und einer aufwändigen Innenausstattung

MERIAN-Reisewecker
Zeitloser analoger Reisewecker mit integrierter Sekunden- und Weckzeitanzeige, verchromtem Metallgehäuse und dunkelblauer Lederhülle. Alarm- und Schlummerfunktion

MERIAN-Konferenzmappe
Der praktische Begleiter für Beruf oder Studium. Die Mappe zeichnet sich aus durch folgende Qualitätsmerkmale: hochwertiges dunkelblaues Rindsleder. Blanko-Schreibblock (50 Blatt), silberner, handlicher Kugelschreiber, Karten- und Netzsteckfach. Format: 25 x 32 cm

MERIAN | live! | classic | guide | kompass | scout

WEITERE GESCHENKE UNTER WWW.MERIAN.DE

Der Geschmack von Heimat

Foto: Kurt Henseler

Expedition durch ein Land für Genießer: Ehrgeiz, Leidenschaft und ein begeistertes Bekenntnis zur Qualität ist das Geheimnis des Erfolgs vieler kleiner Produzenten in Niederösterreich. Der Käse, der Speck, der Saft, den sie herstellen, ist oft prämiert und könnte Spitzenpreise erzielen. Doch die wirklich guten Landwirte wollen klein, günstig und heimatverbunden bleiben

Text: Anja Haegele

KLANGFELD
Wenn die Mohnsamen in den Kapseln trocknen, rasseln die Felder im Wind. Wie ein Percussionorchester der Natur. Geerntet wird von Hand, um die Kapseln nicht zu zerstören

GESUNDES FETT
Andreas Greßl etikettiert das gesunde Mohnöl. Elisabeth Rutschka füttert ihre glücklichen Schweine

Es war ein Fehler, von Hamburg nach Wien zu fliegen. Ich hätte, um durch Niederösterreich zu reisen, mit dem Auto fahren sollen, mit einem großen Kombi, um all die Köstlichkeiten heimzuschaffen, die ich dort probiert habe. Doch ich bin geflogen, und deshalb sitze ich jetzt vor einer sehr kleinen Auswahl kulinarischer Schätze – es ist nur das, was ich tragen konnte: Zwei Flaschen Schnaps. Speck von glücklichen Schweinen. Eine Flasche Mohnöl. Ein Stück Ziegenkäse. Eine Flasche Marillennektar. Ein Glas Marillenmarmelade. Und zwei Fläschchen rosafarbener Apfelsaft. Sie stehen vor mir wie die Trophäen einer Expedition. Ich war auf der Suche nach den Leckerbissen Niederösterreichs, das mit dem Slogan „Land für Genießer" wirbt. Und jedes Mitbringsel hat eine Geschichte zu erzählen.

DAS MOHNÖL: Nussig schmeckt es, das kaltgepresste Graumohnöl aus dem Waldviertel. Hier, auf 900 Meter Höhe, wo die Böden karg sind und die Nächte kühl und feucht, hier fühlt er sich wohl, der Mohn. Eine Woche, im Juli, blühen zweihundert Hektar Mohnfelder, rot und leuchtend, wie ein Flammenteppich überziehen sie die Landschaft. Später, wenn die Samen in den Kapseln trocknen, rasseln die Felder bei jedem Windstoß, ein Percussionorchester der Natur.

„Es ist schon eine Sauarbeit mit dem Mohn", seufzt Margarete Greßl, „alles von Hand, das Säen, das ständige Unkrautjäten, das Ernten." Und trotzdem würde sie nicht mehr tauschen wollen. 17 Hektar Land nur gehören zum ererbten Einödhof ihres Mannes, viel zu wenig für einträgliche Viehwirtschaft. Deshalb haben die Greßls Ende der 80er Jahre auf Mohn umgestellt. „Der Mohn lässt uns überleben", sagt Margarete Greßl. 350 Gramm Samen reichen, um einen Hektar zu bepflanzen, von dem tausend Kilo Mohnkörnchen geerntet werden. Von Hand, denn Blumenhändler bezahlen gut für die dekorativen, unversehrten Mohnkapseln, aus deren natürlichen Löchern die Samen vorher ausgeschüttelt werden. Sie werden kalt gepresst, vorsichtig und behutsam, um fast 90 Prozent ungesättigte Fettsäuren und viel Vitamin E zu erhalten.

Morphin übrigens ist nicht im Waldviertler Mohn enthalten, nicht einmal in kleinsten Spuren. Trotzdem schleichen nachts manchmal seltsame Gestalten durch die Felder, erzählt Margarete Greßl. Und weil „jeder, wirklich jeder" Kunde die Drogenfrage stellt, hat sie ein kleines Mohnmuseum eingerichtet. Dort lerne ich, dass Waldviertler Graumohn bis 1934 an der Londoner Börse notiert war. Und dass Mohnöl am besten zu Spargel passt.

DER SPECK: „Früher", sagt Walter Rutschka, „ist Bauer geworden, wer am wenigsten konnte." Schade findet er das, denn „ein echter Bauer, einer, der seinen Beruf ernst nimmt, der braucht Zeit, Geduld und Liebe zum Detail." Es ist ein bisschen schwierig, an solches Berufsethos zu glauben, wenn man Walter Rutschka gerade erst kennen gelernt hat. Sein Betrieb trägt den Namen „Lucky Pig", das Logo zeigt ein moppeliges Ferkel, das über einen Zaun springt und dabei einen Furz lässt. Und Rutschka ist einer, der sich offensichtlich mehr als nichts aus Äußerlichkeiten macht. Seine Klamotten sind fleckig und die Stiefel voller Lehm, die Haare unglaublich ungekämmt. Walter Rutschka raucht Kette, sein zottiger Hund fletscht den Besucher an, auf den Hof wird man erst gar nicht gebeten, sondern ins staubige Auto: „Steign S' ein, fahr ma glei hi zu die Schweinderln", sagt er.

Und dann steht man auf einem brachliegenden Kartoffelacker, bis zum Horizont kein Haus zu sehen – zehn Kilometer nach Osten: die Slowakei, zehn Kilometer nach Nordosten: Tschechien – und sieht 27 Schweinen zu, die sich im Schlamm wälzen. „Das sind glückliche Schweine", sagt Rutschka. „Die sind immer draußen, können sich wälzen, so viel sie wollen, und Tag und Nacht gibt es zu fressen. Leckere Gerste, Erbsen, Raps und Sonnenblumen – alles vom eigenen Hof." Die Schweine sind immer draußen? Haben nichts außer diesem Zwölf-Quadrat-

MARILLE IM GLAS
Lisl Wagner-Bacher und ihr Schwiegersohn Thomas Dorfer wurden für ihre Küche mit zwei Michelin-Sternen ausgezeichnet. Berühmt ist auch die hausgemachte Marillenmarmelade

meter-Unterstand, um sich vor Wind und Wetter zu schützen? Auch nachts, auch im Winter? Werden die nicht krank? Rutschka lächelt. „Nein, die werden nicht krank, die sind ja immer an der frischen Luft. Schweine werden nicht von Kälte krank, sondern von Zug, Klimaanlagen, Feuchtigkeit und schlechtem Futter. Das alles gibt's im Stall, aber nicht hier draußen."

Die Schweine drängeln sich neugierig am Zaun, alle wollen die Besucher sehen. Es stinkt kein bisschen, und Fliegen gibt es auch nicht. „Für die Fliegen gibt's hier nichts zu holen, weil die Schweine ihren Kot vergraben – und zwar möglichst weit weg vom Unterstand. Die sind viel sauberer als wir Menschen, wir haben das Klo nämlich im Haus, das würde ein Schwein nie tun", erklärt Rutschka.

Sechs Monate leben die glücklichen Schweine auf Rutschkas Acker, dann werden, nach und nach, alle drei Wochen ein paar von ihnen abgestochen und zu Schnitzeln, Würsten und Speck verarbeitet. Der ist butterzart und würzig, durchzogen von feinsten Fettäderchen, gewürzt nur mit Pfeffer, Salz und für manche Sorten mit Thymian. „Lucky Pig" beliefert alle feinen Restaurants der Region, und jeden dritten Samstag ist Ab-Hof-Verkauf. Karawanen von Specksüchtigen sind es, die dann nach Altlichtenwarth pilgern. Ein Kilo Schinken kostet 14 Euro, das Kilo Bratwürstel 6 Euro und Schnitzelfleisch 7 Euro. Preise fast wie beim Discounter. Warum verkauft Rutschka seine Delikatessen nicht teurer? „Wissen S', ich will zehn Euro die Stunde verdienen. Mehr brauch' ich nicht. Und der kleine Rentner soll sich den Speck ja auch leisten können." Rutschka dreht sich, pfeift nach dem zottigen Hund, und plötzlich versteht man, wie er das mit dem echten Bauern gemeint hat.

DER ZIEGENKÄSE: Als Ilse Neus ältester Sohn fünf Jahre alt war, Mitte der 80er Jahre, kam er eines Tages mit einer Ziege nach Hause. Sie war ihm zugelaufen, beim Spielen. „Die hat so gute Milch gegeben", schwärmt Ilse Neu, „die hab' ich gern in den Kaffee getan. Und dann habe ich probiert, daraus Käse zu machen." Frischkäse. Er schmeckte vorzüglich, eine kleine Freude im damals harten Alltag der Neus. Die kleine Landwirtschaft, 13 Hektar Acker und 12 Hektar Weidefläche, von den Eltern geerbt, hat die junge Familie kaum noch ernährt. Überall hätte man renovieren müssen, Ställe, Scheunen und Maschinen waren alt. Es klingt fast todesmutig, wenn Anton Neu heute erzählt, wie man sich 1992, eines schönen Morgens beim Frühstück, überlegt habe, jetzt umzusatteln. Auf Ziegen.

Aber Mut wird belohnt, manchmal zumindest, und im Fall der Familie Neu sogar mit Medaillen. Seit 1994 verging kein Jahr, in dem der Ziegenkäse aus Stephanshart nicht irgendeinen Landwirtschafts- oder Feinschmeckerpreis gewonnen hätte. Cremig ist er, schneeweiß, und er zerschmilzt körnig im Mund.

Etwa fünf Tage lang bleibt er frisch, der Käse. Mit Konservierungsstoffen könnte er länger halten, das wäre gut fürs Geschäft, man könnte exportieren. Anfragen gibt es, aus München und Hamburg. Und „sogar einer vom Harrods, aus London, war schon hier", erzählt Anton Neu. „Aber wir wollen das nicht. Wir haben unser Auskommen, 25 Kilo am Tag – was sollen wir da in London? Wir bräuchten nicht nur Konservierungsstoffe, sondern viel mehr Ziegen und Mitarbeiter. Das passt nicht zu uns, wir wollen nicht groß sein."

ROTE BÄCKCHEN
Georg Hiebl mit den Goldmedaillen, die er für seine Schnäpse gewonnen hat. Er brennt nur handgepflücktes Obst wie Wachauer Marillen, die in einem spitz zulaufenden Körbchen geerntet werden, damit sie keine Druckstellen bekommen

DER SCHNAPS: Angefangen hat es mit dem Beerenstrauch hinter Georg Hiebls Hof. Er ist struppig, dicht verwachsen, fast 500 Jahre alt, im Herbst trägt er 300 Kilo Früchte. „Dirndln" nennt man die Kornelkirschen hier, es sind rote, saure Beeren. Essen sollte man sie nicht, „aber man kann tollen Schnaps draus brennen", sagt Georg Hiebl. Und das hat er eines Tages getan, „aus einer Laune heraus".

Zwanzig Jahre alt war Georg Hiebl damals, sein Vater war gerade gestorben, als Ältester erbte er den Mosthof. Doch das Geschäft mit den Birnen lief schon lange nicht mehr gut. Deshalb wollte Hiebl auf Schweinezucht umstellen. Er sparte auf einen großen Stall, als der Selbstgebrannte ihm in die Quere kam: „Nachbarn und Freunde haben mir das Zeug aus den Händen gerissen." Also brannte er mehr Schaps. Aus Birnen, Zwetschken und Marillen. Die Brände verkauften sich viel besser als erwartet, und Hiebl dachte zunächst, er könnte den Stall für die Schweine schneller bauen als geplant. Doch als er das Geld zusammenhatte, investierte er es in einen Brennkessel und neue Maischetanks. „Schnapsidee" hat er sein Geschäft genannt. Von dem er mittlerweile, schon mehrfach prämiert als einer von Österreichs besten Schnapsbrennern, mit seiner Familie leben kann. 2500 Liter Schnaps brennt Hiebl jedes Jahr. Mehr, sagt er, soll es nicht werden, „lieber experimentiere ich mit neuen Sorten." Zum Beispiel mit Roten Rüben. Der Schnaps, den er aus den dicken Knollen brennt, schmeckt sensationell: erdig und würzig ist sein Aroma. Wie ein Teller frisches Gemüse. Er ist Hiebls persönlicher Favorit – neben den „Dirndln" natürlich.

DER MARILLENSAFT: Franz Reisinger ist Obmann des „Vereins zum Schutz der Wachauer Marille", der sich für die Vermarktung der kleinen Aprikosen einsetzt, die vor 2000 Jahren, wahrscheinlich aus China, in die Wachau kamen. Obstbauer ist Franz Reisingers dritter Beruf, er hat Elektriker gelernt und ist zehn Jahre bei der Polizei gewesen. „In dieser Zeit hatte ich beruflich nur Frust. Deshalb habe ich 1992 den stillgelegten Hof meines Vaters hergerichtet", sagt Reisinger.

Dann erzählt er von seinen Bäumen, alte Sorten, besonders schmackhaft, aber auch besonders anfällig. Die Marillen lassen sich kaum lagern, sofort bekommen sie braune Stellen und sind dann wertlos für den teuren Nektar. Deshalb pflückt Reisinger die Früchte in spezielle, ausgepolsterte Körbe, die nach unten spitz zulaufen, damit möglichst wenig Druck auf den unten liegenden Früchten lastet. Und wenn er einen dann beinahe fassungslos und absolut angewidert anschaut, nur weil man fragte, ob auch Fallobst versaftet wird („Auf gar keinen Fall – am Boden herrschen doch ganz andere Bakterienverhältnisse!") – dann will man kein Gauner gewesen sein, als Reisinger noch auf Streife ging.

DIE MARILLENMARMELADE: Zum Abschied empfiehlt Reisinger, ein Glas Marillenmarmelade zu kaufen, die beste, verrät er, gibt es bei Lisl Wagner-Bacher, der Sterneköchin aus Mautern. Sie trägt eine blütenweiße Schürze, die blonden Haare zur Seite gescheitelt. Das Geheimnis ihrer Marmelade, sagt sie, sei schnell erklärt: „Reife Früchte, wenig Zucker, nur ganz kurz kochen!" Der wichtigste Trick: „Ein kleiner Topf. Dann können Sie schnell erhitzen und Flüssigkeit, die beim Einkochen entsteht, sofort abschöpfen!" Kaum zu glauben, dass es so einfach sein soll, eine Marmelade zu kochen, die so unvergleichlich viel besser schmeckt als jede andere. Fruchtig, aber nicht künstlich, perfekt klebrig, aber kaum süß und mit großen, knackigen Fruchtstücken. Lisl Wagner-Bacher lächelt verschmitzt: „Das wahre Geheimnis ist das Wachauer Obst. Das ist etwas ganz Besonderes –

ÄPFEL MIT STIL
Reinhard und Helga Wetter im Obstgarten. Ihr sortenreiner Apfelsaft wird nach strengen Regeln produziert – so wie anderswo der Wein

da muss man als Köchin nicht mehr viel tun." Wir sprechen über regionale Produkte, über die Geduld, die zum Beispiel Bauern im Waldviertel haben müssen, weil alles dort so langsam wächst. Und dass diese Geduld sich lohnt. „Man schmeckt sie", sagt Lisl Wagner-Bacher, „genau wie Ehrgeiz und echte Liebe zum Produkt." Österreichs Spitzenköchin kocht mir ein Menü aus regionalen Produkten. Normalerweise macht sie das nicht, denn Gäste von Sternerestaurants erwarten Kaviar, Gänseleber und Trüffel. Doch für mich gibt es heute Alpenlachs-Crostini, Petersilienwurzelsüppchen, Flusskrebstörtchen mit Steinpilzen, Rehrücken mit Pinienkernen. Als Dessert ein Himbeertörtchen. Dazu Wachauer Weine – und Apfelsaft.

DER APFELSAFT: Die Apfelsäfte von Reinhard Wetter reichen Sommeliers zum Essen. „Apfelsaftpapst" hat die Zeitschrift *Der Feinschmecker* den Landwirtschaftsingenieur genannt. Er hat sich nichts Geringeres vorgenommen, als sortenreine Apfelsäfte nach ähnlich strengen Regeln zu produzieren wie ambitionierte Winzer ihre Weine. So passt „Discovery" gut zum Aperitiv, „Cox Orange" zu Fleisch, „Elstar" zum Fisch und „Jonagold" zu Gemüse.

Jede Sorte hatte ihren ganz eigenen, typischen Geschmack, ihren eigenen Duft und oft sogar eine spezielle Farbe. Vor allem Discovery, deren Saft rosarot ist. „Wie beim Wein", dachte Wetter, und „was für Wein gut ist, kann Äpfeln nicht schaden." Seither lässt er an seinen Obstbäumen nur die großen Blüten stehen und zwickt die kümmerlichen Früchte ab. Nur die schönsten Äpfel sollen reifen, je weniger es sind, desto besser wird ihr Geschmack. Sogar von seinen kargen Böden schwärmt Wetter, denn auf ihnen „wachsen die Früchte langsam und bekommen noch viel mehr Aroma".

Die Bäume düngt er mit Grasmulch. erntet jeden Apfel von Hand, und die Saftmaschine hat er selbst entwickelt – damit sie seinen Bedürfnissen entspricht. Kurz: Wetter ist ein Fanatiker. Er steht an der Obstpresse, im weißen Kittel, Papierhäubchen auf dem Kopf, Plastikschlüpfer über den Schuhen, damit kein Haar, kein Stäubchen den Saft verschmutzt, und sagt: „Ich halte nichts von halben Sachen." Jedes Jahr im Frühsommer, einige Wochen bevor die nächste Ernte beginnt, sind Wetters Säfte ausverkauft. Und das, obwohl er noch nie Werbung gemacht hat. Seine Verkaufsstrategie ist noch viel subtiler: „Probieren Sie, das Produkt spricht für sich!" Sagt's und schenkt mir zwei Fläschchen „Discovery". Im Drogenmilieu nennt man das anfixen. Denn ich bin süchtig geworden. Und heilfroh, dass es Wetters Apfelsaft auch in Hamburg zu kaufen gibt. □

MERIAN | TIPP Adressen

Waldviertler Mohnhof
Familie Greßl, Ottenschlag, Haiden 11 (E 3), Tel. (028 72) 74 49
www.mohnhof.at
Mo-Sa 8-18 Uhr

Lucky Pig
Familie Rutschka, Altlichtenwarth
Bahnzeile 434 (J 2)
Tel. (025 33) 80 15 10
www.lucky-pig.at
Jeden dritten Samstag Ab-Hof-Verkauf, Termine auf Anfrage oder im Internet

Biokäserei Neu
Stephanshart 34 (C/D 4)
Tel. (074 79) 74 40, www.ziege.at
Verkauf ab Hof auf Anfrage

Schnapsidee
Georg Hiebl, Haag, Reichhub 36 (C 5)
Tel. (074 34) 421 14
www.die-schnapsidee.at
Verkostung und Verkauf ab Hof auf Anfrage

Obsthof Reisinger
Spitz a. d. Donau, Mitterndorf 1 (E 3)
Tel. (027 13) 28 55
www.obsthof-reisinger.at
Verkauf ab Hof auf Anfrage

Landhaus Bacher
Mautern, Südtirolerplatz 2 (F 3)
Tel. (027 32) 829 37
www.landhaus-bacher.at
Mi-Sa 11.30-13.30, 18-21 Uhr, So 11.30-21 Uhr, unbedingt reservieren

Obsthof Wetter
Missingdorf 33 (F 2)
Tel. (029 83) 23 98
www.wetter-brennerei.at
Verkauf ab Hof auf Anfrage

Bauernarnt
Mistelbach, Winzerschulgasse 50 (H/J 2)
www.bauernarnt.at
Di-Sa 10-18, So 14-18 Uhr, Mo geschl. Ein besonders schöner Bauernladen, in dem viele regionale Produkte verkauft werden

Noch mehr Genussadressen
www.landfuergeniesser.at

Foto: Luis Lammerhuber

Grün, so weit das Auge reicht: Ein Band aus Wald, Sumpf und Seitenarmen zieht sich die Donau entlang. Rechts im Bild das Städtchen Hainburg. Ihm gegenüber sollte im Auwald das Kraftwerk gebaut werden

Es lebe die Au!

Direkt hinter Wiens Stadtgrenze beginnen die Donauauen, einer der letzten Urwälder Europas. Mitten hinein sollte ein Kraftwerk gebaut werden, dagegen haben Umweltschützer gekämpft. Wochenlang war die Au besetzt – dann hatte die Natur gewonnen: Sie durfte bleiben Text: Franziskus Kerssenbrock

Die seltene Zwergschwertlilie (rechts) ist bei Botanikern begehrt. Das Gelbe Windröschen (ganz unten) blüht im Frühling wie ein gelber Teppich im Unterholz. Ausflug im Boot: Bernd Lötsch (hinten), Freda Meissner-Blau und MERIAN-Autor Franziskus Kerssenbrock

Blütenpracht am Fluss

An versunkenen Baumriesen vorbei gleitet das Schlauchboot lautlos über das Wasser, einen Seitenarm der Donau, durch ein Dickicht an Auwald, das an einen Urwald fernab der Zivilisation erinnert. Dabei ist eine der meistbefahrenen Wasserstraßen Europas, der Hauptarm der Donau, nur ein paar hundert Meter entfernt. Davon merkt man nichts. Nicht in der Hainburger Au.

„Es ist so friedlich hier", sagt Freda Meissner-Blau. Und dass sie viel zu selten in die Au kommt. Es ist Jahre her, seit die 80-Jährige das letzte Mal hier war. Im Nationalpark Donau-Auen, zusammen mit Bernd Lötsch (66), dem Direktor des Wiener Naturhistorischen Museums. Lötsch taucht das Paddel ins Wasser und freut sich, dass seine alte Verbündete wieder einmal da ist. In der Au, in seiner Au.

Immer wieder steigt Lötsch aus dem Boot, um es über Sand- und Schotterbänke zu ziehen. Der Wasserstand ist niedrig, es hat lange nicht geregnet. „An der dunklen Färbung der Baumstämme kann man sehen, wie hoch das Wasser in Überschwemmungszeiten

Die Biber sind die Einzigen, die im Auwald Bäume fällen dürfen. Hier haben sie an einem Seitenarm bei Regelsbrunn einen Stamm umgenagt

steht“, deutet Lötsch zum Ufer. Bis zu über einen Meter höher.

Dann hält Lötsch im Paddeln inne. Man hört ein Rauschen, ein schweres Flappen. „Da, Reiher!“ Der Professor freut sich. „So große Tiere! Und so viele. Freda, sie sind nur für dich gekommen.“ Er paddelt den Vögeln eilends hinterher. Als sich das Boot auf eine Distanz von 20, 30 Metern nähert, erheben sich die Reiher wieder aus dem Ufergestrüpp. „Das ist das richtige Fluchtverhalten, sie sind nicht an uns gewöhnt. Echte Wildtiere!“ freut sich Lötsch, „Natur pur!“

Doch Meissner-Blau ist heute nicht nur der Natur wegen mit Lötsch in die Au gefahren. Die beiden wollen sich erinnern, an 1984, als die Publizistin und engagierte Kämpferin gegen Atomenergie neben dem Verhaltensforscher Konrad Lorenz, dem Ökologen Bernd Lötsch, dem Journalisten Günther Nenning und dem Maler Friedensreich Hundertwasser zur Galionsfigur des Widerstands gegen den geplanten Bau eines Donaukraftwerks bei Hainburg wurde. Lorenz, Nenning und Hundertwasser sind inzwischen verstorben. Das projektierte Kraftwerk wurde schubladisiert, statt seiner ein Nationalpark installiert. Meissner-Blau ging in die Politik, unter ihrer Führung zogen die Grünen 1986 in den österreichischen Nationalrat ein, in dem sie mittlerweile die FPÖ als dritte Kraft eingeholt haben. Ohne den Konflikt um Hainburg wäre die Geschichte der damals extrem zersplitterten Partei, ja die Geschichte Österreichs wohl anders verlaufen. Hainburg 1984, das war das Heldenzeitalter der Grünen. Vergangenheit.

Bernd Lötsch sind die Tage in Hainburg immer noch höchst gegenwärtig. Auf dem Weg in die Au, an einer Lichtung im Wald, ruft er mit leuchtenden Augen: „Da, Freda, kannst dich erinnern? Da stand dein Wohnwagen damals. Und gleich daneben waren die Sperren gegen die Bauarbeiter...“ Für Bernd Lötsch, einen Verehrer Konrad Lorenz’, war die Besetzung der Au „das wichtigste Ereignis seines Lebens“, wie Meissner-Blau analysiert. „Die Au ist Bernds zentraler Lebensinhalt, seine große Aufgabe.“ Nicht nur das geplante Kraftwerk störte ihn, auch die Millionenstadt Wien sieht er als ein „wucherndes Karzinom“, eine immanente Bedrohung seiner geliebten Natur. Für Freda Meissner-Blau war Hainburg „eine wichtige Station in meinem Leben. Eine von vielen.“

Wäre es nach den Plänen der Stromwirtschaft, der Regierung und der Gewerkschaften gegangen, befände sich hier, knapp vor der Grenze zur Slowakei, das zwölfte Donaukraftwerk. Eines der leistungsfähigsten. Auf den 350 Kilometern zwischen Passau und Bratislava hat die Donau dasselbe Energiepotential wie auf der fast 1900 Kilometer langen Strecke zwischen Bratislava (Preßburg) und dem Schwarzen Meer. Ein Potential, das eifrigst genutzt wird. In Österreich strömt die Donau nicht, sie wird gestaut.

Nur in der Wachau nicht. Und nicht in Hainburg. 35 Kilometer lang erstreckt sich von Wien bis zur Grenze der Nationalpark. Ein schmales Band aus Auwald und Überschwemmungsgebieten, Seitenarmen, Inseln und Sumpfwiesen, das knapp zwölf Kilometer vom Stephansdom entfernt beginnt. Ein Refugium für etwa 5000 Tierarten, darunter mehr als 30 Säuger- und 100 Brutvogelspezies, acht Reptilien-, 13 Amphibien- sowie rund 60 Fischarten. Anderswo

Geduldige Beobachter sehen Rothirsche durch die Donauseitenarme schwimmen. Links: Schilfwiese bei Schönau

Paradies
für Tiere

brauchen allein so viele Vogelarten die zehnfache Fläche – in den Auen von Donau und March, zwischen den Ballungsräumen von Wien und Bratislava, ist diese Vielfalt auf 80 Quadratkilometern möglich, erläutert Bernd Lötsch.

Er steuert das Schlauchboot vorbei an abgestorbenen Baumriesen, zeigt auf die Reihernester hoch oben im Geäst, so stolz, als hätte er sie selbst gebaut. „Nach dem Forstgesetz dürften Totbäume, die Menschen gefährden könnten, gar nicht stehen bleiben", sagt er – zum Glück bietet das Gesetz einen Ermessensspielraum zugunsten der Naturnähe. Dann erblickt Lötsch einen umgestürzten Baum. Frisch gefällt. „Das war ein Biber", erklärt er und lacht: „Die Einzigen, von denen ich froh bin, dass sie hier Bäume fällen."

Am meisten liebt er die Au im Frühjahr, im Mai. „Wenn alles blüht und grünt. Wenn die Zugvögel zurückgekehrt sind aus ihren Winterquartieren", schwärmt er, sinniert und schränkt gleich wieder ein: „Jede Jahreszeit hat ihren unvergleichlichen Reiz." Nichts sei schöner, als Hirsche in der Brunft zu erleben. „Nein", sagt er dann, „noch schöner ist es, wenn ein Hirsch direkt vor mir durch einen der Seitenarme schwimmt." Bernd Lötsch ist oft in der Au, er ist Präsident des Nationalpark-Instituts Donau-Auen und nimmt sich Zeit für seine Natur. „Zeit muss man haben, wenn man in der Au ist", sagt Lötsch und mahnt seine Begleiterin: „Freda, du musst bald wiederkommen."

Meissner-Blau nickt. Sie fliegt demnächst in die USA, in Sachen Atomenergie. Das ist ihr Thema. Seit 1978. Damals haben die Österreicher in einer Volksabstimmung gegen die Inbetriebnahme des AKW Zwentendorf, des einzigen Atommeilers der Republik, entschieden. Freda Meissner-Blau war eine der Leitfiguren des Nein-Lagers. Die damals 51-Jährige war prominent, eine der Gastgeberinnen des legendären „Club 2", einer Diskussionssendung mit Open End im österreichischen Fernsehen. „Als ich 1984 gebeten wurde, in die Au zu fahren, mich dem Widerstand gegen das Donaukraftwerk anzuschließen, war ich skeptisch", erinnert sie sich. „Wasserkraft ist sauber, die perfekte Alternative zur Kernenergie, im Grunde musste ich für den Ausbau sein. Aber dann habe ich mitbekommen, wie über die Einwände und Proteste der Bevölkerung einfach hinweggegangen wurde. Da bekam Hainburg für mich eine demokratiepolitische Dimension. Mir wurde klar, ich musste mich engagieren."

1984 kämpfen grundverschiedene Menschen um die Donauauen, die bunteste und ungewöhnlichste Interessenskoalition, die es in Österreich je gab: konservative Landschaftsschützer mit bürgerlichem Habitus, Linke, Künstler, Bauern und Akademiker, publizistisch unterstützt vom Boulevardblatt *Kronenzeitung*, das sonst allen alternativen Ideen kompromisslos ablehnend gegenübersteht.

Auf der anderen Seite stehen die unpopuläre Koalitionsregierung des Kanzlers Fred Sinowatz, die Stromwirtschaft und die Gewerkschaften: das offizielle Österreich, das auch in den 80er Jahren noch vom Wiederaufbaudenken der 50er beherrscht ist. Österreich braucht Strom, heißt es, Österreich braucht Arbeitsplätze. Ansonsten gehen die Lichter aus. Dass das AKW Zwentendorf verhindert wurde, ist für sie ein Unfall, noch einmal darf so etwas nicht passieren, dieser Kraftwerksbau muss durchgesetzt werden.

Doch Österreich hat sich verändert, die Menschen sind kritischer, lassen sich nicht mehr so einfach abspeisen. Schmiergeldskandale, das Gefühl, die letzten Naturräume von den Alpentälern bis hin zur Donau würden zur Verbauung freigegeben – der Unmut im Land hat viele Gründe. Ein Unmut, dessen Ausmaß weder in den Parteisekretariaten noch in den Vorstandsetagen der Unternehmen erkannt wird. Im Gegenteil. Die Donaukraftwerke AG bewirbt unbekümmert „Lebensraum aus zweiter Hand" und behauptet, seltene Tier- und Pflanzenarten würden durch den Kraftwerksbau ungleich besser geschützt als in freier Wildbahn. „Heimisch an unseren Stauseen: Der Eisvogel" wird landauf, landab plakatiert.

Im Dezember 1984 fahren bei Stopfenreuth Baufahrzeuge auf. In der Au sammeln sich die ersten Besetzer. Am 10. Dezember treffen Holzfäller und Gendarmerie zum ersten Mal auf Umweltaktivisten. Es kommt zu Auseinandersetzungen. Doch allen Polizeiabsperrungen zum Trotz finden immer

>> Weitere Informationen finden Sie auf den Seiten 201 (Info Auland-Carnuntum und Satellitenkarte bei Service/Geschichte S. 215)

Urwalddickicht: Umgestürzte Bäume bleiben liegen und dienen dem immergrünen wilden Efeu als Steigleiter

mehr Besetzer den Weg in die Au. Jede Meldung aus der Au drängt das Weltgeschehen in den Hintergrund. In Wien und anderen großen Städten finden Solidaritätsdemonstrationen statt. Auf Schleichwegen, durch das Unterholz, gelangen immer mehr Aktivisten in die Lager. 4000 bis 5000 Umweltschützer sind es schließlich, die im kalten Winter in der Au kampieren. Sie üben gewaltlosen Widerstand und bauen Barrikaden. Und die Einheimischen versorgen sie – ebenfalls durchs Unterholz – mit Essen, Brennmaterial, Medikamenten und Decken. All das ist gesetzeswidrig, denn die Au ist Sperrgebiet, jeglicher Aufenthalt illegal.

Schließlich reißt der Gewerkschaft der Geduldsfaden. Sollte das Innenministerium nicht in der Lage oder willens sein, die Rodungsarbeiten zu sichern, würden die Bau- und Holzarbeiter die Sache selber in die Hand nehmen, droht ein Sprecher öffentlich. Und warnt vor einer Entwicklung, „die dazu führen könnte, dass Gewalt mit Gegengewalt beantwortet wird." 50 Jahre nach dem kurzen österreichischen Bürgerkrieg im Februar 1934 erscheint vielen eine dramatische Zuspitzung der Ereignisse nicht mehr abwegig.

Am 19. Dezember schließlich gehen Polizeieinheiten gegen die Besetzer vor. Es kommt zu Prügelszenen vor laufenden Kameras. Es gibt Verletzte, Bilder, wie man sie in Österreich bis dato nur aus dem deutschen Fernsehen kennt. Entsetzen. „Es war", erinnert sich Freda Meissner-Blau, „eine emotional unglaublich aufgeladene Situation. Ich weiß noch, da gab es einen jungen Mann, 17, 18 Jahre alt, der mir schluchzend ins Gesicht rief, dass, wenn die Au stürbe, auch er nicht mehr leben wolle. Diese maßlose Radikalität hat mich erschüttert."

Am 21. Dezember verkündet Bundeskanzler Fred Sinowatz einen „Weihnachtsfrieden". Nachdenkpause. Aus ganz Österreich strömen über die Feiertage Besucher in die Au. Um zu sehen, was es mit dieser Landschaft und den Besetzern auf sich hat. Die Nachdenkpause mündet in einen Baustopp. Und im Oktober 1996 wird die Einrichtung des „Nationalparks Donau-Auen" beschlossen.

„Der Nationalpark ist ein Riesenerfolg", sagt Lötsch. Über einen Damm radeln Besucher. „Da, das sind Menschen, die die Au genießen, die sich hier inspirieren lassen, die die Natur für sich selbst entdecken. Es werden immer mehr."

Es gibt geführte Touren durch die Au und gut ausgeschilderte Routen, auf denen man allein losziehen kann, zu Fuß, mit dem Rad oder im Boot. In der unmittelbaren Nachbarschaft wurden die barocken Marchfeldschlösser für Besucher geöffnet, in den Ruinen der Römerstadt Carnuntum kann man neuerdings auf Zeitreise in die Antike gehen. „Die gesamte Region hat gewonnen – das ist der Verdienst der Auen", sagt Lötsch. Manchmal, deutet er zart an, manchmal sind ihm schon zu viele Besucher hier. Seine Natur braucht Ruhe. □

Franziskus Kerssenbrock *demonstrierte im Dezember 1984, damals 18-jährig, in Wien für den Erhalt der Au. So konnte er Freda Meissner-Blau wenigstens diese Solidarität bestätigen. Sie quittierte: „Das war auch wichtig."*

„Der Most hat die Häuser gebaut", heißt es über die mächtigen Vierkanthöfe. Die Gegend – hier bei Kürnberg – verdankt ihren Wohlstand vor allem dem Obst

Die Erfahrung der Langsamkeit

Mit dem **Fahrrad** durchs **Mostviertel** – das ist eine Tour über viele Hügel. Sie lässt dem Reisenden **Muße** für die Schönheit der Region und für den **Most**. Beides ist berauschend

Text: Alex Rühle
Fotos: Lois Lammerhuber

Gehn wir in den Garten, schütteln wir die Birn': Kaiserin Maria Theresia ordnete an, im Mostviertel Streuobst zu pflanzen

Unter der Blütenpracht uralter Mostbirnbäume marschiert eine Bauernfamilie zur Feldarbeit

Die Jahreszeiten bestimmen das Gedeihen des Obstes und damit den Lebensrhythmus der Menschen: Im Frühjahr blühen die Bäume (rechts unten) im Sommer reift das Obst in Ruhe (links oben), im Herbst wird es „aufgeklaubt“ (rechts oben) und gepresst (links unten). Das wird in vielen kleinen Betrieben noch von Hand erledigt

Das ist das Obst, aus dem die Träume sind: Zum Essen sind die Birnen viel zu sauer, aber der Most im Glas, der streichelt den Gaumen

Eine **Fahrt** durch diese **Landschaft** ist wie eine **Reise** durch **ein Bild von van Gogh**

Easy Rider Am Ortsausgang von Linz verkündet ein Schild am Radweg: Wien 247 Kilometer. So eine Autobahndistanz auf einem Radschild – unglaublich. Und wirklich: Was dem Autofahrer die Autobahn, ist dem Radler der Donauradweg: von Linz aus immer nur geradeaus, keine Kurven, sattglatter Beton, immer bretteben, viel Platz zum Überholen, kein Gegenverkehr. Die Räder schnurren wie Katzen. Ohne es zu merken fährt man hier 35 Stundenkilometer, haha, das Mostviertel, da radeln wir doch an einem Tag durch. Autobahngerase war noch nie sonderlich intelligenzfördernd.

Germknödel Ab Enns geht es plötzlich los. Rauf, runter, rauf. Runter, rauf, runter. Aber irgendwie doch immer mehr rauf als runter. Nach dem Donauradweg kommt einem das vor, als stecke man im Schlick fest. Zuerst denkt man eher gönnerhaft, die Landschaft weiß einfach nicht so genau, wo sie hin will. Von wegen. Das ist alles genau geplant. Passen Sie auf, bevor Sie losfahren, das Mostviertel kann heimtückisch, ja, hinterfotzig sein. Hügelt so vor sich hin, gemächlich, harmlos, geduldig kocht es Sie ein, zerfasert all Ihren Hochmut.

Das warme Sonnenlicht gießt sich am späten Nachmittag über die Kuppen bei Sankt Valentin wie geschmolzene Butter über den Germknödel – wenn einem solche Metaphern einfallen, ist das eigentlich eine drastische Warnung, dass man längst unterzuckert ist. Wer trotzdem noch weiterfährt, ist selber schuld, wenn er um halb sieben abends entkräftet auf die Karte schaut, oh Gott, immer noch acht Kilometer zum rettenden Hotel.

Ekstase Dafür belohnt einen das Mostviertel am nächsten Morgen: Als führe man die ganze Zeit durch dieses van-Gogh-Bild des blühenden Kirschzweigs vor strahlend blauem Himmel. Gut, hier sind es Birn- und Apfelblüten. Aber dasselbe weißrosa Leuchten aus den Blüten, derselbe Himmel, der hinter den Bäumen hervorstrahlt wie der Goldgrund hinter Renaissancemadonnen, als wolle er die Bäume segnen für ihr verschwenderisches Blühen.

Wobei es da viel zu segnen gibt: 300000 Birnbäume. Das Mostviertel ist eines der größten zusammenhängenden Streuobstbaumgebiete Europas. Und die Wiesen so dicht und dick, als hätte sie jemand als Teppiche ausgelegt, darin fettglänzende Butterblumen. Kreuz und quer stehen die Bäume, jeder für sich, eher verhalten, zögerlich, so als seien sie in grüblerische Gespräche mit sich selbst verstrickt. Oft werden die Wiesen von Tannenwäldern abgeschlossen. Die Tannen schauen nicht rechts, nicht links, sondern stehen Spalier, wachsen eine wie die andere streberhaft nach oben, als erhofften sie sich dafür irgendein Lob.

Und am späten Nachmittag, wenn die Sonne die ganze Welt mit warmem Gold streichelt, scheint das Himmelsblau dann fingerfarbendick von den Horizonträndern in die Landschaft zu tropfen.

Klimawandel I Am Ortseingang von Kürnberg sitzt am Samstagvormittag ein knallgelber Kanarienvogel auf einem Birnbaumzweig und zwitschert sich eins. Ich schwör's, ein Kanarienvogel, ich hatte selbst als Kind einen, ich kenne das Gefieder und diesen einmalig optimistischen Gesang. Eine Frau mit blaugeblümter Einkaufstasche kommt vorbei und scheint einen Kanarienvogel im April für normal zu halten. „Schauen Sie doch, ein Kanarienvogel!" – „Na ja", sagt sie, „Gottesanbeterinnen haben wir ja inzwischen überall, warum nicht auch Kanarienvögel?" Spricht's und trollt sich.

Dem Mostviertler scheint ein solide ausgepolstertes Gemüt innezuwohnen. Kann man pragmatischer auf den Klimawandel reagieren als mit einem solchen Satz? Kurz vor Kürnberg auf dem Hang stand ein verrosteter Skilift in der Wiese, der wirkt angesichts des Kanarienvogels noch absurder. Wie eine Industrieruine aus dem 19. Jahrhundert.

Wiener Wurst In Allhartsberg, auf der Terrasse des Allhartsbergerhofs, sitzt ein Wiener Museumsdirektor am Nebentisch. Als er die Geschichte vom Kanarienvogel und der Frau hört, muss er lachen. Er sagt, die Mostviertler seien allesamt dumm. Ausnahmslos. „Haben sich den Verstand weggetrunken, der Most quillt das Gehirn auf, und dann ist alles futsch." Wenn er mit seiner Frau in solch eine Mostwirtschaft komme, dann verstumme immer alles. „Wobei die ja eh nix sagen hier. Alle halbe Stunde ‚Jo mei' und sonst ist Stille." Er selber redet und redet und redet. Wie heißt es so schön bei Attwenger: „De an mog i liaba. Und di andern liaba net."

Attwenger, das Alpenpunk-Duo mit den minimalistischen Dialekt-Mantras, kommt aus der Gegend hier. Die zwei machen Neue Volksmusik, mischen also Volksmusik mit Sex Pistols, HipHop, Ernst Jandl und Techno. Ihre erste Platte hieß seinerzeit – „Most". „Mit dem Most ist es wie mit unserer Musik", sagten sie damals zur Erklärung, „das Material, die Äpfel, sind so sauer, die kannst du gar nicht essen, die spuckst du gleich wieder aus. Deshalb sucht man sich sein Material, lässt es gären – und dann kommt etwas Gscheites heraus."

Architektur I „Diese Häuser hat der Most gebaut", sagt man im Mostviertel – und meint damit die riesigen Vierkanthöfe, die wie Trutzburgen oder Landschlösser auf den Hügeln liegen. Die Gegend verdankt ihren ursprünglichen Reichtum dem Most. Bis zum Zweiten Weltkrieg wurde der Most exportiert, dann war er plötzlich unpopulär. Wer es sich leisten konnte, trank wenigstens wochenends Bier, Most musste man ja schon die ganze Woche über trinken. Seit Ende des

Wer nur ebene Strecken fahren will, ist im Mostviertel falsch. Denn die Höfe, in denen ausgeschenkt wird, liegen wie die meisten Sehenswürdigkeiten leider oben auf den Hügeln

Zweiten Weltkriegs galt er dann als Arme-Leute-Getränk: die Flasche kostete gerade mal fünf Schilling, abfällig wurde der Most nur noch als „Landsäure" bezeichnet. Heute zahlt man bis zu drei Euro für eine Flasche.

Hochzeit Über die Rapsfelder vor Euratsfeld weht Blasmusik. Im Dorf stehen die Leute an der Hauptstraße Spalier, eine Blaskapelle kommt von der Kirche anmarschiert und kehrt dann im Gasthaus Fleischer ein. Die Musiker hängen ihre Trompeten und Posaunen an die Garderobenhaken wie Jacken und Hüte und lassen dafür die Hüte auf und die Jacken an. Draußen auf dem Trottoir steht Anton Teufel, der 35 Jahre lang das örtliche Raiffeisenlager für die umliegenden Bauern verwaltete. Sagt, das sei heute die Goldene Hochzeit vom Bauern Hareiter, weshalb wir jetzt anstoßen sollen auf die Jubilare. Mit einem Glas Most. Der Most leuchtet goldgelb im Glas. Herr Teufel schüttet sein Glas runter wie wir unser Trinkwasser: „Auf die goldene Hochzeit." Bei ihm sei's in sieben Jahren so weit. Aber er glaube nicht, dass er das noch erlebe.

„Warum nicht?" – „Der Most. Schau dir meine Finger an." Teufel hält seine krummen Finger hoch. Aber dann sagt er, das sei ein rechter Schmarrn, rein gar nichts habe die Gicht mit dem Most zu tun, die Gicht sei Veranlagung. „Außerdem: Wird einer früh vom Tod getroffen, dann heißt's, der hat sich totgesoffen. Trifft's aber einen von den Alten, sagt man, den hat der Wein erhalten. Bisher hat er mich erhalten."

Wenn Anton Teufel lacht, wackelt sein ganzer Oberkörper, als würde er auf einem Traktor über einen der umliegenden Äcker holpern.

Der Most schmeckt gut und leicht wie Cidre, aber weicher. „Natürlich schmeckt der weicher", sagt Teufel, „ist ja auch aus Birnen und nicht aus Äpfeln. Kommt's mit, ich bring euch zum Baron." Er schnappt sich seinen Enkel Markus als Chauffeur, Teufel senior nämlich möchte selber noch ein Glas trinken, und fährt los, „zum Zeilinger, woaßt eh".

Coolness Manfred Zeilinger, ein Mann mit prächtig glühenden Bäckchen, schenkt gleich mal kräftig ein. „Moment, nein, wir müssen doch noch radeln." „Umso besser. Vom Most wird man nicht müde, sondern frisch. Außerdem ist das Speckbirne, ganz mild."

Na gut. Alle wollen einander zuprosten, da tut sich eine Art Generationenkonflikt auf. Markus Teufel lehnt vehement Zeilingers Glas Most ab, sein Großvater, Anton Teufel, sagt, die Jugend trinke ja nurmehr „des Saftlgspeip." Er rempelt Markus an. „Jetzt trink an Most, da floriert dein ganzer Haushalt." Sprichts und trinkt sein Glas weg. Markus sagt, Most sei uncool. Zeilinger sagt, der Markus habe den Trend verpasst, die 30- bis 40-Jährigen, die tränken heute längst alle wieder Most. Stimmt.

Es gibt die Schweizer Wasserbirne, die Grüne Winawitzbirne und die Speckbirne. Die Rote Pichlbirne, die Knollbirne. Den Rest haben wir vergessen, aber Zeilinger zählt die Sorten auf wie edle Weine. Er ist einer von 19 Mostbaronen der Region, den großen Mostbauern hier. Man kann bei ihm Most-Taler kaufen, für drei Euro, eine Art Gutschein in Münzform, die von Ferne an die silbernen Medaillen erinnern sollen, die Joseph II. vor rund 250 Jahren allen Landwirten schenken ließ, die mehr als hundert Obstbäume anpflanzten. Jedes Brautpaar hatte seinerzeit mindestens zwei Bäume zu setzen. Schon seine Mutter, die große Kaiserin Maria Theresia, hatte befohlen, entlang aller Landes- und Bezirksstraßen im Mostviertel Streuobstwiesen anpflanzen zu lassen.

Plaudern Zeilinger kann einem während eines einzigen Glases Speckbirnmost alles erklären. Wie man das Obst klaubt, händische Pressung und Klärscheidung, die Zeit im Gärtank, „da muss er dann plaudern." Plaudern nennen sie das heimliche Geglucker, Gegrummel und Gespotze, das der Most anstellt während des Gärens, im

Des Frühlings Farbenlehre: Bei Aschbach harmoniert das satte Gelb des Raps' prächtig mit den weißen Obstblüten

dunklen Fass, in den Kellern. „Dann Säure rein, lagern und trinken. Prosit."

Gottes Vierkanthof Zeilingers Vierkanthof thront wie eine Burg überm Mostviertel, so schlicht wie kraftstrotzend, man sieht die ganze mühsam erradelte Gegend noch einmal im Panoramablick, den Hochkogelberg und den Euratsfeld. Und in der Ferne das quadratische Stift Seitenstetten, das sie hier „Gottes Vierkanthof" nennen. „Schee ist da", sagt Zeilinger. Stimmt.

Österreich Das hier ist „Ostarrichi"-Land, die urkundlich verbriefte Wiege Österreichs: Am 1. November 996 schenkte Kaiser Otto III. dem Bistum Freising vom fernen Bruchsal aus 30 Königshufen in einem Gebiet „in der gewöhnlich Ostarrichi genannten Region" (regione vulgari vocabulo Ostarrichi), damit war die Region um das heutige Neuhofen an der Ybbs gemeint (in loco Niuuanhova dicto). „..rîchi" bedeutet übrigens nicht Reich, sondern abgegrenztes Gebiet. Vielleicht war Ostarrichi das abgegrenzte Gebiet im Osten oder das östliche Grenzland gegen die Bedrohungen aus dem Osten.

Architektur II Mit Most im Blut zu radeln, ist keine gute Idee. Kurz hinter Euratsfeld röhrt ein Mercedes vorbei, auf der Heckscheibe einen Aufkleber, den man hier öfters sieht: „Mosttrinker sind Umweltschützer." Beinahe hätte der Benz uns erwischt. Also erst mal kurze Pause. Und dann eine Abkürzung. Allerdings ist das mit den Abkürzungen so eine Sache: Die Täler und Siedlungschneisen entlang der Bundesstraßen sind nur was für Leute, die eine heimliche Leidenschaft für Dämmmaterialien, Balkonkultur oder Baustoffe hegen.

Alle scheinen hier am Samstag an ihren Verschalungen herumzuwerkeln, an Zaunverstärkungen, Dämmschutz oder grotesken Anbauten. Beton, Eternit, Plastik, Granit, Buntsandstein, die meisten Häuser sehen so aus, als seien sie aus einem Spielzeugkatalog ausgeschnitten worden. Sie stehen so fremd und draufgesetzt in der Landschaft, als könnte man sie einfach runternehmen wie von einer Märklin-Eisenbahnplatte. Gegenüber dem Gasthof Allhartsberg entsteht ein niederländisch-andalusisch-friesisches Spitzgiebelrundbogenhaus. Die wirklich schönen Häuser verfallen hingegen oft. In Rosenau steht neben der playmobilbunten Feuerwehr ein weinumranktes altes Schulhaus und schaut sich selbst dabei zu, wie es immer tiefer in der Wiese versinkt.

Klimawandel II Zwischendrin immer wieder prärieähnliche Wiesen, sandbraun mit grün gesteppten Inseln, auf denen ratlos Kühe stehen. Es hat kaum geregnet in den vergangenen Wochen und ist viel zu warm für die Jahreszeit. Bei einer Rast unterhalb der Wallfahrtskirche Sonntagberg sitzen wir auf einer üppig grünen Wiese, unterm Gras aber ist der Boden aufgebrochen, wie auf diesen Andalusienbildern vom vergangenen Horrorsommer, tiefe Klüfte laufen zwischen den trockenharten Schollen. Dazu Grillensirren wie im August, den Pusteblumen ist längst die Puste ausgegangen, sie stehen nacktstengelig im Gras.

Raum-Zeit-Krümmung Im Rückblick, zu Hause, im flachländischen Alltag, kommt einem die Tour so rätselhaft lang vor, das kann doch gar nicht sein, so viel erlebt in zweieinhalb Tagen. Im Mostviertel ist die Zeit wahrscheinlich genauso in sich gefaltet wie die Landschaft, die Hügel sind Ausdruck der hiesigen Raum-Zeit-Krümmung.

Im Gedächtnis eine ganze Schachtel, überquellend mit Schnappschüssen: die beiden ruhig im Rapsfeld kopulierenden Pferde; das über allen Hügeln thronende Kloster Seitenstetten, majestätisch wie ein Kreuzfahrtschiff; das küssende, winkende Paar kurz hinter Behamberg; von der Kaiserin-Elisabeth-Warte die irrsinnige Aussicht tief in die verschneiten Alpen hinein. Mann, so viele Berge auf einmal, da hinten muss doch schon Italien sein; Bernds verzweifelter Ruf auf dem steilen Weg nach Kürnberg: „Herz des Mostviertels? Das ist der Herzinfarkt des Mostviertels!"; zwischen Allhartsberg und Sonntagberg der schwarze, schlanke Hund, der uns hinterherläuft. Und, bei der Nachmittagspause, unterhalb von Sonntagberg, über uns das dichte Birnblütengezweig. □

Alex Rühle, *38, ist Feuilleton-Redakteur der* Süddeutschen Zeitung. *Als er die Reise ins Mostviertel plante, dachte er, das könne man an einem Tag abradeln. Stattdessen hat er dann nach drei Tagen gerade noch den letzten Zug zurück nach München erwischt.*

MERIAN | TIPP Radtour

TAGESTOUR AUF DER MOSTSTRASSE
Eine rund 200 km lange ausgeschilderte Strecke führt in einem ausgezackten Rundkurs einmal um das Mostviertel. Man kommt alle paar Kilometer an einem der vielen Mostlokale vorbei und kann sich auch immer wieder bei Ab-Hof-Betrieben mit Most eindecken. Außerdem führt die Straße an den wichtigsten Sehenswürdigkeiten vorbei (siehe „Sehenswert" S. 192). Anstrengende Steigungen gibt es zwischen Behamberg und Kürnberg, zum Sonntagberg und von der Ybbs hoch nach Neustadt an der Donau.
www.moststrasse.at

EINKEHREN

Mostheuriger Zeilinger
Bei einem Glas Speckbirne und einer Jause erzählt Mostbaron Manfred Zeilinger alles, aber auch wirklich alles über die Gegend und den Most.
(D 5) Euratsfeld, Pollenberg 3
Tel. (074 74) 247
www.most-zeilinger.at
Öffnungszeiten auf Anfrage

Donautreff
Direkt am Radweg und an der Donau gelegen. Serviert werden Mostviertel-Spezialitäten und gute Weine.
(C 4) Wallsee, Josefstr. 29
Di-So ab 9 Uhr

UNTERKUNFT

Gasthof Mitter
Rustikal, sehr gute Küche. Koch Albin Hawel arbeitete für Eckhart Witzigmann.
(C 5) Haag
Linzer Straße 11
Tel. 074 34/42 42 60
www.mitter-haag.at
DZ ab 70 Euro

Stadthotel Gürtler
Sympathisches Hotel, das bereits in dritter Generation in Hand der Familie Gürtler ist.
(D 4/5) Amstetten
Rathausstr. 13
Tel. (074 72) 627 65
www.stadthotel-guertler.at
DZ ab 62 Euro

TAGESTOUR AUF DEM YBBSTALRADWEG
Die Tour beginnt in Waidhofen an der Ybbs und führt 60 Kilometer bis Ybbs an der Donau. Der Radweg am Fluss ist längst nicht so hügelig wie die Moststraße. Die Strecke ist hervorragend ausgeschildert und führt fast nur über kleine Sträßchen und Wege.

SEHENSWERT

(C/D 5) **Sonntagberg**
Obwohl man hier kurz den Ybbstalradweg verlassen und einen Hügel hinauf muss, lohnt sich die Anstrengung: Die zweitürmigen barocke Wallfahrtsbasilika ist einer der schönsten Aussichtspunkte des ganzen Mostviertels.

Ostarrichi-Kulturhof
Museum zur Geschichte Österreichs. Zu sehen ist unter anderem die Urkunde mit der ersten Nennung von Ostarrichi – Österreich.
(D 5) Neuhofen a.d. Ybbs
Millenniumsplatz 1
www.ostarrichi-kulturhof.at
Mo, Di, Do, Fr 10-12
14-16 Uhr, Sa, So 10-12
und 13-17 Uhr

In der Broschüre „Land der Radfahrer" (kostenlos) sind weitere 29 Tagestouren beschrieben.
Bestellung unter **www.niederoesterreich.at/rad**

Das soll allen e

Das Landhausviertel in St. Pölten entstand am Reißbrett. Ein lebendiger Stadtteil ist es trotz aller Planung auch nach zehn Jahren nicht geworden

Das lichtdurchflutete „Landtagsschiff“: Neun schwere Findlinge aus dem Waldviertel repräsentieren die Bundesländer Österreichs im Empfangssaal aus Glas, Leichtmetall und grünlichem Gneis

ne Leere sein

Text: Reinhard Mohr Fotos: Marc-Oliver Schulz

Bärenstark

Ein ausgestopfter Braunbär im Landesmuseum inspiriert die kleinsten Besucher. Der Traisensteg führt direkt auf den Klangturm zu, im Vordergrund links der Speisepavillon und rechts das „Landtagsschiff“

Das Foyer des Festspielhauses von Klaus Kada liegt um den matt glänzenden Konzertsaal wie die Fassung um einen Edelstein. Das vermittelt dem Besucher den Eindruck, noch nicht im Innern des Gebäudes angekommen zu sein

Wer nach St. Pölten kommt, ist vorgewarnt. Ein 50 000-Seelen-Städtchen mit Bahnanschluss, 60 Kilometer westlich von Wien gelegen, irgendwo zwischen Wachau und Voralpenland, Wienerwald und dem nächsten Autobahnkreuz. Obwohl St. Pölten Bistum und Diözese ist und im Jahr 1159 das erste Stadtrecht Österreichs erhielt, ist sein Image nicht viel besser als das von Wanne-Eickel: der Inbegriff von Provinzialität. „Österreich besteht aus eineinhalb Millionen Wienern und fünf Millionen St. Pöltnern", hämte der Wiener Kaffeehausliterat Anton Kuh in den zwanziger Jahren. Nur wüssten die stolzen Wiener nicht, „dass sie eigentlich St. Pöltner sind."

Seit Juli 1986 nun sind viele Wiener in gewisser Weise tatsächlich auch St. Pöltner, denn das Eisenbahn- und Industriestädtchen ist, nach einer Volksbefragung, zur Landeshauptstadt von Niederösterreich erklärt worden – nachdem das größte österreichische Bundesland bis dahin und seit 1922 von Wien aus regiert worden war.

Nach einem Kraftakt ohnegleichen, mehreren internationalen Architekturwettbewerben und einer rekordverdächtigen Bauzeit von fünf Jahren wurde 1997 das neue Regierungsviertel, bis dahin die zweitgrößte Hochbaustelle Europas nach dem Potsdamer Platz in Berlin, feierlich eröffnet. Zusammen mit dem angrenzenden Kulturbezirk samt Festspielhaus, Museum, Landesbibliothek und -archiv, insgesamt mehr als 20 Gebäuden, repräsentiert das mehr als 500 Millionen Euro teure Landhausviertel am Flüsschen Traisen mit seiner über 600 Meter langen Stein- und Glasfront den geballten Einbruch der ästhetischen Moderne ins beschauliche Barockstädtchen.

Einen Gedenkstein für das Foyer hatte Papst Johannes Paul II. höchstpersönlich gesegnet, und nicht nur Chefarchitekt Ernst Hoffmann war sich sicher, nun würde die Stadt, nur durch eine Autostraße vom neuen Zentrum getrennt, enger an den lange vernachlässigten Fluss rücken und flirrendes urbanes Leben anziehen. Man hoffte auf den Zuzug von einigen tausend neuen Einwohnern und viele zukunftsweisende Arbeitsplätze. Frische Metropolenluft schien durch den Landhausboulevard zu ziehen, kulturell inspirierende Offenheit und Transparenz.

Der neue Komplex sollte keine martialische Trutzburg sein, sondern ein glitzerndes „Schaufenster des Landes", wünschte sich Chefplaner Hoffmann. Kein abstraktes Designkunststück, sondern ein Bau in „menschlichen Dimensionen" mit Grünanlagen, Dachgärten, verkehrsfreien Zonen, Spielplätzen, begehbaren Skulpturen und hängenden Terrassen.

Doch noch bevor die ersten der dreitausend Landesbeamten, Abgeordneten und Angestellten einzogen, befürchteten Kritiker eine Geisterstadt – eine „Tintenburg", ein „Beamtengetto", kurz: ein Bonsai-Brasília an der Traisen, eine leblose Kunststadt. Und das, obwohl die professionelle Architekturkritik zunächst überwiegend positiv reagierte: „Europareif", jubelte der *Standard,* die *FAZ* lobte „die klare Schlichtheit der großen Linie", und die *Berliner Zeitung* freute sich über die „‚demokratische', lockere Organisation der Bauten", ganz auf der Höhe der Gegenwartsarchitektur. Vor allem Klaus Kadas Festspielhaus mit dem türkis-gläsernen Schiffsrumpf fand Bewunderung als Teil einer neuen Formensprache. Doch auch die kritischen Stimmen waren nicht zu überhören: Die Kunstzeitschrift *art* sprach von „abgestandener Moderne". Und die *Süddeutsche Zeitung* mahnte: „Ein wenig wirkt Neu-Sankt Pölten wie hingestellt, bejubelt und vergessen. Zu weit abseits, zu schlecht angebunden."

Wer nun im Frühling 2007, zu seinem zehnten Geburtstag, durch das Landhausviertel streift, bemerkt zunächst eines: Er ist recht allein auf weiter Flur. Während die Beamten in schönen, hellen Büros dem hochsubventionierten Mittagessen entgegenarbeiten, flaniert man über menschenleere Straßen, Plätze und Stege. Das könnte wenigstens im Sommer anders sein, hätte nicht der Landeshauptmann nachdrücklich seinen Wunsch geäußert, die schwebenden Hochterrassen des Speisepavillons mit herrlichem Blick auf den Fluss möchten auch bei schönstem Wetter geschlossen bleiben. Der Grund: Am Uferweg vorbeigehende Bürger könnten den bösen Eindruck gewinnen, die von ihnen bezahlten Staatsdiener machten von 11.30 bis 14.30 Uhr durchgehend Mittagspause, Sonnenbad und ein Glas Gumpoldskirchner inklusive.

Auf Stelzenbeinen steht das keck gewellte Vordach des Landesmuseums von Österreichs Stararchitekt Hans Hollein. Der Blick geht auf das im Dunkeln leuchtende Festspielhaus – in dem selbst das Café zur Bühne seiner Gäste wird

Einblicke in das architektonische Schaufenste

Die Beamten müssen also drinnen bleiben, und so ist draußen umso mehr Platz, sich in aller Ruhe umzusehen. In Form zweier, parallel zum Fluss angelegter Riegel prägen die Landhausgebäude das Viertel mit einer fast durchgehenden Stein-Glas-Rasterung, die hier und da in Höhe und Tiefe leicht variiert. Eine Ausnahme bildet das „Landtagsschiff" aus grünlichem Gneis, Glas und Leichtmetall, das frech aus der Einheitsfront hervorspringt. Der bugartig gekrümmte Baukörper mit schnittigen Lamellen vor der Glasfassade scheint ganz cool auf Stelzen zu schweben, die in einem Wasserbecken stehen – was die luftig-maritime Anmutung noch verstärkt. Leider ist das Becken inzwischen trockengelegt und deshalb kein wirklich romantischer Anblick. Wie man hört, sabotieren hartnäckig undichte Stellen die geplanten Wasserspiele.

Der Landtagssaal aus hellem Buchenholz mit Blick auf die Flussauen ist schön und licht, draußen aber pfeift der Wind über den Landhausplatz, und nicht einmal die breiten Stufen zur Traisen laden zum Verweilen ein. Verlässt man den zugigen Platz gen Norden, stößt man auf den „Boulevard". Doch leider, er ist nur eine Metapher, ein wehmütiges Zitat. Nichts erinnert an Urbanität und des Lebens reiche Fülle. Einzig im „Billa"-Markt sieht man ein paar Menschen vor vollen Regalen stehen, sonst nur mehr oder weniger kunstvoll arrangierte Ödnis. Es soll hier Läden und Restaurants gegeben haben. Doch kein Geschäft hat die Abwesenheit von Kundschaft überlebt. Stattdessen ist die Beamtenversicherung eingezogen.

Das gleiche Bild in der Neuen Herrengasse, die parallel verläuft. Das auffälligste Strukturmerkmal sind die rhythmisch aufgereihten Abluftquader für Österreichs größte Tiefgarage, in der sich schon mancher heillos verirrt haben soll. Inzwischen hat eine Neubeschilderung der kafkaesken Höhlenlandschaft immerhin die Orientierung verbessert. In südlicher Richtung passiert der einsame Wanderer den verspiegelten Neubau einer großen Versicherung. Ursprünglich sollte dieser Teil des Landhausplatzes, auf dem der Papst eine Messe hielt, eine bukolische Freifläche bleiben. Aber Hirtenwiesen bringen kein Geld.

Ein paar Schritte weiter ragt der Klangturm in den Himmel, ein vertikaler Akzent inmitten der horizontalen Baumassen – doch er ist eine allzu „spillrige Konkurrenz" zum gotischen Dom der nahen Altstadt, wie ein ungnädiger Kritiker schrieb. Fast 70 Meter hoch ist das technizistische Bauwerk mit gläsernem Aufzug, das man zu Zeiten des Kalten Krieges für eine besonders gut getarnte Abhöreinrichtung hätte halten können.

Direkt daneben beginnt der Kulturbezirk, der vitale Poesie in die trockene Aura der Bürokratie bringen sollte. Während die Kalksteinquader von Landesbibliothek und Archiv, elegant durchbrochen von schießschartenähnlichen Fensterfolgen, eine angenehm klassische Ruhe vermitteln, wirkt Hans Holleins Landesmuseum **wie der Aufgang zum ewig tagenden Kindergeburtstag. Ein keck gewelltes Vordach auf zahnstocherdünnen Beinchen, dahinter zwei kleine Kuben** mit einem sägezahngeformten Dach – eine Verschachtelungsarie, eine erstarrte Tortenschlacht. Umso größer die Überraschung im Inneren: Auf drei wunderbar verschlungenen Ebenen, Gängen und Treppen flaniert man, optisch perspektivenreich, durch die Errungenschaften Niederösterreichs – Natur, Kunst, Landeskunde –, darunter ein ausgestopfter Braunbär, ein Elch, Gemsen, Vögel, Fische in riesigen Aquarien, ein Minigletscher zum Anfassen, Bergkristalle und Bilder von Schiele, Kokoschka und Hermann Nitsch. Ein merkwürdig beliebiger Eklektizismus als provinzielle Leistungsschau. Als wären die Schwierigkeiten, den ästhetisch anspruchsvollen Museumsraum zu bespielen, mit jeder Menge Flora und Fauna zugestopft worden. Über Land und Leute erfährt man dabei leider ziemlich wenig.

Das freilich ließe sich ändern. Nicht so leicht ändern lässt sich die Tatsache, dass Kulturbezirk und Landhausviertel als urbanistisches Ensemble gescheitert sind. Es ist kein Zufall, dass es in diesen Kulissen der Moderne keine einzige Wohnung gibt. Dafür sind sie eine bevorzugte Location zur Produktion zeitgeistsatter Werbeclips.

Wie ein Fremdkörper – Einheimische sagen auch „wie ein gelandetes Ufo" – liegt das Landhausviertel in der Nachmittagssonne, während die Beamten schon wieder auf dem Weg nach Wien sind. Kaum einer von ihnen ist nach St. Pölten gezogen, und so bleibt es vorerst dabei: Wirkliches Leben ist nur in der barocken Altstadt mit ihrem schönen Rathausplatz, der im Sommer mediterrane Atmosphäre entfaltet.

„Vielleicht ist es nur eine Generationenfrage von 20 Jahren", sagt Herbert Binder, Pöltner Patriot und Obmann des Fördervereins Kulturbezirk. „So lange kann es dauern, bis St. Pölten insgesamt ein eigenes Profil und neue Anziehungskraft gewinnt."

Das Potential wäre da: angesehene Schulen und Hochschulen, 40000 Arbeitsplätze in Industrie wie Dienstleistung, rundherum eine grüne, hügelig bewaldete Landschaft voller alter Adelsschlösser – und seit kurzem ist das Traisental auch noch zur jüngsten Weinregion Österreichs aufgestiegen.

Fürs Erste diskutiert man über „Erlebnismarketing", das den toten Plätzen im Landhausviertel Leben einhauchen soll. Ein neuer Architekturwettbewerb ist im Gange, und endlich werden durch neue Überwege die disparaten Teile von St. Pölten aneinandergerückt. Wer mit dem Auto Richtung Süden die sanften Hügel hinauffährt und von dort auf die Stadt blickt, kann durchaus eine Ahnung von dieser Zukunft gewinnen. Dann wird „St. Pölten" womöglich auch einen leichteren Klang verbreiten als bisher. □

Reinhard Mohr, *Jahrgang 1955, lange Zeit Kulturredakteur beim* Spiegel, *lebt als freier Autor in Berlin.*

MERIAN VON A–Z ZUM BESTELLEN

- Ägypten
- Amsterdam
- Andalusien
- Athen

- Australien
- Baden-Württemberg*

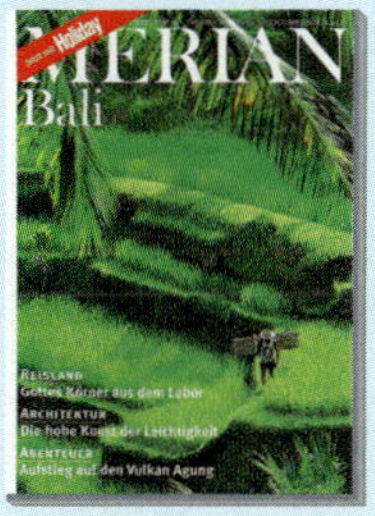

- Bali
- Baltikum
- Barcelona
- Berlin
- Bonn*
- Brasilien
- Braunschweig*
- Budapest
- Burma
- Chicago
- Côte d'Azur
- Chile und Patagonien
- China: Peking und der Norden
- Deutschland*
- Dominikanische Republik
- Dresden
- Dubai
- Elsass

- Essen*
- Emilia-Romagna
- Finnland
- Florenz
- Florida
- Frankfurt
- Französische Atlantikküste
- Gardasee und Oberitalien
- Große Ferien*
- Griechenland*
- Hamburg
- Harz
- Hongkong
- Irland

- Island
- Istanbul
- Italien**
- Japan
- Jerusalem
- Kalifornien
- Kanalinseln
- Kanar. Inseln
- Kapstadt
- Karlsruhe*
- Kiel*
- Köln

- Kopenhagen
- Krakau
- Kreta
- Kroatien
- Kuba
- Leipzig
- Ligurien
- Lissabon
- Die Loire
- London
- Luxemburg
- Madrid
- Mallorca
- Marokko
- Masuren
- Mauritius und Réunion
- Malta
- Meckl.-Vorp.
- Mexiko

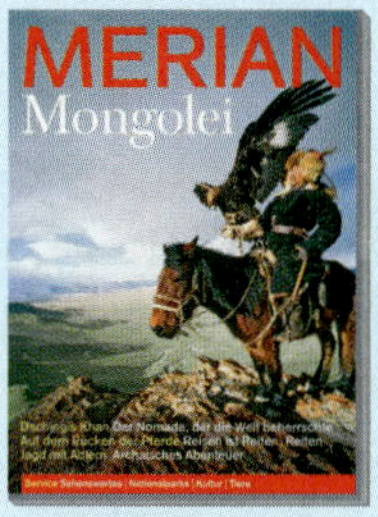

- Mongolei
- Moskau
- MS Europa*
- München
- Münsterland
- Namibia
- Neapel und die Amalfiküste
- Neuseeland
- New York
- Wasserreich Niedersachsen*
- Oberbayern
- Osnabrück und Osnabrücker Land*
- Paris
- Piemont / Turin
- Portugal
- Prag

- Provence
- Rocky Mountains
- Rom
- Das neue Ruhrgebiet*
- Rügen
- Salzburg und das Salzburger Land
- Sardinien
- Schottland
- Schweden
- Schweiz
- Shanghai
- Sizilien
- Slowenien
- Spaniens Norden
- St. Petersburg
- Steiermark
- Südafrika
- Südtirol
- Sylt
- Syrien-Libanon
- Tessin
- Thailand
- Thüringen
- Tirol
- Toskana
- Türkische Südküste

- Traumstraßen*
- Ulm*
- Umbrien und die Marken
- USA: Der Süden
- Valencia
- Venedig

- Vietnam
- Vorarlberg
- Weimar
- Autostadt Wolfsburg*
- Zürich
- Zypern

MERIAN Ausgaben erhalten Sie für 7,50 Euro, die MERIAN Extra-Ausgaben für * 5,– bzw. ** 7,50 Euro

MERIAN ist das Synonym für Reisen und Kultur auf höchstem Niveau. Wertvolle Tipps und detailgetreue Kartographie erleichtern Ihre Reiseplanung und geben neue Ideen und Ziele.

Nutzen Sie auch den bequemen Bestellservice unter Telefon 040/87973540 oder www.merian.de/shop

MERIAN

Die Lust am Reisen

Die Burg Rappottenstein thront auf einem Granitfelskegel über dem stillen Tal des Kleinen Kamp. In 850 Jahren haben ihre fünf Verteidigungshöfe und dicken Mauern allen Belagerern getrotzt

Wald der Wunder

Druiden, Faune, Schlossgespenster und Legenden über Wunder – das raue, archaische Waldviertel hat eine geheimnisvolle Aura und zieht Sonderlinge an. Burgen und Klöster setzen auf Touristen

Text: VERENA LUGERT Fotos: LOIS LAMMERHUBER

Wiesen voller Wesen

Nur wenige Tage im Juli blühen die Mohnfelder. Im Waldviertel wird, wie in alten Zeiten, wieder Grau-, Blau- und Weißmohn angebaut. Mohn ist eine der ältesten Kulturpflanzen, Nahrungs- und Heilmittel. Mit dem Mohnöl wurden die Ewigen Lichter in den Kirchen befüllt

Im gotischen Kreuzgang von Stift Zwettl (oben) beten die Zisterzienser-Mönche dreimal am Tag. Stift Geras (unten) ist Kulturzentrum und ein Ort der Lebensfreude. Dazu tragen auch die fetten Karpfen bei, die im Teich der alten Klosteranlage gezüchtet werden

Stille herrscht

in der Ysperklamm, unterbrochen nur vom Rauschen und Zischen des Flüsschens. Vereinzelte rote Blätter lösen sich mit leisem Rascheln und fallen in sanftem Schwung auf den moosigen Grund oder hinein in die Ysper. Die trägt sie davon, stürzt über Steine, ergießt sich in Becken und nagt sich immer tiefer in den Millionen Jahre alten Granit der Schlucht. Eine Schlange, böse und riesig, soll zwischen den Steintrümmern gelebt haben, sie fraß Menschen, machte den Dörflern das Leben zur Hölle – bis ein Wilderer sie erlegte. Doch der Wilderer war selbst mit dem Teufel im Bunde, so geht die Sage.

Der Höllfall des Kamp (oben) rauscht bei Arbesbach dahin. Von der Rosenburg (unten) bei Gars am Kamp ist nur einer der elf Türme zu sehen

Die Ysperklamm im südlichen Waldviertel ist ein guter Ort für Märchen und Legenden. Hohe, strenge Tannen drängen sich dicht aneinander. Dazwischen türmen sich Steine, ihre schweren Leiber sind von Gräsern, Moosen und Flechten bewachsen. Farne hängen hinab und Äste biegen sich in das Wasser. Alles badet in Grün, dunkelgrün, lindgrün, unwirklich im Dunst. Tröpfchen sprühen, kleine Regenbögen entstehen.

Silva Nortica, Nordwald nannten die Römer das Waldviertel – und machten schaudernd einen Bogen um das Granit-Plateau im äußersten Norden Österreichs. Sehr spät und zögerlich ist das Waldviertel besiedelt worden. Zwischen Donau und Tschechien erstreckt es sich, die größte Stadt ist Zwettl mit 11 000 Einwohnern. Es gibt viele Burgen und Schlösser, von denen aus die Grafen mit harter Hand ihre Grundherrschaft ausübten.

„Die Waldviertler waren immer Grundholden“, unfreie, sesshafte Bauern, erzählt Prälat Joachim Angerer, Pfarrer von Eibenstein. Er sitzt in seinem Arbeitszimmer, an der Wand steht ein Klavier, geschnitzte Heiligenfiguren schmücken den Raum, ein ausgestopfter Dachs wacht in einer Ecke über das Geschehen. Das Fenster öffnet den Blick auf das Kirchlein von Eibenstein, das von einem Friedhof umgeben ist. Der Marktflecken liegt zwischen Hügeln und Tannen zu Füßen des Kollmitzbergs. Die Legende sagt, dass er innen hohl ist, dass kunstfertige Zwerge

Geheimnisvoll wirken die riesigen Granitsteine der Blockheide (link
und die Drachenskulptur auf Schloss Greillenstein (unten)

darin wohnen. Und dass in einer Mulde, „die öde Stube" genannt, Hexen sich zum Tanze träfen. Man neigt dazu, hier einiges zu glauben.

Die Stille verführt dazu, wie auch die herbe Landschaft mit Wäldern, in denen silbern schimmernde Seen liegen, worin die dicksten Karpfen still ihre Runden ziehen. Mohnfelder, Rotföhren, Birkenhaine und Heidekraut säumen Sträßchen und Wege, überall sieht man die alten Burgen auf ihren Bergen sitzen.

Halbverlassene Weiler

gibt es und allerorten diese seltsam geformten Riesensteine, bemooste Granitblöcke, die „Teufels Brotlaib" oder „Koboldstein" heißen. „Es ist, als sei die Moderne hier nie richtig angekommen", sagt Angerer. Fast ein halbes Jahrhundert endete die westliche Welt im Waldviertel, hier fiel der eiserne Vorhang auf die Landschaft herab. Selbst eine ethnische Grenze verläuft durch die Gegend, als Puffer zu Südmähren trennt sie Germanen und Slawen. Auch wenn es heute das geographische Herz des vereinten Europas ist: Atmosphärisch befindet man sich hier am Ende der Welt. Seltsam archaisch wirken die Wälder, die Moore, der Granit – „weltalte Landschaft", so nannte der Dichter Wilhelm Franke das Waldviertel.

Es ist eine Landschaft, die Sonderlinge anzieht, die sich der Metaphysik verschrieben haben und eigenen, oft skurrilen Wegen folgen: Druiden versammeln sich auf Lichtungen zum keltischen Samtene-Fest, Parapsychologen versuchen Schlossgespenster auf Zelluloid zu bannen. Groß ist die Zahl der Kraftplätze, die Besucher mit rechtsdrehenden Erdstrahlen geistig und körperlich erbauen sollen. Und in Großschönau, im Bioenergetischen Trainingszentrum, kann man auf einem zehn Kilometer langen Wünschelrutenweg an 58 Stationen das Pendeln und Rutengehen auf der Suche nach Wasseradern, Erdstrahlen und Blitzeinschlägen lernen.

Die Nachfrage nach mystischen Angeboten ist groß: Als in der Gemeinde Kautzen ein Feld planiert und als UFO-Landeplatz vermarktet wurde, kamen ganze Busladungen von Esoterikern. 9000 Übernachtungsgäste erfreuten die Wirte. Und machten die Nachbargemeinden neidisch. Denn die Wirtschaft brummt nicht gerade im Waldviertel, viele Menschen wandern ab, weil sie in ihrer Heimat keine Arbeit finden. Nirgendwo in Österreich sind die Grundstückspreise niedriger, nirgendwo kann man billiger einen Hof, eine alte Mühle, gar ein Schloss erwerben. Industrie gibt und gab es nie, die Menschen waren immer arm. „Bandlkramerlandl" spotteten die reicheren Nachbarn, denn viele Waldviertler zogen als Hausierer von Dorf zu Dorf, um Bänder zu verkaufen, die Frauen und Kinder in Heimarbeit an gemieteten Webstühlen gewebt hatten.

Der Tourismus könnte viele Arbeitsplätze schaffen, man investiert ins Marketing und hofft auf möglichst viele Gäste. Früher war das völlig anders, weiß Prälat Angerer noch. Da wurden Sommerfrischler scheel angesehen, man war alles andere als scharf auf die Gäste. „Was tu' mer mit die Sommerpritschler?", habe es damals noch geheißen, erzählt er. Und auch heute sind einige Einheimische erbost darüber, auf welche Weise ihre Heimat den Touristen schmackhaft gemacht wird: „Das Waldviertel ist zu einer Fantasy-Hölle esoterischer Spekulation geworden. Keine Geschichte, die man ihm nicht andichten kann. Was früher die Kirche besorgte, betreibt heute die Fremdenverkehrsindustrie", heißt es im bitterbösen Zei-

Wenn es Nacht wird auf Greillenstein (oben), spukt die Schwarze Anna durchs Gemäuer.
Überall im Waldviertel gibt es Burgen und Ruinen wie die von Schauenstein (unten)

Das Marterl im Gföhler Wald (links) erinnert an einen Menschen, der im Wald umkam. Nur 300 Meter vom Alten Rathaus und Stadtplatz in Gmünd (oben) entfernt teilt die Grenze zu Tschechien das alte Stadtgebiet

tungsartikel eines ehemaligen Gemeinderats von Heidenreichstein.

Doch oft ist die Werbung gar nicht nötig, bei vielen Waldviertlern sitzt der Glaube an das Übersinnliche tief – auch ohne Marketing. Fährt man durch kleine Sträßchen, durch Wälder und über Hügel, kommt man nach Greillenstein, zu einem Schloss auf einer Bergkuppe. Eine eigenartige Aura umweht Greillenstein: die Architektur strotzt vor Freimaurersymbolik, vor Dreiecken und Obelisken.

Ein riesenhafter Drache

aus Sandstein und groteske steinerne Zwerge starren Besucher unverwandt an. Gräfin Elisabeth, die Herrin von Greillenstein, kommt gerade in Gummistiefeln von der Apfelernte, sie hat fünf Kinder und wirkt eher handfest als esoterisch. Sie erzählt jedoch frei heraus, dass die Schwarze Anna, eine Urahnin, durch ihr Schloss spukt. Die Gräfin hat sie selbst schon oft gehört, andere Familienmitglieder haben das Gespenst gar gesehen. Und als der Dichter Franz Grillparzer als Jugendlicher zwei Jahre auf Greillenstein verbrachte, sei auch er der Schwarzen Anna begegnet. Die Erscheinung habe ihn zu seinem Trauerspiel „Die Ahnfrau" inspiriert.

Gräfin Elisabeth erlaubt auch Hobby-Parapsychologen, im Schloss Messungen zu machen – deren Ergebnisse kann man unter www.geisternet.com nachlesen: „Auf einem Video haben wir seltsame Geräusche wie Brummen, Schritte, und wir hörten Stimmen, als wir dort waren, haben wir Klopfen vernommen. Auf unserem Diktiergerät haben wir eine Kinderstimme, und wir hatten definitiv kein Kind dabei, wir waren mutterseelenalleine", schreibt ein Nutzer namens „Grisuchen" aufgeregt ins Forum.

Die abendlichen Geisterführungen durchs Schloss erfreuen sich jedenfalls großer Beliebtheit, der Nimbus, den Anna selig dem alten Gemäuer verleiht, ist Balsam fürs Geschäft. Und doch nimmt man der pragmatischen Gräfin ab, dass sie an den Spuk wirklich glaubt. Aber keine Angst hat: „Ich finde die Anwesenheit der Schwarzen Anna recht beruhigend. Man ist nie allein im Schloss."

Und irgendwie hört sich das alles nicht so wenig plausibel an, vor allem, wenn einem auf der Weiterfahrt die Landschaft wieder Streiche spielt – Baumschatten malen Riesen auf die Fahrbahn, Steinbrocken nehmen im Zwielicht die seltsamsten Gestalten an. Und ein paar Meter weiter ruht das Moor, das weiß man und riecht es auch, dumpf und kühl und düster liegt es hinter den Tannen. Schnell wird es dunkel und der Weg durch die Wälder nach Gneixendorf ist ohne Beleuchtung.

Rudi Hoheneder, den man in Gneixendorf besuchen will, ist auch so ein Mensch, dem der Zugang zum Feinstofflichen gegeben ist. Die Gastwirtin empfahl, man solle den Mann besuchen. Er hat ein Kindergesicht und graues Haar, man sitzt in seiner gemütlichen Küche um einen Holztisch, durch die Butzenscheiben dringt weiches Herbstlicht. Eine schwarze Katze schnurrt und macht einen Buckel. „Im Mittelalter gab es diese Hellsichtigkeit viel häufiger", relativiert Hoheneder seine Gabe. „Nymphen, Sylphen und Salamander – die Menschen konnten diese Wesenheiten einfach noch sehen. Aber an ihrer Existenz hat sich nichts geändert: Jeder Baum hat ein Wesen, seinen Faun. Die Faune kann man fragen, wo Kraftorte sind. Ich frage die Faune auch manchmal, was ich in der Landwirtschaft machen soll. Und ich sag' ihnen Bescheid, bevor ich

die Bäume umschneide. Damit der Faun weiß, wann er weggehen muss." Hoheneder interessiert sich für Geomantie, die Kunst, die Landschaft zu deuten. Er meditiert unter Bäumen, spürt die Präsenz der Wesenheiten und geht danach tiefbeglückt an seine Arbeit. Einmal habe sich während einer Meditation ein Fuchs neben ihn gesetzt, erzählt er. Und dass er oft Gnome unter Bäumen herumhuschen sieht.

Ein anerkannter Spezialist für Geomantie ist Graf Thurn-Valsassina, ein feiner und würdevoller Herr um die Sechzig. Der Sitz seines Architekturbüros ist auf der Familienburg Rastenfeld, massiv erhebt sie sich aus den dunklen Tannen, wenn man der immer kleiner werdenden Straße nach Rastenfeld folgt. Graf Thurn entwirft Gebäude, die die geistige Erneuerung fördern sollen. Er will mit Hohlresonanzen und Symbolen hochschwingende Räume schaffen – und damit die Welt verbessern. Als Architekt und Geomant deutet Graf Thurn die Landschaft und zapft ihre Energien an. Er spricht von Schwingungen, von Strahlungen, von Aufladungen, von Zellgedächtnis – für ihn ist all das Wissenschaft: „Mein Ding ist nicht die archaische Geomantie, sondern die ganz moderne, die auf der Quantenphysik basiert." Er erklärt, dass bestimmte Erdstrahlengitter, die sich mit anderen überlagern, Kraftorte sind. Und dass das Waldviertel, weil es auf altem Granit liegt, eine einzigartige Energie habe. „Die alten Kathedralen sind alle auf solchen Plätzen gebaut. Früher wusste man mehr über diese Kraftorte."

Ein bekannter Kraftort ist die Steinpyramide im Hochwald bei Ober Neustift. Durch immer kleinere Sträßchen geht es, über Feldwege, dann zu Fuß weiter, durch einen Wald, über federnden Boden, zu einer Lichtung. Dort steht eine vierstufige Pyramide aus Steinbrocken – knapp sieben Meter hoch, gut 16 Meter im Durchmesser. Vermutlich haben Freimaurer die Steine aufgeschichtet. Vom Mittelpunkt der Pyramide sollen sternförmige Energiebahnen ausgehen, Wasseradern fließen, die sich mit Erdstrahlen kreuzen. Und natürlich glaubt man nicht dran, auch wenn man jetzt lächelnd mit der Wünschelrute um die Pyramide spaziert. Auch wenn die Rute wie ein Dackelschwanz wedelt. Auch wenn sie sich schier in den schwarzen Waldboden bohren will, je mehr man sich den Steinbrocken nähert.

Verwirrt fährt man wieder. Steigt noch einmal in die Ysperklamm hinab, denn es wird dunkel. Es ist Vollmond – und das trifft sich gut: In mondhellen Nächten kann man dort einen Kobold sehen, der in einer Kutsche sitzt, die von sechs Katzen gezogen wird.

So steht es wenigstens im Prospekt des Tourismusverbands Ysper-Weitental. □

MERIAN | TIPP Wandertouren

Ysperklamm-Druidenweg 2 oder 4,5 Stunden
Der Einstieg in die zwei Kilometer lange Ysperklamm ist am Gasthof Forellenhof in Yspertal. 45 Minuten geht es über einen Waldweg mit vielen Stufen und Stegen die wildromantische Schlucht hinauf bis zum ehemaligen Ödteich, in dem heute ein Fichtenwald wächst. Auf einem parallel verlaufenden Weg erfolgt der Abstieg. Wer auf dem so genannten Druidenweg weiter wandern möchte, hält sich hinter dem Ödteich leicht rechts, bis der markierte Waldweg rechts zur Quelle Kaiserreith abzweigt. Nach einem Anstieg erreicht man die ersten beeindruckenden Steinformationen: „Phallus mit Vulva", „Sitzender Hund", „Stehende Schale", sowie den „Äußeren-" und „Inneren Steinkreis", angebliche Treffpunkte von Druiden. Im weiteren Verlauf des Weges gelangt man zur „Wohnhöhle", zur „Sphinx" und anderen Felsbrocken. Der Abstieg erfolgt ins Dorf Siebendürfting. Am Fuße des Kaltenbergs führt der Weg zurück zum Ausgangspunkt. (D 4)

Kautzen-Hoher Stein-Skorpion 5 Stunden
Start ist am „Heilkräuterweg" am Dorfende von Kautzen beim Teichanger. Man folgt den Markierungen Nr. 650 bis zum „Hohen Stein". An der Kammhöhe entlang geht es Richtung „Pyramide", auf deren Gipfel ein dreikantiger Obelisk steht. Über den „Teufelsstein" weiter bis zum Dürnhof. Hinter dem Gehöft beim Teich rechts der rotgrünen Markierung folgen, bis zur Berghöhe von „Radschin". Rechts weiter, vor dem Dorf Reinberg-Dobersberg am Waldrand links zum Schwarzteich und zur Kapelle auf der „Alm". Am Felsbrocken „Warzenbründl" vorbei zum „mystischen Platz des Skorpions". Über das Dorf Engelbrechts zurück zum Ausgangspunkt. (D/E 1)

Wanderführer
„Wandererlebnis Waldviertel & Wachau, die 50 schönsten Routen", Bernhard Baumgartner, NP Verlag 2005, 19,90 €
„Wandern im Herzen des Waldviertels", Waldviertel Tourismus 2006, Karten & Führer, 9,80 €
Das südliche Waldviertel, Waldviertel Tourismus 2006, Wanderkarte mit Tourenbeschreibungen auf der Rückseite, 4 €

Herbstnebel im nördlichen Waldviertel

Bildnachweis

Anordnung im Layout: o=oben, u=unten, r=rechts, l=links, m=Mitte.
Titel: Marc-Oliver Schulz; S. 3 o Lothar Ponhold, u Astrid Bartl. S. 4 Gerald Hänel; S. 5 Lois Lammerhuber/Agentur Lammerhuber; S. 8 ol AKG, m Schulz, u Lammerhuber/Ag. Lammerhuber; S. 10 ol mit frdl. Genehmigung aus „Hess: Wiener Küche", c) Deuticke im Paul Zsolnay Verlag, Wien 2001, or Aprahamian/Coribs, ur B. Steinhilber/Bilderberg; S. 10 o BPK, u Andreas Riedmiller; S. 18, 20-33 Gerald Hänel; S. 38/39 Cathrine Stukhard; S. 40/41 Janzen/Contrast/picturedesk; S. 42 o Peter Korrak/www.korrak.com, u Wehdorn Architekten, Wien; S. 43 ol Toni Rappersberger, or Gerald Zugmann, m Viennaphoto; S. 44 ol Laurids Ortner; S. 44 ml, 45 Hertha Hurnaus; S. 46 J. Saller/H. Wolfmayr; S. 48/49 Hänel; S. 50 Viennaslide; S. 52 Peter Rigaud; S. 55 Evelyn Rois/Bruno Stubenrauch; S. 56-61 o Hänel; S. 61 u, 62 Kunsthistorisches Museum, Wien; S. 63 Wolfgang Waldner; S. 64 o Hänel, u Schulz; S. 66 Udo Titz; S. 68 Cristofori/Corbis; S. 68/69 Rigaud; S. 70 Julius Silver; S. 72 l, 73 l Sven Bardua; S. 73 r Grafik: Florian Pöhl; S. 74/75 Manfred Horvath; S. 76-85 Lammerhuber/Ag. Lammerhuber; S. 86/87 Riedmiller; S. 88/89 Lammerhuber/Ag. Lammerhuber; S. 90-96 Riedmiller; S. 98 o, u Lammerhuber/Ag. Lammerhuber; S. 100 de Silva/Corbis; S. 100/101 Trumler/picture-alliance; S. 101 Corbis; S. 102/103 Lammerhuber/Ag. Lammerhuber; S. 104 o Riedmiller, u Horvath; S. 105 l, r, 106 o Riedmiller; S. 106 u Lammerhuber/Ag. Lammerhuber; S. 107 l Horvath; S. 107 r, 114 o Lammerhuber/Ag. Lammerhuber; S. 110-126 Schulz; S. 128/129 Grafik: Florian Pöhl; S. 129 OMV; S. 132/133, 134 l Henseler/laif; S. 135 l Eising/Stockfood; S. 138 Holger Lorenz; S. 140/141 Lammerhuber/Ag. Lammerhuber; S. 142 o, u, 143, 144 l Riedmiller; S. 142 m Ponhold; S. 144 Franz Antonicek; S. 145 Riedmiller; S. 146-154 Lammerhuber/Ag. Lammerhuber; S. 156-161 Schulz; s. 164-174 Lammerhuber/Ag. Lammerhuber (mit Ausnahme von: S. 169 o, 173 u Gerhard Trumler; S. 175 Schulz; S. 76 Knoll/bilderber; S. 179 Schulz; S. 178/179 Hänel: S. 180/181 Knoll/Bilderberg; S. 181 Hänel; S. 182 Evelyn Rois/Bruno Stubenrauch; S. 184 Jalag Syndication; S. 186 Viennaside/Stockfood; S. 187 P. Rigaud/Focus; S. 190/191 Kurt-Michael Westermann; S. 192 Lammerhuber/Ag. Lammerhuber; S. 194 Schulz; S. 195, 198/199, 201 Lammerhuber/Ag. Lammerhuber; S. 207 Koeb/Stockfood; S. 208/209, 210 Lammerhuber/Ag. Lammerhuber; S. 214 o Ramsauer/apa/picture-alliance/dpa, u AKG; S. 215/216 ESA 2000, IMSAT 1060 Wien; S. 218 o Gräfenhain/Huber, lu, ru Hans Madej

Das Titelbild dieses MERIAN-Heftes zeigt den Pallas-Athene-Brunnen vor dem Parlament in Wien. Fotografiert von Marc-Oliver Schulz

MERIAN

Heft 07/2007, Juli, Erstverkaufstag dieser Ausgabe ist der 28. 6. 2007
MERIAN erscheint monatlich im Jahreszeiten Verlag GmbH, Poßmoorweg 2, 22301 Hamburg
Telefon 040/27 17-0 **Anschrift der Redaktion:** Postfach 601728, 22217 Hamburg
Telefon 040/27 17-26 00, Fax 040/27 17-26 28, E-Mail: redaktion@merian.de
Leser-und Aboservice: Postfach 601220, 22212 Hamburg,
Tel. 040/87 97 35 40, Fax 040/27 17-20 79
Syndication: www.jalag-syndication.de
GourmetPictureGuide: Stefanie Lüken, Telefon 040/27 17-20 02, Fax 040/27 17-20 89, www.gourmetpictureguide.de
Internet: www.merian.de

Herausgeber: Manfred Bissinger
Chefredakteur: Andreas Hallaschka
Art Directorin: Sabine Lehmann **Chefs vom Dienst:** Tibor M. Ridegh, Klaus Kube (freie Mitarbeit)
Redakteure: Roland Benn (freie Mitarbeit), Anja Haegele (freie Mitarbeit), Thorsten Kolle (freie Mitarbeit), Kathrin Sander, Charlotte von Saurma **Schlussredaktion:** Tibor M. Ridegh, Jasmin Wolf
Layout: Helga Damm (freie Mitarbeit), Ingrid Koltermann (Schlussgrafik), Dorothee Schweizer (stellv. Art Directorin)
Bildredaktion: Hanni Rapp, Eva M. Ohms, Petra Mellmann (freie Mitarbeit)
Redakteure dieses Heftes: Anja Haegele, Charlotte von Saurma **Bildredakteur dieses Heftes:** Hanni Rapp
Kartographie: Peter Münch **Dokumentation:** Jasmin Wolf, Lenka Brandt (freie Mitarbeit), Sebastian Schulin (freie Mitarbeit) Andrea Wolf (freie Mitarbeit) **Mitarbeit:** Helmut Golinger, Susanne Strätz, Rabea Wachsmann
Herstellung: Karin Harder **Redaktionsassistenz:** Sabine Birnbach, Katrin Eggers
Geschäftsführung Premium Magazine: Peter Rensmann **Verlagsleitung Premium Magazine:** Oliver Voß
Group Head Anzeigen Premium Magazine: Roberto Sprengel **Anzeigenleitung:** Christel Janßen
Anzeigenstruktur: Patricia Hoffnauer **Marketing:** Kenny Machaczek, Ulrich Rieger, Sonja Wünkhaus
Vertriebsleitung: Jörg-Michael Westerkamp (Zeitschriftenhandel), Frank H. Häger (Buchhandel)
Verantwortlich für den redaktionellen Inhalt: Andreas Hallaschka
Verantwortlich für Anzeigen: Roberto Sprengel

Verlagsbüros Inland:
Hamburg: Tel. 040/27 17-25 95, Fax -25 20, E-Mail: vb-hamburg@jalag.de
Berlin: Tel. 030/80 96 23-60, Fax -70, E-Mail: vb-berlin@jalag.de
Hannover: Tel. 0511/85 61 42-0, Fax -19, E-Mail: vb-hannover@jalag.de
Düsseldorf: Tel. 0211/901 90-0, Fax -19, E-Mail: vb-duesseldorf@jalag.de
Frankfurt: Tel. 069/97 06 11-0, Fax -44, E-Mail: vb-frankfurt@jalag.de
Stuttgart: Tel. 07 11/966 66-520, Fax -22, E-Mail: vb-stuttgart@jalag.de
München: Tel. 089/99 73 89-30, Fax -44, E-Mail: vb-muenchen@jalag.de

Repräsentanzen Ausland:
Basel: Intermag AG, Tel. +41 61/275 46-09, Fax -10, E-Mail: info@intermag.ch
London: The Powers Turner Group, Tel. +44 20/7630 99 66, Fax 76 30 99 22, E-Mail: cweiss@publicitas.com
Mailand: Media & Service International Srl, Tel. +39 02/48 00 61 93, Fax 48 19 32 74, E-Mail: info@it-mediaservice.com
Paris: International Magazine Company, Tel. +331/53 64 88 91, Fax 45 00 25 81, E-Mail: imc@international.fr
Madrid: Alcála Media International Media Representation, Tel. +34 91/326 91 06, Fax -07, E-Mail: alcalamedia@retemail.es
Wien: Publimedia Internationale Verlagsvertretungen GmbH, Tel. +431/215 30, Fax 212 16 02, E-Mail: ppn-vienna@publicitas.com
New York: The Russell Group Ltd., Tel. +12 12/213 11-55, Fax -60, E-Mail: info@russellgroupltd.com

Die Premium Magazin Gruppe im Jahreszeiten Verlag

A&W Architektur&Wohnen COUNTRY DER FEINSCHMECKER WEIN Gourmet MERIAN

Gültige Anzeigenpreisliste: Nr. 38
Das vorliegende Heft Juli 2007 ist die 7. Nummer des 60. Jahrgangs. Diese Zeitschrift und die einzelnen Beiträge und Abbildungen sind urheberrechtlich geschützt. Jede Verwertung außerhalb der engen Grenzen des Urheberrechtsgesetzes bedarf der Zustimmung des Verlages. Keine Haftung für unverlangt eingesandte Manuskripte und Fotos. Preis im Abonnement im Inland monatlich 6,37 € inklusive Zustellung frei Haus. Der Bezugspreis enthält 7% Mehrwertsteuer. Auslandspreise auf Nachfrage. Postgirokonto Hamburg 132 58 42 01 (BLZ 200 100 20) Commerzbank AG, Hamburg, Konto-Nr. 611657800 (BLZ 200 400 00)
Führen in Lesemappen nur mit Genehmigung des Verlages. Printed in Germany

Weitere Titel im Jahreszeiten Verlag: Für Sie, petra, vital, PRINZ, A&W Architektur & Wohnen, COUNTRY, DER FEINSCHMECKER, WEINGourmet, schöner reisen, Zuhause Wohnen, selber machen
Litho: Alphabeta Druckformdienst GmbH, Hamburg. Druck und Verarbeitung: heckel GmbH, Nürnberg, ISBN: 978-3-8342-0707-4, ISSN 0026-0029 MERIAN (USPS No. 011-458) is published monthly. The subscription price for the USA is $ 110 per annum. K.O.P.: German Language Publications, Inc., 153 South Dean Street, Englewood NJ 07631. Periodicals postage is paid at Englewood NJ 07631, and at additional mailing offices. Postmaster: send address changes to: MERIAN, German Language Publications, Inc. 153 South Dean Street, Englewood NJ 07631.

JAHRES ZEITEN VERLAG
Ein Unternehmen der
GANSKE VERLAGSGRUPPE

100 JAHRE GANSKE VERLAGSGRUPPE

TEXTE Christian Eder, Walter M. Weiss und MERIAN-Redaktion REDAKTIONSSCHLUSS Mai 2007

MERIAN

TOP TIPPS Was Sie in Wien und Niederösterreich nicht versäumen sollten:

Kapuzinergruft Auch Kaisergruft genannt: Hier wurden 12 Kaiser, 19 Kaiserinnen und viele weitere Mitglieder der Familie Habsburg bestattet.

Stephansdom Wiens monumentales Herzstück gleicht im Inneren einer wertvollen Kunstsammlung. Panoramablick vom 137 Meter hohen Südturm über die Stadt.

Gasometer Die vier bis 75 Meter hohen und 60 Meter breiten ehemaligen Gasbehälter wurden 2001 von namhaften Architekten zu einer ungewöhnlichen Wohnanlage umgebaut.

Museumsquartier Das neue Kunstspektakel Europas: Hinter den barocken Hofstallungen verbergen sich Leopold-Museum, Museum für moderne Kunst, Kunsthalle, Architekturzentrum, Kindermuseum, Kunstbüros und natürlich Cafés.

Wachau Die 36 Kilometer entlang der Donau von Melk bis Krems sind seit dem Jahr 2000 Unesco-Welterbe. Der Donauradweg führt am Fluss und vielen Sehenswürdigkeiten vorbei.

Loisium Ein im Licht schimmernder Kubus, der sich vor den Reben verneigt: Star-Architekt Steven Holl baute das faszinierende Weinerlebniszentrum in Langenlois.

Donauauen Der Nationalpark ist Heimat von über 700 Pflanzen-, rund 100 Brutvögel- und 60 Fischarten. Er erstreckt sich von Wien bis zur slowakischen Grenze.

Kellergassen Kleine Dörfer im Weinviertel, nur für den Wein: In den weiß gekalkten Häuschen stehen die Pressen, in tiefen Kellern darunter lagern die Fässer. Besonders schön im Herbst, wenn hier Weine verkostet werden.

Der Hausherr und sein Palais: das Reiterdenkmal Erzherzog Albrechts auf der Balkon-Terrasse der Albertina

Ausdruck österreichischer Lebensfreude nach überstandenen Pestkatastrophen: die Karlskirche von Johann Bernhard Fischer v. Erlach

(e 3) **Altes Rathaus**
Im Hof des ehemaligen Rathauses ist eines der Hauptwerke des Barockbildhauers Georg Raphael Donner zu sehen: der Andromedabrunnen von 1741 mit einem Bleirelief, das die Sage von Perseus und Andromeda darstellt.
I., Wipplingerstr. 8

(e 3) **Am Hof**
Die erste Pfalz der Herren von Österreich – ab dem 12. Jh. Residenz der Babenberger – war lange ein loser Häuserkomplex. Heute bietet der Platz ein barockes Bild: Das Zeughaus von 1732 schmücken eine Dreieckgiebelfassade und eine Attika mit Skulpturen, die eine vergoldete Weltkugel tragen. Die ehemalige Jesuitenkirche Am Hof ist ein ursprünglich gotisches Gotteshaus, 1610 im Stil des Jesuitenbarocks umgestaltet.

(e 3) **Ankeruhr**
Die Jugendstiluhr von Franz von Matsch (1913) befindet sich an der zehn Meter langen Brücke zwischen zwei Bürohäusern: Zwölf Figurenpaare aus der Geschichte Wiens wandern innerhalb von zwölf Stunden am alten Stadtwappen vorbei, um Punkt zwölf paradieren sie alle gemeinsam.
I., Hoher Markt 10-11

(b 6) **Arik-Brauer-Haus**
Wohnhaus mit großen Fliesenbildern, Hinterglasmalereien und Verzierungen vom Maler Arik Brauer, Mitbegründer des Phantastischen Realismus.
VI., Gumpendorfer Str. 134-136

(g 7) **Arsenal**
Der Bau gilt als Vertreter des Historismus und gleicht einem monumentalen morgenländischen Palast. Nach der Revolution von 1848 wurde er als Festung auf einem Hügel hinter dem Belvedere errichtet.
Hier ist das Heeresgeschichtliche Museum untergebracht.
III., Arsenal, Objekt 1
www.hgm.or.at
Mo-Do, Sa-So 9-17 Uhr, 5,10 €

(f 1) **Augartenpalais**
Im Augartenpalais ist das Internat der Wiener Sängerknaben untergebracht. Im Gartenhaus befindet sich die 1718 gegründete Porzellanmanufaktur Augarten. Dahinter der älteste Barockgarten Wiens, er ist öffentlich zugänglich.
II., Obere Augartenstr. 1

(e 4) **Augustinerkirche**
Seit dem 17. Jh. die Familienkirche der Habsburger. Der ursprünglich gotische Bau wurde damals barockisiert, 1784/85 regotisiert. Hier ist die Gruft der Habsburger mit den Herzen von 54 Familienmitgliedern.
I., Augustinerstr. 3, Tel. 533 70 99
Führungen: So gegen 12 Uhr (nach dem Hochamt), werktags nach telefon. Anmeldung

(f 5/6) **Belvedere**
Sommersitz des Prinzen Eugen von Savoyen und eine der schönsten Palastanlagen des Barocks. 1714-16 wurde das Untere Belvedere errichtet, das von außen schmucklos, innen prächtig eingerichtet ist. Heute ist hier das Barockmuseum. 1717 wurde der herrliche Park gestaltet: ein Lustgarten mit Terrassen, Statuen und Wasserspielen. Einen imposanten Ausblick hat man vom Oberen Belvedere (1721/22), es ist das Meisterwerk des Architekten Johann Lukas von Hildebrandt und war für repräsentative Zwecke bestimmt. Entsprechend prunkvoll sind die Räumlichkeiten wie Audienzsaal und Spiegelkabinett. Hier befindet sich auch die weltgrößte Klimt-Sammlung.
III., Rennweg 6a (Unteres Belv.)
III., Prinz-Eugen-Str. 27 (Oberes)
tgl. 10-18 Uhr, 7,50 €
Belvederegarten tgl. 7-20 Uhr, im Sommer 6-21.30 Uhr

(d/e 4) **Burggarten**
Der ehemalige Kaisergarten und der Volksgarten entstanden auf den von Napoleon geschleiften Wehranlagen der „Burg". Hier steht auch das Schmetterlinghaus mit seinen tropischen Faltern.
I., Burgring
www.schmetterlinghaus.at
Schmetterlinghaus: Mo-Fr 10-16.45 Uhr, Sa, So 10-18.15 Uhr; 5 €
Burggarten April-Okt. tgl. ab 6.00 bis Einbruch d. Dunkelheit, Nov.-März tgl. ab 6.30 Uhr

(d 3) **Burgtheater**
Das frühere Hof- und Nationaltheater, gegründet 1776 von Joseph II., übersiedelte 1888 an den Ring. Gottfried Semper und Karl Hasenauer konzipierten das Bühnenhaus im Stil der italienischen Hochrenaissance. Bezaubernd: der neobarocke Zuschauerraum.
I., Dr. Karl-Lueger-Ring 2
www.burgtheater.at

(e 4) **Denkmal gegen Krieg und Faschismus**
Mehrteilige Plastik aus Stein, Bronze und Marmor von Bildhauer Alfred Hrdlicka.
I., Albertinaplatz

(j/k 1/2) **Donauinsel**
Wiens Freizeitzentrum Nr. 1 im Sommer: kilometerlange Strände, Radfahr-, Joggingwege, eine rege Lokalszene am Ufer und auf dem Fluss. Das Donauinselfest, das Ende Juni stattfindet, lockt Hunderttausende an.

(k 7) **Gasometer**
Die vier alten Gasbehälter in Simmering wurden von den Architekten Coop Himmelblau, Jean Nouvel, Wilhelm Holzbauer und Manfred Wehdorn umgebaut. Wohnungen, Kinos und Shoppingzentren befinden sich nun in den Gasometern, in die jeweils das Wiener Riesenrad passen würde.
XI., Guglgasse 6-14
www.wiener-gasometer.at

(e 3) **Haas-Haus**
Den Bau, in dessen Glasflächen sich der Stephansdom und die umliegenden Bürgerhäuser spiegeln, erweiterte Hans Hollein 1985-90 als Geschäfts- und Bürohaus. Sehenswert: die Onyx-Bar und die Dachterrasse.

Die großen Lettern (L 3) beziehen sich auf die MERIAN-Karte auf Seite 211, die kleinen auf die den Faltplan auf S.

I., Stephansplatz 12 / Stock-im-Eisen-Platz 4

(d/e 4) **Hofburg**
Residenz der Habsburger bis 1918. Seit dem 13. Jh. wurde die Hofburg immer wieder umgebaut. Von der ursprünglichen mittelalterlichen Burg ist heute nur noch die Kapelle zu sehen: In dem später barock umgebauten Kirchlein singen die Wiener Sängerknaben zur Messe. In der Renaissance entstand die Stallburg – wegen des Arkadenhofs schönstes Renaissancebauwerk Wiens. Hier sind die Lipizzaner-Hengste aufgestallt. Die Amalienburg (erbaut 1575-88) wurde im 17. Jh. durch den Leopoldinischen Trakt mit dem Schweizerhof verbunden; auf der anderen Seite entstanden im frühen 18. Jh. der Reichskanzleitrakt und die Hofbibliothek. Zum Michaelerplatz hin wurde die Winterreitschule angebaut; das Ensemble des Michaelerplatzes konnte aber erst 150 Jahre später mit dem Riesenportal und der Michaelerkuppel fertig gestellt werden. Den Abschluss des heute sichtbaren Gebäudetrakts bildete zu Beginn des 20. Jhs. die Neue Hofburg. Sehenswert: die Weltliche und Geistliche Schatzkammer, der Prunksaal der Nationalbibliothek, die Kaiserappartements mit dem Sisi-Museum, die Silberkammer.
I., Zugang vom Heldenplatz, Michaelerplatz und Josefsplatz
www.hofburg-wien.at
Kaiserappartements, Sisi-Museum, Silberkammer: tgl. 9-17 Uhr, 9,90 €. Weltliche und Geistliche Schatzkammer: tgl. außer Di 10-18 Uhr, 10 €

(g 4) **Hundertwasserhaus**
Das farbenfrohe Gebäude mit Zwiebeltürmchen, ohne gerade Linien, ohne Kunststoff, nur aus Holz und Ziegel, erbaut 1983-85, war das erste einer Reihe von Künstlern konzipierter Wohnbauten in Wien. Nicht öffentlich.
III., Löwengasse/Kegelgasse

(e 4) **Kapuzinergruft**
s.S. 48

(m 2) **Karl-Marx-Hof**
Im Rahmen des sozialen Wohnbauprogramms des „roten Wien" entstanden 1919-34 64 000 Wohnungen. Musterbeispiel hierfür ist der 1,2 Kilometer lange Karl-Marx-Hof, errichtet 1927-30, hier sind 1300 Wohnungen um mehrere Innenhöfe gruppiert. Im Bürgerkrieg 1934 war diese „Hochburg der Roten" stark umkämpft.
XIX., Heiligenstädter Str. 82-92/ 12.-Februar-Platz

(e 5) **Karlskirche**
Das dominierendste Gebäude am Karlsplatz und gleichzeitig die bedeutendste Barockkirche Wiens, ist die Karlskirche, mit deren Bau Johann Bernhard Fischer von Erlach 1716 begann. Bis 1739 arbeiteten die hervorragendsten Bildhauer Wiens an der Kirche mit. Ein griechischer Tempelportikus, römische Triumphsäulen und orientalische Glockentürme – fast ein biblischer Tempel.
Die gewaltige Kuppel mit ihren Fresken von Johann Michael Rottmayr vereint diverse Bauelemente zu einem harmonischen Ganzen.

(l 2) **Kirche am Steinhof**
Der schönste Kirchenbau des 20. Jhs. in Wien steht auf einem Hügel, erbaut in der früheren Niederösterreichischen „Landesirrenanstalt" (dem heutigen Psychiatrischen Krankenhaus der Stadt Wien). Architekt Otto Wagner schuf damit ein Hauptwerk des Jugendstils. Das in strenger Form gehaltene Innere ist mit Glasmosaiken von Kolo Moser verziert.
XIV., Baumgartner Höhe 1
www.wienkav.at/kav/ows
Führung Sa 15 Uhr

(e 3) **Looshaus**
Wegen seiner glatten Fassade nennen die Wiener das Gebäude von Adolf Loos „augenbrauenloses Haus". Während der Bauphase 1910 hatten sich die

MERIAN | ARCHITEKTUR

Der Stephansdom

Das berühmteste Wahrzeichen von Wien bietet von allem etwas: Romanik, Gotik und Barock

Er ist Österreichs bedeutendster gotische Bau. Und auch ohne vollendeten zweiten Turm gilt der Dom mit dem imposanten, 137 Meter hohen Südturm als Wahrzeichen Wiens. Von dort oben ist der Blick über die Stadt grandios – wenn man die 343 Stufen bis zur 73 Meter hohen Türmerstube überwunden und dem Drehwurm auf der steilen Wendeltreppe getrotzt hat. In den Nordturm kommt man per Aufzug, hier hängt seit 1957 die läutende Ikone der österreichischen Gläubigkeit, die „Pummerin". Die Westfassade mit dem Riesentor ist ein Überbleibsel vom romanischen Bau, der Rest der Kirche ist gotisch: In den Jahren 1304-40 wurde der dreischiffige Chor errichtet, ab 1359 folgte das Langhaus, 1433 wurde der Südturm vollendet. Die Arbeiten am Nordturm wurden 1511 schließlich eingestellt. Im Inneren ist die zwischen 1480 und 1513 geschaffene Kanzel (möglicherweise von Anton Pilgram) zu sehen – der „Fenstergucker" an ihrem Sockel ist der Meister selbst. Sehenswert sind auch das Grabmal von Kaiser Friedrich III. in rotem Marmor (erbaut 1468-1513, nach einem Entwurf von Niklas Gerhaert van Leyden) und der Wiener Neustädter Altar, ein kunstvoll verzierter gotischer Flügelaltar von 1447. Das barocke Grabmal Prinz Eugens von Savoyen befindet sich in der Kreuzkapelle. Neben dem Aufzug zum Nordturm geht es in die Katakomben. Hier stehen mehr als 70 Behältnisse mit Eingeweiden von Habsburgern, deren Körper in der Kapuzinergruft ruhen. Daneben ist auch Herzog Rudolf der Stifter bestattet.

Das Spiel mit dem Stilbruch: Haas-Haus vis-à-vis Dom

(e 3/4) I., Stephansplatz, www.stephanskirche.at
Mo-Sa 6-22 Uhr, So 7-22 Uhr. Führungen Mo-Sa 10.30, 15 Uhr, So 15 Uhr, 4 €.
Südturm tgl. 9-17.30 Uhr, 3 €. Nordturm tgl. 8.30-17.30 Uhr, im Winter bis 17 Uhr, 4 €. Katakombenführungen Mo-Sa 10-11.30, 13.30-16.30 Uhr, So 13.30-16.30 Uhr, 4 €

Bürger derart darüber aufgeregt, dass Loos doch noch wenigstens bronzene Blumenkästen anbringen ließ.
I., Michaelerplatz 3

(d 5) Majolikahaus
Heißt so wegen der vom Architekten Otto Wagner für die Fassade verwendeten Majolika-Fliesen, durch die er die darauf abgebildeten farbigen Pflanzenornamente witterungsunempfindlich machte.
VI., Linke Wienzeile 38/40

(e 3) Maria am Gestade
Ein gotisches Juwel: Der helle Chor datiert aus der Mitte, das dunkle Langhaus vom Ende des 14. Jhs. Die plastische Gestaltung der Wand weist auf eine Arbeit der Wiener Dombauhütte hin. Der von zarten Facetten durchbrochene Maßwerkkuppelhelm auf dem 56 Meter hohen Turm gilt als ein Höhepunkt gotischer Kunst.
I., Salvatorgasse 12

(d/e 3/4) Michaelerplatz
Vor dem ornamentlosen Looshaus sieht man Reste historischer Bauwerke aus der Römerzeit. Die ehemalige Barnabitenkirche Sankt Michael auf der anderen Seite stammt in ihrem Kern aus dem 13. Jh. Sehenswert: der barocke Portalvorbau mit dem „Engelssturz" in der klassizistischen Fassade.

(d/e 4) Nationalbibliothek
Die prachtvollen Räume der größten Bibliothek des Landes wurden von Johann Bernhard Fischer von Erlach und seinem Sohn geschaffen. Prunksaal, historische Lesesaal und das Globenmuseum können besichtigt werden.
I., Josefsplatz 1
Prunksaal: Di-So 10-18 Uhr, Do 10-21 Uhr

(d/e 3) Palais Ferstel
Erbaut 1856-60 im Stil der italienischen Renaissance. Bis 1877 Börse. Florentinische und venezianische Einflüsse bestimmen diese erste, in den 1980er Jahren renovierte Geschäfts- und Büropassage.
I., Freyung 2 / Herrengasse 17

Über 50 Opern alljährlich auf dem Spielplan: Die Staatsoper (Rückseite), ein Neorenaissance-Bau, besitzt ein riesiges Repertoire

(d 3/4) Parlament
Eindrucksvoller Prunkbau an der Ringstraße: Der von der griechischen Antike faszinierte dänische Architekt Theophil Hansen schuf von 1873-83 das ehemalige Reichsratsgebäude. Auch der Pallas-Athene-Brunnen vor dem heutigen Sitz des National- und des Bundesrates wurde von ihm entworfen, die Ausführung übernahm aber Carl Kundmann.
I., Dr.-Karl-Renner-Ring 3 (Zugang unter der Parlamentsrampe), www.parlament.gv.at
Führungen Mo–Fr 10, 11, 14, 15, 16 Uhr, Fr auch 13 Uhr, Sa 10, 11, 12, 13 Uhr, 4 €

(f 3) Postsparkasse
Einer der wichtigsten Bauten Otto Wagners: Gestaltung der Front mit Marmorplatten und Aluminiumknöpfen und das Interieur stammen von ihm.
I., Georg-Coch-Platz 2

(d 3) Rathaus
Der Kölner Dombaumeister Friedrich von Schmidt errichtete 1872-83 an der Ringstraße das neugotische Rathaus. Auf dem 98 Meter hohen Turm thront der eiserne Rathausmann, der mit seiner Standarte sechs Meter misst. Der Wiener Bürgermeister, dessen Amtsräume sich im Rathaus befin-

den, übt seit 1922 zusätzlich die Funktion des Landeshauptmanns des Bundeslandes Wien aus; im Rathaus tagen also auch Landesregierung und Landtag. Auf dem Platz davor finden die unterschiedlichsten Veranstaltungen statt: Konzerte, Freiluftkino, Eislaufen, Märkte.
I., Rathausplatz
Führungen Mo, Mi, Fr 13 Uhr (nie an Sitzungs- und Feiertagen)

(d-f 2-4) **Ringstraße**
Anstelle der ehemaligen Stadtmauer und den davor liegenden Wiesen mit freiem Schussfeld (dem „Glacis") ließ Kaiser Franz Joseph I. von 1857-65 den Ring anlegen. Hier entstanden in Folge zahlreiche Prunkbauten der unterschiedlichsten Stilrichtungen. Die vier Kilometer lange Ringstraße gilt heute als beispielhaftes Gesamtkunstwerk. Baumeister wie Gottfried Semper, Heinrich Ferstel oder Theophil Hansen schufen antike, gotische und barocke Paläste, aber auch Bauten nach Art der Renaissance und des Jugendstils passen sich in das Gesamtkonzept ein. Um sich die Fassaden anzusehen, nehmen Sie am besten die Ringstraßenlinie 1.

(h 7) **St. Marxer Friedhof**
s. S. 51
III., Leberstraße 6-8
tgl. 7-17 Uhr

(l 2/3) **Schönbrunn**
Die kaiserliche Sommerresidenz ist eines der Highlights in Wien. Für den Besuch braucht man allerdings einen ganzen Tag. Unter Kaiser Maximilian II. zum Jagdschloss umgebaut, wurde es 1683 bei der Türkenbelagerung zerstört. Bis 1717 wurde daraufhin ein neues Schloss gebaut. Sein heutiges Aussehen erhielt Schönbrunn aber erst unter Maria Theresia, die die Anlage anstelle der Hofburg zu ihrem Wohnsitz machte und mit Gemahl und 16 Kindern einzog. Sehenswert sind die Prunkräume des Schlosses, fast alle im Rokokostil: das mit Rosenholz getäfelte Millionenzimmer und der Spiegelsaal, in dem der sechsjährige Mozart vor der Kaiserin musizierte.
April-Juni, Sept., Okt. tgl. 8.30-17 Uhr, Juli/Aug. tgl. 8.30-18 Uhr, Nov.-März tgl. 8.30-16.30 Uhr, Imperial Tour 9,50 €, Grand Tour 12,90 €

Schönbrunn, Schlosspark
Angelegt im Stil eines französischen Gartens. In der Gloriette, einem Siegesdenkmal auf dem höchsten Punkt des Parks, ist ein schönes Café.
tgl. bis Einbruch der Dunkelheit Gloriette Aussichtsterasse 1,99 €

Schönbrunn, Irrgarten
Gut restaurierter Garten des alten Parks aus dem 17. Jh. mit zwei Fengshui-Harmoniesteinen im Zentrum.
April-Juni, Sept. tgl. 9-18 Uhr, Juli/Aug. tgl. 9-19 Uhr, Okt. tgl. 9-17 Uhr, Nov. tgl. 9-16 Uhr, 2,90 €

Schönbrunn, Palmenhaus
Einst futuristisch anmutende Stahl-Glas-Konstruktion aus dem Jahr 1882. Wechselnde Ausstellungen.
Mai-Sept. tgl. 9.30-18 Uhr, Okt.-April tgl. 9.30-17 Uhr, 4 €

Schönbrunn, Wüstenhaus
In einem 100 Jahre alten Glashaus leben Pflanzen und Tiere, die ursprünglich aus den trockenen Regionen unseres Planeten stammen.
Mai-Sept. 9-18 Uhr, Okt.-April 9-17 Uhr, 4 €

Schönbrunn, Tiergarten
Ältester Zoo der Welt. Kaiser Franz I. ließ ihn 1752 errichten. Neben Elefanten- und Raubtiergehegen gibt es ein Tiroler Bauernhaus mit Tieren zum Streicheln, sowie ein Regenwald- und Polariumhaus.
XIII., Maxingstr. 13b
www.zoovienna.at
tgl. 9-18.30 Uhr, in der kalten Jahreszeit 9-16.30 Uhr, 12 €

(d/e 5) **Secession**
Prachtvolle Kuppel mit vergoldeten, stilisierten Lorbeerblättern und dem Spruch „Der Zeit ihre Kunst. Der Kunst ihre Freiheit". Die Secessionisten um Otto Wagner und Gustav Klimt forderten ein der neuen Kunstform entsprechendes Ausstellungsgebäude. So wurde das Jugendstilgebäude 1897/98 von Josef Maria Olbrich als Ort der Revolution gegen das konservative Künstlerhaus errichtet. 34 Meter langer Beethovenfries von Klimt.
I., Friedrichstr. 12
www.secession.at *Di-So 10-18 Uhr, Do 10-20 Uhr, 6 €*

(d/e 4) **Spanische Hofreitschule**
Die Spanische Hofreitschule besteht seit 1572 und ist damit das älteste Reitinstitut der Welt. Die Lipizzaner-Pferde werden in der Weststeiermark gezüchtet und verbringen dort auch ihren „Sommerurlaub", dann ist die Reitschule geschlossen (Juli, Aug.). Die Stallungen sind im Renaissancebau der Stallburg untergebracht, in der benachbarten Winterreitschule finden die öffentlichen Vorführungen statt sowie die Morgenarbeit der Pferde mit ihren staatlichen Rittmeistern.
I., Michaelerplatz 1 (Eingang vom Josefsplatz), www.srs.at
Voranmeldung empfohlen, Termine für Führungen und Rundgänge unter Tel. 533 90 32

(e 4) **Staatsoper**
Der imposante Ringstraßenbau wurde von Eduard van der Nüll und August von Sicardsburg 1863-69 im Stil der italienischen Renaissance errichtet.
I., Opernring 2
Tel. 514 44 22 50
www.staatsoper.at
Besichtigung nur nach telefonischer Anmeldung, 5 €

(e 3) **Synagoge**
s. S. 48 ff.
I., Seitenstettengasse 4
Führungen Mo-Do 11.30, 14 Uhr, nur mit Ausweis!

(c 2) **Universitätscampus**
Das ehemalige AKH (Allgemeines Krankenhaus) war bei seiner Gründung 1784 das modernste Krankenhaus der Welt. In der Sensengasse steht noch der fünfstöckige kreisrunde „Narrenturm", in dem früher die psychisch Kranken „verwahrt" wurden. Heute ist hier das Pathologisch-Anatomische Bundesmuseum mit einer Sammlung von künstlichen Organen, konservierten Föten etc. untergebracht. Im alten AKH wurde auch die weltberühmte Wiener Medizinische Schule geboren. Der Gebäudekomplex ist heute ein Teil der Universität. Einer der Innenhöfe gilt dessen ungeachtet im Sommer als einer der schönsten Biergärten der Stadt.
IX., Alser Straße/Spitalgasse
www.narrenturm.info

Museum: Mi 15-18 Uhr, Do 8-11 Uhr, jeden ersten Sa im Monat 10-13 Uhr, 2 €

(m 2) **UNO-City**
Das „Vienna International Centre" ist seit 1979 Sitz für die in Wien ansässigen UN-Organisationen.
XXII., Wagramer Str./Donaupark
www.unvienna.org
Führungen Mo-Fr 11, 14 Uhr, 5 €

(d 3/4) **Volksgarten**
Der für die Wiener Bürger freigegebene Teil der von Napoleon zerstörten Burgbastei (der andere war der kaiserliche Burggarten) mit Denkmälern von Kaiserin Elisabeth und Franz Grillparzer ist der zweitälteste Park der Stadt. Der Theseustempel in der Mitte des Gartens wurde dem athenischen Theseion nachempfunden (1820-23).
I., Dr.-Karl-Renner-Ring

(d 2) **Votivkirche**
Manche Wienbesucher halten die 1856-79 von Heinrich von Ferstel errichtete neugotische Votivkirche auf den ersten Blick für den Stephansdom. Ihr Bau wurde als Dank für die Errettung des jungen Kaisers Franz Joseph vor einem Attentat initiiert. In Kircheninneren ist ein Renaissance-Grabmal für Niklas Graf Salms, Befehlshaber während der ersten Türkenbelagerung 1529.
IX., Rooseveltplatz 8

Otto-Wagner-Stadtbahnpavillons
Die Stadtbahn gilt als Gesamtkunstwerk des Jugendstilarchitekten Otto Wagner: Die Brücken und Stationsgebäude, auch Leuchten und Geländer wurden von ihm geplant. Besonders sehenswert der Stadtbahnpavillon Hietzing, die Haltestellen Schönbrunn, Stadtpark und die Abgänge am Karlsplatz – einer davon ist im Sommer ein Café.
Otto Wagner Hofpavillon Hietzing Dokumentation
XIII., Schönbrunner Schlossstraße, *April-Okt. Di-So 13.30-16.30 Uhr, 2 € (wird derzeitig umgebaut)*

(l 3) **Wotrubakirche**
Nach Entwürfen des Wiener Bildhauers Fritz Wotruba (1907-75) wurde die Kirche zur Heiligsten Dreifaltigkeit 1976 aus versetzt angeordneten Quadern geschaffen.
XXIII., Rysergasse/Georgsgasse

(m 3) **Zentralfriedhof**
s. S. 51
XI., Simmeringer Hauptstr. 232
März, April, Sept., Okt. 7-18 Uhr, Nov.-Feb. 8-17 Uhr, Mai-Aug. 7-19 Uhr

MUSEEN

(d 5) **Akademie der Bildenden Künste**
Die einzige Hochschule im deutschsprachigen Raum, der eine Galerie alter Meister angegliedert ist: holländische und flämische Malerei, darunter Werke von Rembrandt, Rubens, Cranach und Tizian.
I., Schillerplatz 3
www.akabild.ac.at
Di-So 10-18 Uhr, 7 €

(e 4) **Albertina** s. S. 56

(f 5) **Barockmuseum und Mittelalterliche Kunst**
Hier hängen Werke namhafter Barockmaler, im benachbarten Prunkstall befinden sich mittelalterliche Tafelmalereien und Altarbilder.
Unteres Belvedere, Rennweg 6a
www.belvedere.at
tgl. 10-18 Uhr, 7,50 €

(f 6) **Bestattungsmuseum**
s. S. 51

(d 4) **Hofjagd- und Rüstkammer**
Sie gilt als weltweit bedeutendste ihrer Art. Rüstungen und Waffen aus fünf Jh.en sind zu sehen: Prunkharnische der österreichischen Kaiser, dazu Kettenhemden, Streitkolben, elfenbeinverzierte Pistolen, auch der Hinterladerstutzen, mit dem Kaiser Franz Joseph auf die Jagd ging.
I., Neue Burg/Heldenplatz
tgl. außer Di 10-18 Uhr, 8 € (inklusive Völkerkundemuseum)

(d 2) **Josephinum**
In der einstigen chirurgisch-medizinischen Militärakademie befindet sich die von Kaiser Joseph II. in Auftrag gegebene Kollektion anatomischer Wachsfiguren. An ihnen ließ der Kaiser seine Militärärzte die inneren Organe studieren. Heute ergötzen sich Museumsbesucher an den lebensecht gestalteten Ausstellungsstücken: Frauen mit offen gelegten Innereien, perlengeschmückt auf Samt gebettet und Männer mit abgeschälten Muskelpaketen in hohen Glasvitrinen...
IX., Währinger Str. 25
Mo-Fr 9-15 Uhr, jeden ersten Sa im Monat 10-14 Uhr, 2 €

(e 4) **Jüdisches Museum der Stadt Wien**
s. S. 68
I., Palais Eskeles
Dorotheergasse 11
www.jmw.at
So-Fr 10-18 Uhr, 5 €

(g 3) **KunstHausWien**
Wer sich für die fehlenden Geraden im Werk Hundertwassers interessiert, der ist im KunstHaus richtig: Der Meister hat dort eine Schau. Ausstellungen zur Klassik und Avantgarde.
III., Untere Weißgerberstr. 13
www.kunsthauswien.com
tgl. 10-19 Uhr, 9 €

(d 4) **Kunsthistorisches Museum** s. S. 56

(d 1) **Liechtenstein Museum**
s. S. 56

(d/e 4) **Lipizzanermuseum**
In der ehemaligen Hofapotheke in der Stallburg zeigt das Museum anhand vieler Schaustücke und Gemälde die Geschichte der edlen Kaiserrösser.
I., Reitschulgasse 2
www.lipizzaner.at
tgl. 9-18 Uhr, 5 €

(d 4) **MuseumsQuartier**
s.S. 56

(d 4) **Naturhistorisches Museum**
Der „Kindersaal" ist ein Muss für Familien. Empfehlenswert: Sauriersaal, prähistorische Abteilung mit Funden aus der Hallstattzeit, die 25 000 Jahre alte Venus von Willendorf.
I., Burgring 7
www.nhm-wien.ac.at
Do-Mo 9-18.30 Uhr, Mi 9-21 Uhr, 8 €

(f 6) **Österreichische Galerie im Oberen Belvedere**
s.S. 56

(f 4) **Österreichisches Museum für Angewandte Kunst (MAK)**
s. S. 56

(d 4) **Schatzkammer**
In der Hofburg sind die Reichsinsignien der Habsburger zu

Der Wurstelprater mit Riesenrad und Karussel ist der bekannteste Teil der Prater-Parkanlage

sehen: vom Burgunderschatz über die Krone des Heiligen Römischen Reiches aus dem 10. Jh. bis zur österreichischen Kaiserkrone, der ehemaligen Krone Rudolfs II. – alles Exponate von unermesslich hohem Wert.
I., Hofburg, Schweizerhof
tgl. außer Di 10-18 Uhr, 10 €

(e 4) **Theatermuseum**
Das Palais Lobkowitz besitzt außen ein Barockportal von Johann Bernhard Fischer von Erlach (1709-11) und innen eine faszinierende Kollektion Wiener Theaterlebens: Bühnenmodelle, Requisiten, Zeichnungen und vieles mehr.
I., Lobkowitzplatz 2
www.theatermuseum.at
tgl. außer Mo 10-18 Uhr, 4,50 €

(e 5) **Wien Museum**
Kunst- und historische Sammlungen zur Geschichte der Stadt, sowie eine Gemäldesammlung mit Werken von Klimt und Schiele. Das Museum hat eine Reihe von Dependancen – die Hermesvilla im Lainzer Tiergarten (ehemals Schloss Kaiserin Elisabeths) oder Schuberts Sterbewohnung.
IV., Karlsplatz.www.wien museum.at, *Di-So 9-18 Uhr, 6 €*

(h 5) **Wiener Straßenbahnmuseum**
Hier stehen mehr als 80 historische Bahnen – von der Pferdetramway bis zum modernen Gelenkwagen.
III., Erdbergstr. 109
Anf. Mai - Anf. Okt., Sa, So 9-16 Uhr, 3 €

GALERIEN

(e 4) **Galerie nächst St. Stephan**
Zeitgenössische, nationale und internationale Kunst.
I., Grünangergasse 1-2
www.schwarzwaelder.at
Mo-Fr 11-18 Uhr, Sa 11-16 Uhr

(e 4) **Galerie Slavik**
Schmuckgalerie, die durch experimentelles Interieur von Edmund Hoke glänzt. Unikate.
I., Himmelpfortgasse 17
www.galerie-slavik.com
Di-Fr 10-13, 14-18 Uhr, Sa 10-17 Uhr

(e 4) **Galerie Steinek**
Neben österreichischer Gegenwartskunst werden hier auch Arbeiten internationaler Künstler ausgestellt.
I., Himmelpfortgasse 22
www.galerie.steinek.at
Di-Fr 12-18 Uhr, Sa 11-14 Uhr

THEATER UND OPER

(d 3) **Burgtheater**
„Die Burg" widmet sich den Klassikern der Weltliteratur, ihre Akteure gehören zur Crème de la Crème der deutschsprachigen Schauspielerzunft. Premieren sind so beliebt, dass sie regelmäßig ausverkauft sind.
I., Dr. Karl-Lueger-Ring 2
Tel. 514 44 41 40
www. burgtheater.at

(c 3) **Kabarett Niedermair**
Alles, was in Österreichs Kleinkunstszene einen Namen hat, stand hier schon auf der Bühne, aber auch Newcomer.
VIII., Lenaugasse 1a
Tel. 4 08 44 92
www.niedermair.at

(e 4) **Ronacher**
Früher war das Ronacher Kabarett, inzwischen ist es Musicalbühne und zeigt hauptsächlich Broadwayproduktionen. Wegen Umbau bis Mitte 2008 geschlossen.
I., Seilerstätte 9
Tel. 51 41 14 20
www.musicalvienna.at

(e 4) **Staatsoper**
Die wichtigste Opernbühne Österreichs. Hier geben sich jährlich von September bis Juni meist große Stimmen wie Placido Domingo ein Stelldichein. Die Stehplatzkarten gibt's schon für 2 €. Wer sich nur das Haus ansehen möchte, kann eine Führung machen.
I., Opernring 2
Info: Bundestheaterverband, Hanuschgasse 3
Tel. 514 44-22 50
www.wiener-staatsoper.at
Termine der Führungen auf der Webseite, 5 €

(d 5) **Theater an der Wien**
Seit 2006 präsentiert sich das geschichtsträchtige Haus als neues, altes und nun ganzjährig bespieltes Opernhaus mit festem Ensemble. Im Theater an der Wien erlebte bereits Beethovens Eroica ihre umjubelte Uraufführung.
VI., Linke Wienzeile 6
Tel. 588 85
www.theater-wien.at

Ein frühes Geschenk fürs Volk: Der Theseustempel inmitten des Volksgartens

MERIAN | TIPP

Prater

Das ehemalige kaiserliche Jagdrevier wurde 1766 von Joseph II. der Öffentlichkeit zugänglich gemacht. Nahe dem Praterstern entstanden im so genannten Volks- oder Wurstelprater bald Vergnügungsstätten und Wirtshäuser. Der alte Wurstelprater wurde in den letzten Kriegstagen des Jahres 1945 fast völlig zerstört, Erinnerungsstücke aus seinen vergangenen Tagen sind im Pratermuseum beim Riesenrad zu sehen. Im selben Gebäude ist auch das Planetarium. Noch heute bietet der Prater das ganze Jahr über Volksfestatmosphäre: Es gibt Schießbuden und Ringelspiele neben Spielsalons und Eisbuden. Wahrzeichen des Praters ist das Riesenrad, in den Jahren 1896/97 vom englischen Ingenieur Walter Basset errichtet. Von seinen geschlossenen Waggons aus genießt man einen herrlichen Blick über die Dächer der Hauptstadt.
Mit der Liliputbahn kann man eine Rundfahrt durch den Park unternehmen, in dem sich auch das Fußballstadion, die Trabrennbahn, die Galopprennbahn und das Radstadion befinden. Sportlich Aktive finden hier genügend Platz zum Radfahren oder Spazierengehen.
(g-k 2-6)
www.wienerriesenrad.com
Pratermuseum:
Di-Do 10-13, Fr-So 14-18 Uhr

Absolut frischen Fisch gibts bei Umar am Naschmarkt

MERIAN | TIPP

Ein Vivat auf den Wirt

Vom Naschmarkt bis ins La Divina – ein Streifzug durch die besten Wirtshäuser, Beisln und Bars

Sie möchten den Abend mit einem Glas Champagner und ein paar Austern beginnen? Aber gerne. Österreich hat zwar schon lange keinen Zugang mehr zum Meer, aber in Wien gibt's immerhin die Nordsee. Auch wenn sich deren Filialen über die ganze Stadt verteilen: Die opulenteste liegt, mit Fisch aus See, Bach, Strom und Meeren, am **Naschmarkt**. Man muss ihn gesehen haben, den Markt. Ein Wienbesuch ohne Naschmarkt, das ist wie ... wie Hamburg ohne Reeperbahn, Paris ohne Eiffelturm, London ohne Tower. Pardon, übrigens stammt der Name nicht, wie vermutet, von „Naschen", sondern von „Aschenmarkt".

Ich habe Sie hierher bestellt. Sie kommen aus dem Norden, sind zum ersten Mal in Wien. Sie haben die wichtigsten Museen besichtigt, Einkäufe erledigt, Sehenswürdigkeiten besucht. Gern wären Sie am Abend ins Burgtheater gegangen, aber die eine Vorstellung, die Sie unbedingt sehen wollten, war restlos ausverkauft. Dann wird's statt Bühnenkunst halt Wirtshauskultur, meinen Sie.

Nordsee oder **Umar**, sage ich, beide liegen am Naschmarkt, beide sind auf Fisch und Meeresfrüchte spezialisiert. Sie strahlen. Austern also. Ein Glas Champagner.

Wunderbar, sage ich, und danach? Das Angebot an Ausgezeichnetem ist groß, sehr groß sogar; es ist übergroß, da ist jede Auswahl im Grunde vermessen ... Ich überlege. Wir könnten, sage ich, einen Streifzug durch ein paar Gaststätten machen, deren Geschichten miteinander verwoben sind. Sie sind einverstanden. Wir bezahlen, gehen noch ein paar Schritte in den Naschmarkt hinein. Es ist Abend. Die Händler machen sich daran, ihre Stände zu schliessen, aber überall türmen sich noch Köstlichkeiten.

Dann sitzen wir im Taxi. Es sind nur ein paar Minuten hin zum Stadtpark, durch den der Wienfluss zieht. Rechts liegt, in einer Perle aus der Spätzeit der Monarchie, das Restaurant **Restaurant Steirereck**, links das Gasthaus, das zum MAK, dem Museum für Angewandte Kunst, gehört.

Ich mach' Ihnen keine Hoffnung, dass wir im Restaurant des Steirerecks Platz finden könnten, man muss tage- und wochenlang im Voraus reservieren, also setzen wir uns in die Bar, an eine lange Tafel. Goldene Hochsessel stehen darum herum. Über uns schwebt ein Lüster aus rotem Muranoglas. Im Burgtheater, meint mein Besuch nach einem kurzen Blick auf die Uhr, hebt sich jetzt wohl der Vorhang.

Wir essen winzige Portionen Hummer und Tauben, und trinken einen guten Weißwein aus der Wachau. Wir reden über den Nestroy, den Sie gerne gesehen hätten; dann erzähle ich, dass das Steirereck zwei Jahrzehnte lang das Maß gewesen sei, an dem sich österreichische Haubenlokale zu messen hatten. Das lag, sage ich, an der glückhaften Verbindung von einem der einflussreichsten Köche des Landes, Helmut Österreicher, mit einer herausragenden Wirtsfamilie. Allerdings befand sich das erste Steirereck in einer eher hässlichen Umgebung abseits des Ersten Bezirks. Deshalb übersiedelte man gerne hierher, als sich die Gelegenheit ergab.

Aber schon bald nach der Eröffnung, ergänze ich und deute hinüber in die gut einsichtbare Küche, in der mehr als ein Dutzend Köche geschäftig werken, stieg Österreicher aus. So?, sagen Sie, aha! Und loben das Ambiente, die feinen Schmankerln, den Wein. Ich habe den Eindruck, dass Ihnen diese wienerische Interpretation internationaler Spitzengastronomie ausnehmend gut gefällt. Die vielen Kellner mit den weißen Handschuhen, staunen Sie, die lautlose Geschäftigkeit, dieses beinahe Andachtsvolle. Dann wollen Sie wissen, was aus dem Koch geworden sei.

Wir verlassen das Luxusrestaurant und schlendern durch die frühe Nacht über den Wienfluss zum **Restaurant Österreicher** im MAK. Zur allgemeinen Überraschung, sage ich, wurde Österreicher hier Küchenchef. Bis vor kurzem war es nur ein Café, dann wurde es renoviert und gilt jetzt als besonders interessantes Beispiel der neuen Wiener Gasthauskultur. Hier also zelebriert Österreicher klassische und moderne Beiselküche.

Die Beiselküche sei übrigens ein weites Feld, erläutere ich, vielfältig, komplex und von unterschiedlichsten Einflüssen geprägt, erfordert die richtige Abstimmung, die Verwandlung, Veredlung und Sublimierung der Geschmäcker Feingefühl und Geduld.

Wir trinken Wein, wir essen Rehrücken mit Schwammerlsterz und Kohlgemüse. Nun dürfte im Burgtheater Pause sein. Sie verpassen eine Inszenierung, doch zu sehen gibt es hier auch genug. Das Publikum ist jünger, lauter und lebhafter als im Steirereck, es wird geredet, gelacht und diskutiert. Trotzdem gehen wir. Sie wollen mehr erleben. Sie haben schon gemerkt, wie rasch in Wien ein Abend vergeht. Wir überqueren den Ring, spazieren am **Café Prückl**, das mir von allen alten Wiener Kaffeehäusern das liebste ist, schon allein

In der Bar La Divina huldigt man der großen Oper

Café Engländer ist der neue Senkrechtstarter in der Kaffeehauslandschaft

wegen des tagesfüllenden Zeitungsangebots, vorbei in Richtung Bäckerstraße. An Ende liegt das **Café Engländer**.
Wir treten durch den schweren dunkelroten Samtvorhang ins Engländer und bestellen Kaffee und Mohr im Hemd (Pudding mit Schokoladensauce und Sahne). Das Engländer ist ein Extrem, erläutere ich, obwohl es ganz und gar wienerisch ist und von waschechten Wiener Wirtsleuten betrieben wird.
Die Atmosphäre gefällt. Das Engländer ist voll wie üblich, und als Sie an einem der Tische einen berühmten Schriftsteller entdecken, geraten Sie ein wenig außer sich. Wir sind inzwischen wohl alle ziemlich beschwingt.
Später gehen wir die Bäckerstraße weiter, die während vieler Jahre die berühmteste Ausgehzeile war. Wir schlendern vorbei am **Oswald & Kalb** und am **Alt Wien** und vielen anderen Lokalen, bis wir das **l'ombra** erreichen. Den kleinen Raum dominieren kräftige Farben in Purpur, Orange, Rot, Blau und Gelb. Meine Begleiter sind entzückt, sie bestellen Kaffee, dazu einen guten Grappa. Irgendwann einmal müssen Sie das Vitello tonnato mit Ingwer, Granatäpfeln und Thunfischfilet probieren, empfehle ich, oder den Hirschleberkäse mit Kürbis und Balsamico. Aber nicht jetzt, stöhnen Sie, wir sind wirklich satt. Höchstens noch einen Grappa. Oder vielleicht einen Marillenbrand?
Bald ist Mitternacht. Im Burgtheater hat ‚Der Zerrissene' ausgespielt, der eiserne Vorhang ist geschlossen.
Gehen wir ein paar Schritte zu Fuß, frage ich, zum Stephansplatz und in die Kärntner Straße? An ihrem Anfang, in einer Seitengasse versteckt, befindet sich die **Loos-Bar**, und am Ende, hinter der Oper, **La Divina**. Was ist der Unterschied?, wollen Sie wissen.
In die Loos-Bar geht man, um zu sehen und gesehen zu werden, ins La Divina zum Tete-à-tete mit Oper und Belcanto. Sie wollen beides. Wir trinken hier einen Digestiv und da Champagnercocktails. Doch irgendwann ist genug. Ein Fluchtachterl noch? Prosit!, sagen Sie. Schreit's vivat!, verlange ich. Vivat!! Schreien wir alle zusammen.

Text: Christoph Brändle, Fotos: Evelyn Rois & Bruno Stubenrauch

STREIFZUG DURCH DIE GASTRONOMIE

(e 4) **Bar La Divina**
Die Bar ist ein einziger Kniefall vor den großen Opernstars: Die Theke hat die Form einer Geige, im Gastraum steht eine nachgebauten Opernloge und auf Flatscreens kann man die Aufführungen der Wiener Staatsoper live verfolgen.
I., Hanuschgasse 3, Tel. 51 34 43 19 *tgl. 16-02 Uhr*

(e/f 3) **Café Alt Wien**
Der Künstlertreff schlechthin. Besonders empfehlenswert: das hervorragende Gulasch und dazu ein Seidel Bier.
I., Bäckerstr. 9, Tel. 512 52 22
Sa-Do 10-2, Fr, Sa 10-4 Uhr

(f 3) **Café Engländer**
Klassisches, aber modern gestyltes Kaffeehaus mit Wiener Küche. Und das Wohnzimmer von Peter Sloterdijk, Franz West und anderen illustren Größen.
I., Postgasse 2, Tel. 966 86 65
Mo-Sa 8-1, So, Fr 10-1 Uhr

Café Prückl
s. S. 187

(e 3) **Griechenbeisl**
Trotz seiner Bekanntheit auch bei Touristen hat das Griechenbeisl Originalität bewahrt: Das Essen ist gut und die Prominenz lässt sich hier noch immer gerne nieder. Sehenswert: die Autogrammwand im Mark-Twain-Zimmer.
I., Fleischmarkt 11
Tel. 533 19 77 *tgl. 11-1 Uhr*

(e 3) **l'ombra**
Kürzlich hieß es noch Lugeck. Die Besitzer sind dieselben, die kleinen Gerichte spannend, die Getränke großartig.
I., Lugeck 7, Tel. 276 58 14
Mo-Sa 17-0 Uhr

Loos-Bar
s. S. 187

(d 5) **Nordsee-Strandhaus**
Trotz Kettenlokal etwas Besonderes. Leckere Fischgerichte. Austernbar im Glaspavillon.
VI., Naschmarkt
Stand 1-5 *So geschl.*

(f 3/4) **Österreicher im MAK**
4-Hauben-Koch Helmut Österreicher zaubert klassische, moderne Wiener Küche – vom Schnitzel bis zu Krautfleckerln.
I., Stubenring 5
Tel. 714 01 21 *tgl. 10-2 Uhr*

(e/f 3) **Oswald & Kalb**
Bar und Restaurant in alten Gewölben, mit Thonetstühlen und roter Holzvertäfelung. Am runden Tisch tagt die lokale Medien- u. Künstlerprominenz.
I., Bäckerstraße 14
Tel. 512 13 71 *tgl. 19-2 Uhr*

(d 5) **Restaurant Umar**
Fischhandlung, die selbst importiert und die abends den Fisch Ihrer Wahl direkt aus der Vitrine frisch zubereitet.
VI., Naschmarkt Stand 76-79
Tel. 587 04 56
Fr-Sa 11-22.30 Uhr

Steirereck im Stadtpark
s. S. 186

Von der Dachterrasse des Do & Co hat man einen schönen Blick auf den Stephansplatz und den Dom

MERIAN | TIPP

Wohnzimmer mit Bedienung

Alte Tapeten, dunkles Holz, die samtenen Stuhlbezüge schon ein wenig verschlissen, auf dem Zeitungstisch stapeln sich die Magazine und in der Ecke bollert ein Holzofen: Das Café Jelinek ist eines der letzten überlebenden Kaffeehäuser der alten Spezies. Frühstück gibt's hier immer, Kaffeespezialitäten auch, die Mehlspeisen sind selbstgemacht. Das Licht ist so mild, dass es Spinnweben tragen könnte. Leises Gemurmel der Stammgäste, bisweilen das Rascheln einer umgeblätterten Buchseite. An der Bar hängt ein Schild: „Wer's eilig hat, wird hier nicht bedient." Auch wenn die Umgebung langsam hip wird und die Shopping Mall Mariahilfer Straße nah ist – hier lässt sich die Langsamkeit wieder zurückholen. Wienerisch.

(c 5) Café Jelinek
VI. Otto-Bauer-Gasse 5
tgl. 9-21 Uhr

Preiskategorien

Alle Adressen im Info-Magazin sind MERIAN-Empfehlungen. Der Preis für ein Hauptgericht liegt bei:
€€€€ *ab 45 €*
€€€ *ab 25 €*
€€ *ab 15 €,* € *bis 15 €*

RESTAURANTS, GASTHÄUSER, BEISL

(e/f 3) **Bauer**
Liebevoll geführtes Restaurant. Gehobene österreichische Küche mit neuen Nuancen: Szegediner Gulasch mit Hummer.
I., Sonnenfelsgasse 17
Tel. 512 98 71
Di-Fr 12-15 Uhr u. 18-24 Uhr
Mo nur abends €€€

(e 3, e 4) **Do & Co**
Das bekannteste unter den durchgestylten neueren Wiener Restaurants gibt es zweimal in der Stadt: In Architekt Holleins Haas-Haus wird Fisch, Mediterranes, aber auch Wiener Schnitzel serviert, in der Albertina Wiener Klassiker.
I., Haas-Haus, Stephansplatz 12, Tel. 535 39 69 18
tgl. 12-15 Uhr u. 18-24 Uhr
Albertina, I., Albertinaplatz 1
Tel. 532 96 69
tgl. 9-24 Uhr €€

(e 4) **Drei Husaren**
Drei Dutzend Vorspeisen zur Auswahl, den kulinarischen Genuss untermalt ein Klavierspieler. Seit langer Zeit eines der besten Restaurants der Stadt. Traditionelle Küche und eigene leichte Kreationen.
I., Weihburggasse 4
Tel. 512 10 92-0
tgl. 12-15 Uhr u. 18-23 Uhr
€€€

(e 3) **Fabio's**
Neues Designerlokal mit leichter, niveauvoll mediterraner Küche. Weinkenner setzen sich in die dazugehörige Lounge.
I., Tuchlauben 6, Tel. 532 22 22
Mo-Sa 12-23.30 Uhr, Lounge ab 10 Uhr €€€

(e 2/3) **Hansen**
Nobles Restaurant im Souterrain der Wiener Börse – entsprechend auch das Publikum. Die Küche mischt gekonnt Europäisch-Mediterranes mit Asiatischem.
I., Wipplingerstr. 34
Tel. 532 05 42
Mo-Fr 9-21 Uhr
Sa 9-17 Uhr €€

(f 3) **Hedrich**
Man sieht es dem Lokal nicht an: Hier rührt ein Wiener Spitzenkoch im Topf. In der kargen Imbissstube serviert Richard Hedrich Wiener Köstlichkeiten.
I., Stubenring 2, Tel. 512 95 88
Mo-Fr 11-21 Uhr €

(I 2/3) **Hietzinger Bräu**
„Rindfleisch wie zu Kaisers Zeiten", so das Küchenmotto: Gekochte, gesottene, gebratene und gedünstete Spezialitäten, die angeblich nirgendwo in Wien besser zubereitet werden.
XIII., Auhofstr. 1 (Hietzing)
Tel. 877 70 870 *tgl. 11.30-15 Uhr u. 18-23.30 Uhr*
Sa, So 11.30-23.30 Uhr €€

(c 1) **Kim kocht**
Chefköchin Kim Sohyi gab dem Lokal ihren Namen, sie bestimmt auch die Linie: Asien-Küche de Luxe. Menüs.
IX., Lustkandlgasse 6
Tel. 319 02 42
Mi-Fr 18-24 Uhr €€€€

(e 4) **Königsbacher**
Für gehobene Ansprüche: Hier kommen Schwarzwurzeln mit Käse überbacken auf den Tisch. Oder Sacher Würstl – sie ähneln den Frankfurtern.
I., Walfischgasse 5
Tel. 513 12 10 *Mo-Fr 10-24 Uhr*
Sa 10-16 Uhr €

(e 4) **Korso**
Die beste Hotelküche Wiens serviert man im Bristol. Küchenchef Reinhard Gerer ist einer der Top-Köche Österreichs. Sehr zu empfehlen: das Menü „Korso Klassiker".
I., Mahlerstr. 2, Tel. 51 51 65 46
tgl. 12-15 Uhr u. 19-23 Uhr
Sa nur abends €€€

(I 2) **Medl-Bräu**
Lokal in der Brauerei. Das Medl ist der erfüllte Traum des Lottogewinners Johann Medl: Endlich eigenes Bier brauen!
XIV., Linzer Str. 275 (Penzing)
Tel. 914 43 40
Mo-Sa 16-24 Uhr €

(e 3) **Meinl am Graben**
Das Feinkostgeschäft bietet alles: von Austern bis Zotter Schokolade. Im Restaurant im ersten Stock mit Blick auf den Graben speist man exquisit.
I., Graben 19
Tel. 532 33 34 60 00
Mo-Mi 8.30-24, Do-Fr 8-24 Uhr
Sa 9-24 Uhr €€€

(d/e 4) **Palmenhaus**
Das Café-Brasserie-Restaurant besticht durch seine tolle Lage: Blick auf den Burggarten, Hofburg und Albertina um's Eck.
I., Burggarten, Tel. 533 10 33
März-Dez. tgl. 10-2 Uhr
Jan.-Feb. Mi-So 10-2 Uhr €€

(d 6) **Gergely's**
Gewölbelokal mit guter Küche im V. Bezirk. Gastgarten.
V., Schloßgasse 21
Tel. 544 07 67
Mo-Sa 18-2 Uhr €€

Weine aus eigenem Anba
ein reichhaltiges Buffet, ei
tolle Aussicht: Der Heurig
Sirbu oberhalb von Nußdo

MERIAN | GASTRONOMIE-FÜHRER

Von Speis und Trank

Der Eindruck täuscht: Speise- und Restaurantgewohnheiten sind scheinbar bekannt. Doch bei genauem Hinsehen ist Wiens Esskultur die wunderbare Melange aus einer großen Genussgeschichte

Die neue Wiener Küche ist schon älter und immer noch exzellent – sobald sie sich ihrer böhmisch-mährischen Wurzeln besinnt und das Fleisch richtig zu köcheln weiß. Man speist hier aller Orten in Restaurants, vor allem im **Beisl**. Letzteres ist das kleine Wirtshaus an der Ecke – von der Klientel einem britischen Pub ähnlich. Der Treffpunkt der Wiener, um zu trinken, zu essen, zu diskutieren, die Zeit totzuschlagen.
Um die berühmten **Wiener Kaffeehäuser** ist es nicht mehr ganz so gut bestellt – erst haben sich Banken in ihrem Umfeld angesiedelt, dadurch wurden sie zu schick, dann zu touristisch, schließlich zu schlecht. Ein paar aber haben sich gehalten. Das Sperl gilt als mustergültig renoviertes Kaffeehaus. Am meisten lieben die Wiener aber das Prückl und für eine perfekte Entspannung im Café lohnt sich selbst der Weg in den VI. Bezirk ins Jelinek.
Die dritte Urform der Wiener Geselligkeit ist **der Heurige:** Wien ist die einzige Hauptstadt der Welt, die ein großes Weinanbaugebiet innerhalb der Stadtgrenzen ihr Eigen nennt. Auch mit denen ging es bergab, bis sich einige auf ihr Traditionen besannen. Jetzt geben sie sich ein Qualitätslabel: „Original Wiener Heuriger".
Die „Stadtheurigen" sind fast alle in den Kellern des Ersten Bezirks angesiedelt. Der Wiener freilich versteht unter einem Heurigen ausschließlich ein Lokal in den Weingärten von Neustift, Nußdorf, Heiligenstadt oder auch Grinzing (Touristenbusse!). Traditionellerweise war es einst erlaubt, eigene Speisen mitzubringen und vor Ort nur den Wein zu bestellen, dies ist heute eher unüblich.
In Wien gibt es außerdem noch eine vierte Tagesmahlzeit: die Jause, eine Zwischenmahlzeit am Vor- oder Nachmittag, oftmals auch als Kaffeepause mit einer Mehlspeis' in einer **Café-Konditorei** genossen. Man beachte hierbei den Unterschied zwischen Kaffeehaus und Café-Konditorei – letztere war früher den Herren vorbehalten, ersteres den Damen.

Das Kaffeehaus als Weltanschauung: Das Sperl ist ein Klassiker

(h 3) **Schweizerhaus**
Im Prater-Wirtshaus serviert man Budweiser vom Fass, dazu Wiener Schnitzel mit Salat. Bekannt ist das Schweizerhaus aber für seine gegrillten Stelzen (Schweinshaxen) und seinen Gastgarten.
II., Prater 116, Tel. 728 01 52
März-Okt. tgl. 11-23 Uhr
Sa u. So ab 10 Uhr €

(c 4) **Siebensternbräu**
Viel Platz trotz der zwei riesigen Braubottiche mitten im Lokal. Bier aus eigener Produktion.
VII., Siebensterngasse 19
Tel. 523 86 97
tgl. 11-24 Uhr €

(f 4) **Steirereck**
Wiens kulinarische Nr. 1 tischt neue österreichische, insbesondere steirische Küche auf. Das Steirereck – vier Hauben und ein Stern – bietet Degustationsmenüs an. Kleinere Gerichte werden in der Ess-bar gereicht.
III., Steirereck im Stadtpark
Tel. 713 31 68
Mo-Fr 11.30-15.00 Uhr
18.30-24, Ess bar 17-24 Uhr
€€€€

(e 4/5) **Unkai**
Exzellenter Japaner im siebten Stock des Grand Hotels. Sushi, Sashimi und Grillspezialitäten. Wochenends Sushi-Brunch.
I., Kärntner Ring 9
Tel. 515 80 91 10
tgl. 12-14.30 Uhr u. 18-23 Uhr
Mo nur abends €€€

(d 3) **Vestibül**
Neue österreichische Küche im Seitentrakt des Burgtheaters – nicht nur bei Theatergängern sehr beliebt.
I., Dr.-Karl-Lueger-Ring 2
Tel. 532 49 99
Mo-Fr 12-14 Uhr u. 18-23 Uhr
Sa nur abends €€

(a 6) **Vikerl's Lokal**
Kreativ umgestaltete gehobene Altwiener Küche. Das ehemalige Beisl wird mehr und mehr zu einem der Top-Restaurants.
XV., Würffelgasse 4
Tel. 894 34 30 *Di-Sa 17-23 Uhr*
So 11.30-17 Uhr €€

(e/f 4) **Weibel's Wirtshaus**
Günstige Tagesteller, dazu eine einmalige Auswahl an österreichischen Weinen.
I., Kumpfgasse 2, Tel. 512 39 86
tgl. 11.30-24 Uhr €€

(e 3) **Wrenkh**
Vegetarische Küche vom Feinsten, aber auch Fleisch- und Fischgerichte.
I., Bauernmarkt 10
Tel. 533 15 26
Mo-Fr 12-16 Uhr u. 18-23 Uhr
Sa nur abends €€

(e/f 4) **Zu den Drei Hacken**
Gilt als eines der besten Beisln Wiens mit typischer Küche.
I., Singerstr. 28, Tel. 512 58 95
Mo-Sa 11.30-24 Uhr €

HEURIGE

(m 2) **Mayer am Pfarrplatz**
Ludwig van Beethoven komponierte hier seine Werke. Heute ist der Garten einer von Wiens Nobelheurigen. Es gibt hervorragende Weine sowie Strudel.
XIX., Pfarrplatz 2 (Heiligenstadt)
Tel. 370 12 87 *Mo-Sa 16-24 Uhr, So 11-24 Uhr*

(m 1) **Schübel-Auer**
An der Endstation der Straßenbahn D liegt dieser gemütliche Heurige. Fährt die letzte Tram in die City, macht auch das Lokal zu. Gemütlicher Gastgarten.
XIX., Kahlenberger Str. 22
(Nußdorf), Tel. 370 22 22
Di-Sa 16-24 Uhr

(m 1) **Sirbu**
Die Lage über Wien und den Weinbergen von Grinzing und Nußdorf hat dem Sirbu viele Stammgäste beschert.
XIX., Kahlenberger Str. 210 (Nußdorf), Tel. 320 59 28
15. Apr.-15. Okt. Mo-Sa 15-24 Uhr

(m 1) **Winzerhof Leopold**
Ein traditioneller Wiener Buschenschank in Stammersdorf, exzellente Weißweine aus eigenem Anbau von Leopold Klager, guter Riesling-Sekt.
XXI., Stammersdorfer Str. 18 (Stammersdorf), Tel. 292 13 56
tgl. 14-24 Uhr (nur in geraden Monaten des Jahres)

(e/f 3) **Zwölf Apostelkeller**
Teile des Gewölbes in diesem Stadtheurigen sind 900 Jahre alt, die Fassade stammt von Lukas von Hildebrandt.
I., Sonnenfelsgasse 3 Tel. 512 67 77
tgl. 16.30-24 Uhr

KAFFEEHÄUSER, CAFÉ-KONDITOREIEN

(d/e 3) **Café Central**
Spötter sagen „Disney-Version eines Kaffeehauses" dazu. Doch wer kein echtes Wiener Café braucht, dem wird die Innenarchitektur mit Säulen gefallen.
I., Herrengasse/Strauchgasse (im Palais Ferstel) *Mo-Sa 7.30-22 Uhr, So 10-18 Uhr*

(e 3) **Demel**
Wer an exzellente Wiener Mehlspeisen denkt, denkt an's Demel. Von der Sachertorte bis zur Schwarzwälder Kirsch – alle Leckereien gibt es auch zum Mitnehmen. Das barocke Ambiente ist noch immer ein beliebter Treffpunkt gesetzter, älterer Damen mit kleinen Hunden.
I., Kohlmarkt 14, *tgl. 10-19 Uhr*

(e 4) **Frauenhuber**
Ältestes noch existierendes Kaffeehaus der österreichischen Hauptstadt (seit 1824). Dementsprechend original ist auch das Interieur: Plüschbänke, Holzvertäfelung – sogar der Oberkellner scheint aus dieser Zeit zu stammen.
I., Himmelpfortgasse 6
Mo-Sa 8-23.30, So 10-22 Uhr

(e 4) **Hawelka**
Das wohl berühmteste Kaffeehaus der ganzen Stadt. Entsprechend touristisch: Zu Hochzeiten muss man Schlange stehen. An den Wänden hängen noch die Bilder, mit denen die Künstler einst ihre Rechnungen bezahlten.
I., Dorotheergasse 6
Mo, Mi-Sa 8-2 Uhr, So 10-2 Uhr

(e 4) **Kurkonditorei Oberlaa**
Die Stadtfiliale der renommierten Kurkonditorei gilt als beste ihrer Art in ganz Österreich. Ein Fixpunkt für „Mehlspeistiger".
I., Neuer Markt 16
tgl. 8-20 Uhr

(d 3) **Landtmann**
Gediegenes Flair, das man sich bezahlen lässt, trotzdem kann man in Ruhe Zeitung lesen.
I., Dr.-Karl-Lueger-Ring 4
tgl. 7.30-24 Uhr

(f 3/4) **Prückl**
Wiener lieben ihr Prückl: Es ist nicht chic, sondern gemütlich, im 1950er Jahre-Stil. Bis auf die Toiletten – hier herrscht opulenter Jugendstil. Das Zeitungsangebot ist tagesfüllend, die Ober echte Autoritäten, der Strudel ein Gedicht. Fazit: das perfekte Kaffeehaus!
I., Stubenring 24
tgl. 8.30-22 Uhr

(d 5) **Sperl**
Eines der schönsten Kaffeehäuser der Stadt. Ein Teil gehört den Zeitungslesern, der andere den Billardspielern.
VI., Gumpendorfer Str. 11
Mo-Sa 7-23 Uhr, So 11-20 Uhr (Juli u. Aug. So geschl.)

AM ABEND

(e 3) **Krah-Krah**
Einer der ersten Szene-Treffs im „Bermuda-Dreieck" und noch immer so beliebt wie damals.
I., Rabensteig 8
Mo-Sa 11-2 Uhr, So 11-1 Uhr

(e 4) **Loos American Bar**
Ein architektonisches Meisterwerk von1908. Stilvoller lassen sich Cocktails nicht trinken.
I., Kärntner Durchgang 10 (Kärntner Str.), *tgl. 12-4 Uhr Fr u. Sa bis 5 Uhr*

(e 3) **Roter Engel**
Mit dem Roten Engel begann Anfang der 1980er Jahre der Rummel um das „Bermuda-Dreieck". Noch immer ist die gemütliche Bar Szene-Treff.
I., Rabensteig 5 *tgl. 16-4 Uhr*

(e 3) **Unger und Klein**
Vermutlich Wiens schönste Weinhandlung und -bar. Unprätentiös, charmant, kompetent – und es wird köstliches Essen serviert.
I., Rudolfsplatz 2
Mo-Fr 15-24 Uhr, Sa 17-24 Uhr

MERIAN | TIPP

Canapés im Kameel

Egal, zu welcher Tageszeit – sobald Sie auch nur das geringste Gefühl von Hunger, Durst oder Einsamkeit plagt, sollten Sie ins „Schwarze Kameel" gehen. Es ist Wiens Dauerbrenner. Und war doch nie In-Lokal.
Seinen Namen hat das Lokal von einem Gewürzkrämer namens Johann Baptist Cameel, der an dieser Stelle 1618 seinen Laden eröffnete. Seitdem – mit kurzen Unterbrechungen – hat sich das Haus dem Wohlgeschmack verschrieben.
Heute ist hier ein vorzügliches Restaurant im Jugendstil-Dekor untergebracht, ein Feinkostladen und vor allem eine legere Bar, deren Spezalität die berühmten Wiener Canapés sind: Sie treten ein, wählen sich einige der berühmten Schnittchen aus, ziehen mit ihrem Teller zur Bar, wählen dort unter den phantastischen Weinen, zahlen. Und bleiben sitzen. Diese Prozedur wiederholt sich in der Regel mehrmals, alle lieben die unkomplizierte Atmosphäre. Verpassen sollten Sie auf keinen Fall den saftigen Beinschinken, die Specksalami, die Marmeladen, die Schokoladen, den Gin.... Die Mischung aus Purismus, Perfektionismus und Geschmacksfanatismus macht das Kameel so berühmt.
Die guten Dinge des Lebens eben – und wenn's nur ein Schinkenbrot ist.

Zum Schwarzen Kameel
(e 3) I., Bognergasse 5
Mo-Sa 12-14.30 Uhr u.18-22.30 Uhr €€€

Außen vornehme Patrizierhaus-Fassade, innen zeitgenössische Kunst: Das „Altstadt Vienna" im Spittelbergviertel ist Wiens neues Trendhotel

MERIAN | TIPP

Wein & Design

Das Hotel Rathaus ist in mehrfacher Hinsicht etwas Besonderes. Zum einen, weil es das mit Sicherheit liebevollste, wahrscheinlich sogar das beste Frühstück Wiens serviert: Zehn hausgemachte Aufstrichsorten, exquisiter Käse, selbst gekochte Marmeladen und Chutneys, exotische Früchte, Kuchen und Muffins – alles in hübschen kleinen Porzellanschälchen serviert und ständig frisch aufgefüllt – ein Paradies für Frühstücksgenießer.
Nicht weniger klug ist das Konzept, für jedes der 40 Zimmer im schlichten Design einen österreichischen Topwinzer als Paten zu engagieren: Sein Flaschenetikett schmückt die Zimmertür, im Raum sind Schwarz-Weiß-Fotografien aus den Kellern zu sehen, und in der großen Minibar gibt es die jeweils besten Tropfen. Also ein elegantes Viersterne-Haus mit sehr attraktivem Preis-Leistungs-Verhältnis.

(c 3/4) Hotel Rathaus, Lange Gasse 13, VIII., Tel. 400 11 22
www.hotel-rathaus-wien.at
40 Zi. €€€

Frühstück mit Weinflaschen

Preiskategorien

Alle Adressen im Info-Magazin sind MERIAN-Empfehlungen. Der Preis für ein Doppelzimmer pro Nacht liegt bei

€€€€ *ab 220 €*
€€€ *ab 145 €*
€€ *ab 75 €*
€ *bis 75 €*

Die traditionsreichen Nobelhotels – vom Imperial bis zum Sacher – genießen zu Recht weltweit einen exzellenten Ruf. Sehr charmant und beliebt sind aber auch einige Pensionen der Innenstadt – wenngleich nicht wesentlich preiswerter. Doch es gibt auch günstige Quartiere in der City, gepflegt und sauber. Frühstück, meist Buffet, ist bei fast allen Hotels im Preis inbegriffen. Wer kostengünstig wohnen will, bekommt die besten Infos beim Wiener Tourismusverband. Wichtig: Reservieren Sie rechtzeitig, besonders in der Advents-(Shopping) Zeit.

LUXUS

(e 4/5) **Bristol**
Luxushotel im klassizistischen Ringstraßenstil. Seinem Namen entsprechend gibt sich das Hotel „very british". Das „Korso", eines der besten Restaurants Österreichs, gehört zum Haus.
I., Kärntner Ring 1, Tel. 51 51 60
www.westin.com/bristol
138 Zi. €€€€

(e 4/5) **Grand Hotel Wien**
Es liegt wie seine Konkurrenten, das Imperial und das Sacher, im Zentrum und ist in einem mondänen Ringstraßenpalais aus dem 19. Jh. untergebracht.
I., Kärntner Ring 9, Tel. 51 58 00
www.grandhotelwien.com
205 Zi. €€€€

(e 4/5) **Imperial**
Ein Hauch der k.u.k.-Zeit: Man sagt, dieses Hotel sei die Nummer Eins der Republik. Hier steigen Staatsbesucher ab und wirkliche VIPs. Unbedingt probieren: die Imperial-Torte aus der hauseigenen Konditorei.
I., Kärntner Ring 16
Tel. 50 11 00
www.luxurycollection.com/Imperial
138 Zi. €€€€

(f 4) **Intercontinental**
Zählt zu Wiens Topadressen: Es bietet jedweden Komfort und liegt mitten im Zentrum. Der Stadtpark blüht vor der Haustür, und zu Fuß ist man in 20 Minuten am Stephansdom.
III., Johannesg. 28, Tel. 71 12 20
www.vienna.intercontinental.com
453 Zi. €€€€

(d/e 4) **Le Meridien Vienna**
Kunst und Hightech in geräumigen Zimmern und Suiten. Im violett-dunkelblau gehaltenem Restaurant Shambala wird auf französische Art gekocht.
I., Opernring 14, Tel. 58 89 00
www.lemeridien.com
294 Zi. €€€€

(e 4) **Sacher**
Das Wiener Traditionshotel schlechthin – schon allein wegen seiner weltbekannten Torte. 1876 von Eduard Sacher, dem Sohn des Torten-Erfinders, hinter der Staatsoper eröffnet.
I., Philharmonikerstr. 4
Tel. 514 56, www.sacher.com
136 Zi. €€€€

FEIN

(d 1) **Arcotel Boltzmann**
Gepflegtes Boutique-Hotel nahe der Strudlhofstiege, die im gleichnamigen Roman von Heimito von Doderer vorkommt.
IX., Boltzmanngasse 8
Tel. 316 12, www.arcotel.at
70 Zi. €€

(e 3/4) **Domizil**
Pension am Stephansdom. Frühaufsteher bekommen hier schon ab 6 Uhr frischen Kaffee und ein Kipferl.
I., Schulerstr. 14
Tel. 51 33 19 90
www.hoteldomizil.at
40 Zi. €€€

(e/f 3) **Hollmanns Beletage**
Die 4-Sterne-Pension gibt dem Gast das Gefühl, wirklich in Wien zu wohnen. Stilvoll eingerichtete, schlichte Zimmer.
I., Köllnerhofgasse 6
Tel. 961 19 60
www.hollmann-beletage.at
16 Zi. €€€

(d 4) **K+K Maria Theresia**
Im Künstlerviertel Spittelberg, am Museumsquartier gelegen. Die Besitzer lieben moderne Kunst, sowohl in der Lobby als auch in den Zimmern hängen zeitgenössische Werke. Von hier ist man schnell an der Hofburg und in der Einkaufsmeile Mariahilferstraße.
VII., Kirchberggasse 6
Tel. 521 23, www.kkhotels.com
132 Zi. €€€

(e 4) **Römischer Kaiser**
300 Jahre altes Barockpalais zwischen Stephansdom und Oper. Jedes Zimmer ist mit Stilmöbeln eingerichtet und hat seinen eigenen Charakter. Hier spielt John Irvings Roman „Lasst die Bären los".
I., Annagasse 16, Tel. 512 77 51
www.hotel-roemischer-kaiser.at
24 Zi. €€€

Chambre séparée in der Mutzenbacher-Suite: Eines der vom italienischen Stararchitekten Mattheo Thun eingerichteten Zimmer des Hotels

(e 5) **Das Triest**
Von Terence Conran gestaltetes modernes Luxushotel in Zentrumsnähe. Der Neubau im ehemaligen Pferdebahnhof der Kutschenstrecke Wien-Triest gilt als Beispiel, wie Geschichte und modernes Design in Einklang gebracht werden können.
IV., Wiedner Hauptstr. 12
Tel. 589 18-0, www.dastriest.at
72 Zi. €€€€

MODERAT

(e 4) **Aviano**
Kleine Vier-Sterne-Pension direkt im Zentrum. Charmant barock eingerichtet.
I., Marco d'Aviano-Gasse 1
Tel. 512 83 30
www.secrethomes.at *17 Zi.* €€

(e 4) **Graben**
Kleines, gediegenes Hotel neben dem Dorotheum, mitten im ruhigen Antiquitätenviertel gelegen. Der Dichter Peter Altenberg hat Anfang des 20. Jahrhunderts hier gelebt, ebenso Franz Kafka, Max Brod und Alfred Polgar.
I., Dorotheergasse 3
Tel. 51 21 53 10
www.kremslehnerhotels.at
41 Zi. €€€

(l 2) **Landhaus Fuhrgassl-Huber**
Gemütliche, kleine Hotelpension am Stadtrand in Neustift am Walde: Fast wie auf dem Land – und der nächste Heurige ist gleich vor der Tür.
XIX., Rathstr. 24, Tel. 440 30 33
www.fuhrgassl-huber.at
38 Zi. €€

(e 3) **Mercure Wien City**
Zentraler kann man in Wien zu moderaten Preisen kaum wohnen: direkt am Fleischmarkt, die Ankeruhr ums Eck, fünf Gehminuten bis zum Stephansdom. Die Zimmer sind praktisch und sauber, das Personal ist sehr freundlich.
I., Fleischmarkt 1a
Tel. 53 46 00
www.mercure.com *154 Zi.* €€

(c/d 1) **Mondial Appartement-Hotel**
Die Alternative für Familien – gut ausgestattete Appartements für maximal vier Personen ganz in der Nähe des Palais Liechtenstein.
IX., Pfluggasse 1, Tel. 310 71 80
www.mondial.at/apartment
16 Zi. €€

(l 2) **Schloss Wilhelminenberg**
Wohnen in einem Herrschaftssitz aus dem 18. Jahrhundert auf einem Hügel über Ottakring. Barocke Ausstattung, Restaurant. Im Sommer Frühstück auf der Terrasse.
XVI., Savoyenstr. 2
Tel. 485 85 03
www.austria-trend.at
87 Zi. €€€

(l 2/3) **Parkhotel Schönbrunn**
In der Nähe von Schloss Schönbrunn wohnt man fast wie ein gekröntes Haupt. Hallenbad, Sauna, Restaurant.
XIII., Hietzinger Hauptstr. 10-20 (Hietzing), Tel. 878 04
www.austria-trend.at
394 Zi. €€

(f 2/3) **Hotel Stefanie**
Großes, freundliches Hotel, das durch seine Lage besticht: In fünf Gehminuten gelangt man von der Leopoldstadt über den Donaukanal in den 1. Bezirk.
II., Taborstr. 12, Tel. 21 15 00
www.schick-hotels.com
144 Zi. €€

(e 3/4) **Am Stephansplatz**
Top-Lage gegenüber dem Stephansdom. Auch sonst bietet das Hotel jeden Komfort, inklusive ein Restaurant.
I., Stephansplatz 9, Tel. 53 40 50
www.hotelamstephansplatz.at
56 Zi. €€€

(h 1) **Suitehotel**
Das Haus der Hotelkette Accor bietet preiswerte Übernachtungen in sehr großen Suiten, viele mit eigenem Internetzugang.
II., Radingerstr. 2, Tel. 24 58 80
www.suite-hotel.com
158 Suiten €€

GÜNSTIG

(f 3) **Pension Dr. Geissler**
Gepflegte, kostengünstige Pension im 1. Bezirk. Zimmer teils ohne Dusche und WC. Garage.
I., Postgasse 14, Tel. 533 28 03
www.hotelpension.at *23 Zi.* €

(c 4) **Kugel**
Kleines, gemütliches Hotel in der Nähe des Spittelbergs, nicht weit vom Zentrum. Einfache Zimmer mit TV und Dusche oder Bad.
VII., Siebensterngasse 43
Tel. 523 33 55
www.hotelkugel.at *33 Zi.* €€

(e 3) **Post**
Gemütliche Zimmer, preiswerter als sonst in diesem Teil Wiens. Einige Zimmer ohne Bad und WC. Restaurant.
I., Fleischmarkt 24, Tel. 51 58 30
www.hotel-post-wien.at
104 Zi. €€

(l 2) **Sophienalpe**
Hotel im Wienerwald – mit öffentlichen Verkehrsmitteln dauert es eine knappe Stunde ins Zentrum, dafür ist die Lage toll, die Küche gut.
XIV., Sophienalpenstr. 13
Tel. 486 24 32
www.sophienalpe.at *70 Zi.* €

(c 3/4) **Pension Wild**
Gepflegte, schwulenfreundliche Pension, zentrumsnah.
VIII., Lange Gasse 10
Tel. 406 51 74
www.pension-wild.com *21 Zi.* €

MERIAN | TIPP

Im Bett mit Josefine

Draußen das Wien des 19. Jahrhunderts, innen ein leichter Parfümgeruch, teure Tapeten, Sinnlichkeit, Noblesse und tiefe Fauteuils. Im Hotel Altstadt Vienna kommt man sich vor wie auf einem amourösen Ausflug in die privilegierte k.u.k.-Bohème: Otto Ernst Wiesenthal, der Besitzer des Boutiquehotels in einem Gründerzeithaus des Spittelbergviertels (in unmittelbarer Nähe zum Museumsquartier), hat den italienischen Stardesigner Matteo Thun beauftragt, neun Zimmer im Stil von Josefine Mutzenbacher einzurichten – der literarischen Figur, die sich erfolgreich in die Gesellschaft emporliebte.
Dafür ist Thuns Stil einmal nicht minimalistisch distanziert, sondern erotisch prunkvoll, mit dunklem Rot, schweren Stoffen, glitzernden Lüstern – und trotzdem unverkennbar modern.
Das passt zu den anderen 33 Zimmern des Hotels, in denen Bauhaus-Möbel oder solche von Philippe Starck trefflich mit Werken aus der Kunstsammlung des Eigentümers harmonieren.
Mit der Hommage an Josefine Mutzenbacher liegt das Boutiquehotel „Altstadt Vienna" jedenfalls voll im Trend. Denn auch der Wiener Tourismusverband hat die Attraktivität der Skandaldirne erkannt und widmet ihr Stadtspaziergänge an Orten, wo sie und ihre Schwestern Kunden fanden.

(c 4) Hotel Altstadt Vienna
VII., Kirchengasse 41
Tel. 522 66 66, www.altstadt.at
42 Zi. €€€

„Themenführungen Josefine Mutzenbacher":
Kontakt Anna Ehrlich
Tel. 06 76/922 77 73
www.wienfuehrung.com
ab Michaelerkirche
Sa 14 Uhr, 13 €

MERIAN | TIPP

Golf für Genießer

41 Golfplätze gibt es in Niederösterreich – mehr als in jedem anderen österreichischen Bundesland. Zwei Regionen locken Golfer mit vielen und sehr guten Plätzen: südlich von Wien die „Golf-Arena Baden", die im Umkreis von 45 Kilometern acht Anlagen vereint – darunter den eleganten „Golf-Club Fontana" in Oberwaltersdorf. Dort machen auch die Top-Profis der PGA European Tour regelmäßig Station. Im Norden bieten die Plätze der Golfregion „Waldviertel Bohemia" idyllische Natur inmitten sanfter und dunkler Wälder.

Infos: Golfland Niederösterreich
Tel. (01)536 10 62 00
www.golfland.co.at

Auf den Greens des Golf Club Fontana in Oberwaltersdorf finden regelmäßig Profiturniere statt

(H 5) Baden

Das für seine Schwefelquellen berühmte Kurstädtchen war über 30 Jahre lang Sommerresidenz von Kaiser Franz I. Die Altstadt erstrahlt in lupenreinem Klassizismus und verströmt bis heute erhabenes Flair. Für Spaziergänge empfehlen sich Kurpark und Rosarium im Doblhoffpark.

Römertherme

Ein gigantisches Glasdach überspannt die moderne, mit allen Raffinessen ausgestattete Wellnesslandschaft. Zur Anlage gehören zwei Außenbecken und ein 700 Quadratmeter großer Saunabereich.
Brusattiplatz 4
www.roemertherme.at
tgl. 10-22 Uhr, ab 8,90 €

Congress Casino

In Europas größtem Spielcasino, dem 1886 erbauten ehemaligen Kurhaus, kann man nicht nur bis frühmorgens bei Roulette, Poker oder an der Slotmaschine zocken, sondern auch in mehreren Restaurants vorzüglich speisen.
Kaiser-Franz-Ring 1
www.casinos.at
tgl. 15-3 Uhr, Jackpot Casino 13-3 Uhr, Restaurant tgl. 18-1 Uhr, Bistro 11-24 Uhr

(G/H 6/7) Bucklige Welt

Der äußerste Südosten des Landes ist – wie der Name sagt – eine sehr waldreiche, hügelige bis alpine Gegend. Die Bucklige Welt ist geprägt von der Landwirtschaft. Neuerdings präsentiert sie sich auch als Genießerregion, deren Gastwirte und alteingesessene Bauern kulinarische Spezialitäten servieren. Ein architektonisches Charakteristikum der Gegend sind insgesamt 14 gotische Wehrkirchen aus der Zeit der Türkenkriege mit ihren massiven Befestigungsanlagen. Ausgangspunkt für eine Fahrt über die Wehrkirchenstraße ist die Wehrkirchen-Dokumentation in Edlitz. Lohnende Stationen am Rande des Weges sind Krumbach, Bad Schönau, Kirchschlag, Hollenthon, Bromberg und Erlach.
Wehrkirchen-Dokumentation Edlitz, Kirchenplatz
www.buckligewelt.at
Mo-Do 8-12, 13-16 Uhr, Fr 8-12 Uhr, Sa, So 9-12 Uhr

(H 4/5) Gumpoldskirchen

Ein unverzichtbares Ziel für Weinliebhaber: Im Winzerort Gumpoldskirchen locken die Heurigen auf den mittelalterliche Lesehöfen und Weinbauernhöfen mit köstlichem Grünen Veltliner oder Zierfandler und einem Backhendl.

Freigut Thallern

Etwa zwei Kilometer südöstlich von Gumpoldskirchen liegt das vor über 850 Jahren von den Zisterziensern aus Heiligenkreuz gegründete Weingut Thallern – eines der ältesten in Österreich. Den kunsthistorischen Mittelpunkt bildet die Grangienkapelle (lat. grangium: Vorratshaus) mit einem Kruzifix von Giovanni Giuliani.
Thallern bei Gumpoldskirchen
www.klosterweingut-thallern.at
Mo-Do 7-16.30 Fr 7-15.30 Uhr

(G 4/5) Heiligenkreuz

Stift Heiligenkreuz

In dem 1133 gegründeten Stift pflegen rund 70 Zisterziensermönche die liturgischen Traditionen und gregorianischen Gesänge. Heiligenkreuz hat seinen mittelalterlichen Charakter bewahrt und ist im Rahmen von Führungen zu besichtigen. Höhepunkte: die teils romanische, teils gotische Klosterkirche, Kreuzgang und Brunnenhaus, barocke Hofanlage.
Heiligenkreuz 1
Tel. (022 58) 87 03-0
www.stift-heiligenkreuz.at
Führungen: tgl. 10 (nicht So), 11, 14, 15, 16 Uhr, 6,40 € Chorgebet: tgl. 5.15, 6, 12, 12.55, 18, 19.45 Uhr, im Winterhalbjahr nur nach Anmeldung

Jagdschloss Mayerling

Das ehemals habsburgische Jagdschloss Mayerling erlangte 1889 durch den Freitod von Kronprinz Rudolf und seiner Geliebten, Mary Freifrau von Vetsera, traurigen Weltruhm. Der Kaiser übergab es danach den Karmeliterinnen als Kloster. Im Museum sind Originalmöbel und Dokumente ausgestellt.
Karmel St. Josef, Mayerling 3
tgl. 9-17 Uhr, 2 €

(G 5/6) Hohe Wand

Das Hochplateau des mächtigen 1100 Meter hohen Kalkstocks westlich von Wiener Neustadt ist ein beliebter Naturpark. Er bietet ein dichtes Netz an Wanderwegen und viel Sehenswertes: Felsenpfad, Alpin- und Heimatmuseum, Wildgehege, ein Schaumeiler, an dem Köhler das Holzkohlemachen demonstrieren, und eine spektakuläre Panoramaterrasse. Am Wochenende ist die Straße zum Park mautpflichtig.
www.naturpark-hohewand.at
Parkgebühr: 1,45 € Maut: pro PKW 1,45 €

(H 3) Klosterneuburg

Stift Klosterneuburg

Nördlich von Wien trohnt dieses fast 900 Jahre alte Stift über der Donau. Der babenbergische Markgraf Leopold III. hat es 1114 gegründet, als er seine Residenz von Melk nach Klosterneuburg verlegte. Augustiner-Mönche betreiben es bis heute. Um 1730 wurde das Stift erweitert und beeindruckt seither mit seiner barocken Monumentalität. Zwei Besichtigungsrouten stehen zur

Weltkulturerbe im Schnee: Die Semmering-Bahn war 1854 fertig und der Pass (985 Meter) der höchste auf Schienen erreichbare Punkt der Welt

Auswahl: Der „sakrale Weg" umfasst u. a. Kreuzgang, Stiftskirche und die Leopoldskapelle mit der größten Kostbarkeit des Stiftsinventars, den mit 51 Emailtafeln verzierten Verduner Altar von 1181. Der „Imperiale Weg" führt in die Kaisergemächer, den Marmorsaal und das reich bestückte Stiftsmuseum.
Stiftsplatz 1, www.stift-klosterneuburg.at *Sakraler Weg: tgl. 10-17, Imperialer Weg: Mai-Nov. Di-So 9-18 Uhr, ab 6 €*

(H 4) Laxenburg

Schloss Laxenburg

Das Schönste an dieser rund 15 Kilometer südlich vor Wien gelegenen Schlossanlage ist der englische Park mit seinen exotischen Baumriesen sowie zahlreichen Kanälen und Teichen. Im Winter kann man hier sogar Schlittschuh laufen. Für Kunstinteressierte: Im frühen 19. Jahrhundert baute Franz II. inmitten des 280 Hektar großen Areals auf einer künstlichen Insel die Franzensburg. Aus allen Landesteilen ließ der schrullige Kaiser Steine von Ruinen und Klöstern hier zusammentragen. So entstand ein kurioses Gemisch mittelalterlicher Schätze: Möbel, Altäre, Glasfenster, Täfelungen, Türen, Ledertapeten. Sehenswert sind am Eingang zum Park das Alte Jagd- und Lustschloss sowie der spätbarocke Blaue Hof aus der Zeit Maria Theresias.
Schlossplatz 1
www.schloss-laxenburg.at
Park: 1,50 €, Führungen durch die Franzensburg: Ostern-Nov. tgl. 11, 14, 15 Uhr, auf den Hohen Turm und die Dächer: 16 Uhr, 6 €, nur Hoher Turm: 5 €

(H 4) Mödling

Das alte Babenbergerstädtchen bietet nicht nur die biedermeierliche Sommerfrischen-Atmosphäre, die schon Künstler wie Beethoven, Grillparzer, Schubert und Schönberg genossen haben, sondern auch hochkarätige Baudenkmäler aus dem Mittelalter. Spezielle Beachtung verdienen die spätromanische Friedhofskapelle (Karner), die Burgruine, sowie Othmars- und Spitalkirche.

Seegrotte Hinterbrühl

Ein faszinierendes Naturdenkmal, wenige Kilometer westlich von Mödling. Am Ende des Stollens liegt der mit 6200 Quadratmetern größte unterirdische See Europas.
Grutschgasse 2a
www.seegrotte.at
Apr.-Okt. tgl. 9-17 Uhr
Nov.-März Mo-Fr 9-12 Uhr
und 13-15 Uhr
Sa, So 9-15.30 Uhr, 7 €

(H 4) Perchtoldsdorf

Der schmucke Winzerort Perchtoldsdorf hat vor allem gotische Baujuwelen zu bieten: das Rathaus, den Wehrturm, die Pfarrkirche, Martinskapelle und ehemalige Herzogsburg.

(F/G 6) Schneeberg und Rax

Von den zwei höchsten Bergen Niederösterreichs hat man herrliche Rundblicke bis nach Ungarn und in die Zentralalpen. Beide Gipfelplateaus sind zwar bequem zu Fuß zu ersteigen, man kann aber auch anders hinauf kommen: Auf den Schneeberg (2076 m) zuckelt vom Kurort Puchberg aus eine Zahnradbahn auf Schmalspurschienen, im Juli und August an Sonntagen ein 100 Jahre alter Nostalgie-Dampfzug. Auf das Hochplateau der Rax (bis 2007 m) schwebt man von Reichenau in acht Minuten mit der historischen Seilbahn.
Puchberg, Bahnhofplatz 1
www.schneebergbahn.at
Reichenau, Hirschwang 86
www.raxseilbahn.com
Schneebergbahn:
Apr.-Okt. 9-16.30 Uhr, 29,60 €
Raxseilbahn:
im Sommer 8-17.30
sonst 9-16.30 Uhr, 17,60 €

(G 6-F 7) Semmering

1848 setzte Karl Ritter von Ghega den ersten Spatenstich für die weltweit erste Gebirgsbahn. Sechs Jahre später war die 41 Kilometer lange Trasse von Gloggnitz über den 985 Meter hohen Pass ins steirische Mürzzuschlag fertig – ein Pionier- und Meisterwerk der Ingenieurskunst, in einer Zeit in der das Dynamit noch nicht erfunden war. 1998 wurde die Bahnstrecke, auf der bis heute der gesamte Personen- und Güterverkehr aus dem Süden nach Wien abgewickelt wird, zum Unesco-Weltkulturerbe erklärt. Besonders gut sieht man die Strecke und das spektakuläre Viadukt vom 20 Kilometer langen Bahnwanderweg aus. Sehenswert sind in der Region auch der Rundblick von der Milleniumswarte, sowie die schönen, alten Sommerfrische-Villen, vor allem in Reichenau, Payerbach und Semmering. Highlights am Hirschenkogel: Europas größtes Nachtski- und Rodelgebiet mit sieben Mega-Flutlichtpisten, im Sommer Bikepark mit Familien-, Freeride- und Downhillstrecke.
Bahn-Infozentrum und Startplatz für den Bahnwanderweg am Bahnhof Semmering
www.semmeringbahn.at
Infozentrum: Mai-Okt., tgl. 9-11.30, 13.30-16 Uhr, Fahrt Gloggnitz-Mürzzuschlag, 7,80 €

(H 5/6) Wiener Neustadt

Wiener Neustadt ist das urbane Tor zu Niederösterreichs alpinem Südosten. 1945 wurde die Stadt größtenteils zerbombt und wird wohl auch deshalb touristisch oft unterschätzt. Dabei diente die „Nova Civitas" zwei Kaisern als Residenz und birgt bis heute eine Reihe kostbarster Kunstdenkmäler wie den Dom und die gotische Kirche des Neuklosters.

Babenbergerburg

Die Burg wurde nach ihrer Zerstörung im Zweiten Weltkrieg wieder aufgebaut und beherbergt seit 1958 die Theresianische Militärakademie. Obwohl sie Teil des Kasernengeländes ist, sind die wichtigsten Sehenswürdigkeiten, der Burghof mit der 550 Jahre alten Wappenwand und die hochgotische Georgskirche, nach Anmeldung bei der Toreinfahrt problemlos zu besichtigen.
Burgplatz
tgl. ca. 8-11.30, 13.30-20 Uhr

Stadtmuseum

Wer sich für die frühe und spätere Stadthistorie, von der Gründung durch Leopold V. bis zur Zerbombung im Jahr 1945, interessiert, ist in dieser exzellent gestalteten Ausstellung im ehemaligen Kloster St. Peter an der Sperr richtig.
Petersgasse 2a
www.stadtmuseum.wrn.at
Di, Mi 10-17 Uhr, Do 10-20 Uhr, Fr 10-12 Uhr, So 10-16 Uhr, 3 €

Aviaticum

Im kürzlich eröffneten Flugmuseum Aviaticum am Flugplatz Ost gibt es zahlreiche Ballone, Gleit-, Motor- und Segelflieger, Trag- und Hubschrauber aus der Pionierzeit sowie die legendäre Etrichtaube – eines der ersten Motorflugzeuge der Welt aus dem Jahr 1910 – zu sehen. Für 49 € kann man außerdem einen Rundflug in einer alten Antonov machen.
Graf v. Zeppelinstraße 1
www.aviaticum.at
Di-So 10-20 Uhr, 4,50 €

MERIAN | EISENSTRASSE

Den Schwarzen Grafen auf der Spur

Eine Fahrt durch das Ybbs- und Erlauftal ist eine Zeitreise zu den Wurzeln der frühen Erzindustrie

Der Kreislauf des Eisens und des Reichtums funktionierte über viele Jahrhunderte wie folgt: Knappen förderten aus den Tiefen des steirischen Erzbergs das Mineral zu Tage. In der „Eisenwurzen", der an Wäldern und Wasserkraft reichen niederösterreichischen Gebirgsgegend zwischen den Flüssen Krems und Erlauf, wurde es verhüttet, zu Werkzeug, Waffen und Haushaltswaren verarbeitet und schließlich über ein dichtes Netz an Fuhrwegen, die so genannten Eisenstraßen, nordwärts zur Donau transportiert. Die Städte der Eisenstraßen – Scheibbs, Gresten, Purgstall und Waidhofen an der Ybbs – wuchsen so zu wichtigen Handelszentren, die den Höhepunkt ihrer Bedeutung im 16. Jahrhundert erreichten. Zwei Jahrhunderte später mussten die ersten Hammerwerke und Schmieden ihre Betriebe schließen, die Zeit der Industrialisierung war gekommen. Geblieben ist eine Vielzahl montangeschichtlicher Sehenwürdigkeiten: Rad- und Hammerwerke, wo das Erz zu Eisen geschmolzen wurde, Schmieden, Schleifereien, einstige Eisen- und Getreidespeicher, aber auch stolze Bürger- und Herrenhäuser säumen die romantischen Täler der Eisenwurzen. Für Besucher gibt es viele Schaubetriebe sowie interessante Museen und Lehrpfade.

Faszinierendes Metier: Schmied im Fahrngruber-Hammer in Ybbsitz

Die Pforte zur Eisenstraße ist Waidhofen an der Ybbs. Die stattliche Bausubstanz und eine Ausstellung im Rothschildschloss zeugen von der Blüte der Stadt im 18. Jahrhundert, als die so genannten „Schwarzen Grafen" dank des Eisens zu Geld gekommen waren und 100 Messer-, 60 Klingen- und 26 Zirkelschmiede hier ihre Werkstätten hatten.

In Ybbsitz führt eine Wanderung über die drei Kilometer lange „Schmiedemeile" in die eiserne Vergangenheit. Ein absolutes Muss ist der Besuch des neuen Metall- und Erlebniszentrums „Ferrum", in dessen Manufaktur Kunstschmiede mit Hammer und Ambos Werkzeug, Pfannen oder Schmuck herstellen. Im Fahrngruber-Hammer wird die schweißtreibende Arbeit der Schmiede und Köhler demonstriert.

Traditionelle Herstellungsmethoden kann man auch im Sichelmuseum in Opponitz kennen lernen. In Hollenstein führt ein Sagenweg in drei Stunden bis zum Wentstein-Hammer im Naturpark Eisenwurzen. Bei Göstling wandert man durch die Erlebniswelt Mendlingtal entlang der einzigen noch erhaltenen Holztriftanlage Mitteleuropas. Und in Lunz, nahe dem idyllischen See, birgt das mit Sgraffiti aus der Renaissance verzierte Amonhaus eine sehenswerte volkskundliche Sammlung. Einen Zwischenstopp verdienen auch das Proviant-Eisen-Museum in Gresten und das Regionalmuseum im Ledererhaus in Purgstall.

Infos und Karten: **Kulturpark Eisenstrasse-Ötscherland**
Brunnengasse 2, Ybbsitz (D 5), Tel. (074 43) 866 00
www.eisenstrasse.info *Mo, Di, Do, Fr 9-14 Uhr*
Metall- und Erlebniszentrum Ferrum Markt 24, Ybbsitz
www.ferrum-ybbsitz.at
Mai-Okt. tgl. außer Mo 9-18 Uhr, Nov.-April Di 15-18 Uhr

(D 4) Ardagger Stift

Mostbirnhaus

Die Erlebniswelt in Ardagger Stift ist den mehr als 300 000 Birnbäumen des Mostviertels, ihren Früchten und dem aus ihnen gewonnenen Säften, dem Most und den Bränden gewidmet. Neben einem Spaziergang durch den schönen Birnbaumgarten – besonders eindrucksvoll zur Baumblüte im April – sollten Sie unbedingt an einer Verkostung von Mosten im „Genuss-Salon" teilnehmen. Kunstgeschichtlich Interessierte kommen bei der Besichtigung des Margaretenfensters in der angrenzenden Stiftskirche auf ihre Kosten.
Ardagger Stift 9
www.mostbirnhaus.at
Di-So 10-17 Uhr, 5,50 €

(D 5) Gaming

Kartause Gaming

Marienthron, so wurde diese Kartause bei ihrer Gründung 1330 durch Albrecht II. genannt. Das größte Kartäuserkloster Mitteleuropas war bis zu seiner Auflösung im Jahre 1782 der geistige und wirtschaftliche Mittelpunkt des alpinen Mostviertels. Heute beherbergt die Kartause ein Hotel mit Kongresszentrum, Institute amerikanischer Privatuniversitäten und im neu errichteten Kreuzgang ein Museum zur Geschichte des Klosters, des Kartäuserordens und der Region im 14. Jahrhundert. Auf Führungen kann man den Prälatensaal, die Kapelle, das Refektorium, die Bibliothek und die von einem filigranen

Die großen Lettern (L 3) beziehen sich auf die MERIAN-Karte auf Seite 211

Dachreiter gekrönte Kirche bewundern. Jährlich Ende August ist das Kloster Schauplatz eines Chopin-Festivals.
Kartause 1
Tel. (074 85) 986 82
www.kartause-gaming.at
Führungen Mai-Okt. tgl. 11, 15 Uhr oder nach Anmeldung, 5 €

(C 5) Haag

Tierpark

Ideales Ausflugsziel für Familien: Im 33 Hektar großen Park von Schloss Salaberg bei Haag leben mehr als 80 Tierarten aus aller Welt: Pumas, Kängurus, Wölfe und Alpensteinböcke. Respektable Baumriesen säumen die Spazierwege, die an den naturnahen Tiergehegen vorbei führen. Ein schönes Erlebnis besonderns für Kinder ist der Vogelstimmenweg.
Salaberg
www.tierpark.stadthaag.at
April-Sept. 8.30-17.30 Uhr, Okt.-März 9-16 Uhr, 6,50 €

(F 4) Herzogenburg

Stift Herzogenburg

Gegründet wurde das am Fluss Traisen gelegene Augustiner-Chorherrenstift im Jahr 1112. Sein heutiges Erscheinungsbild verdankt es den besten Barockbaumeistern Österreichs: Jakob Prandtauer, Joseph Munggenast und Johann Bernhard Fischer von Erlach. Letzterer gestaltete den Festsaal. Wichtigste Stationen des Rundgangs durch die Anlage sind der barocke Festsaal, die Prälatenstiege, die Chorkapelle, die Bibliothek, die Stiftskirche und die reich bestückte Kunstsammlung, zu deren Paradestücken die Altartafeln der „Donauschule" zählen.
Stiftsgasse 3
Tel. (027 82) 831 12 11
www.stift-herzogenburg.at
Apr.-Okt. Führungen tgl. 9.30, 11, 13.30, 15, 16.30 Uhr, Nov.-März nur nach Anmeldung, 7€

(F 5) Lilienfeld

Stift Lilienfeld

Das Stift im Traisental ist eines der hervorragendsten Denkmäler mittelalterlicher Baukunst Österreichs und das größte Bauwerk der Babenbergerzeit. Das Zisterzienserstift Lilienfeld wurde 1202 von Herzog Leopold VI. gegründet und galt über Jahrhunderte als bedeutendes Zentrum der Gelehrsamkeit. Die Kirche – mit 83 Meter Länge die größte in Niederösterreich – wurde von den besten Architekten ihrer Zeit im prächtigem Barockstil gebaut. Höhepunkte des Rundgangs sind die barocke Bibliothek, der gotische Kreuzgang und die mittelalterlichen Räume im Trakt der Laienbrüder.
Klosterrotte 1
www.stift-lilienfeld.at
Mo-Sa 8-12, 13-17 Uhr, So 13-17 Uhr; Führungen: Mo-Sa 10, 14 Uhr, Do, Fr 14 Uhr; 3 € (mit Führung 7 €)

MERIAN | TIPP

Wollige Wärme

Hausschuhe, Filzpantoffeln, Pullover, Jacken, Bettdecken, Kissen, Matratzen, kuschelige Stofflämmer, Shiatsu-Matten – die Wollwerkstatt in Texing stellt aus jährlich rund 60 Tonnen biologisch erzeugter Schafwolle Kleidungsstücke und Bettwaren für jeden Anlass, Geschmack und für jede Jahreszeit her. Schafwolle wärmt nicht nur im Winter, sie kühlt auch im Sommer! Neben fertigen Produkten sind in der Werkstatt auch Rohwolle und Filz in vielen Farben im Angebot. Zum Wellnesstrend passen die Dinkelkissen für Kinder und für Erwachsene die größeren Dinkel-Meditationskissen.

Wollwerkstatt Biotop GmbH
(E 5) Rosenbichl 12, Texing
www.wollwerkstatt.at
Mo-Do 8-17 Uhr, Fr 8-15 Uhr

(E 4) Schallaburg

Renaissance-Schloss Schallaburg
Die Schallaburg, fünf Kilometer südlich von Melk gelegen, ist mit ihrem quadergeschmückten Bergfried eines der schönsten Renaissanceschlösser Mitteleuropas. Die aus dem Mittelalter stammende Anlage wurde in der Renaissance um Vorburg und Turnierhof erweitert. Die romanische Wohnburg, die gotischen Kapelle und die manieristische sind die Kernbereiche der Schallaburg. Ein Glanzstück ist der zweigeschossige Arkadenhof, dessen Bögen und Säulen mit 1600 Terrakottaelementen, Figuren, Masken, Büsten, Wappen, Rank- und Blattwerk, verziert sind.
Schallaburg 1
www.schallaburg.at
März-Okt. Mo-Fr 9-17 Uhr, Sa, So, 9-18 Uhr, 8 €

(C 5) Seitenstetten

Stift Seitenstetten
„Vierkanter Gottes" wird das Benediktinerstift in Anspielung auf die in der Gegend verbreitete rechteckige Bauernhofform genannt. 2012 feiert Stift Seitenstetten seinen 900. Geburtstag. Erbaut wurde das heutige Kloster von Joseph Munggenast, der auch Stift Herzogenburg entwarf. Seitenstetten ist berühmt wegen seiner reichen Gemälde- und Naturaliensammlung. Üppigen Freskenschmuck kann man in der Stiftskirche, der Abteistiege, der Bibliothek und im Marmor- und Maturasaal bewundern. Klösterliche Stille herrscht im nach historischen Plänen neu gestalteten Hofgarten. Wer mag, kann im Kloster in einem der Gästezimmer wohnen und so einen recht ungewöhnlichen Urlaub genießen.
Am Klosterberg 1
www.stift-seitenstetten.at
Führungen: Ostermontag bis Ende Okt. 10, 15 Uhr
Hofgarten tgl. 8-20 Uhr, 6,50 €

(F 4) St. Pölten

In Österreichs ältester Stadt (seit 1159) und jüngster Landeshauptstadt (seit 1986) stehen architektonische Meisterwerke aus drei Jahrhunderten. Rathaus, Dom, stattliche Bürgerhäuser rund um Herren- und Riemerplatz und Jugendstilbauten wie das Stöhr-Haus machen einen Spaziergang durch die verkehrsberuhigte City lohnenswert. Einen spannenden Kontrapunkt setzt am linken Traisenufer die moderne Architektur im Landhausviertel und Kulturbezirk. (siehe S. 156)

Spätbarocke Dreifaltigkeitssäule auf dem St. Pöltener Rathausplatz

Landesmuseum
Stararchitekt Hans Hollein schuf mit diesem 2002 eröffneten Museum einen multimedialen Raum, in dem Natur, Kunst und Landeskunde auf spannende Weise miteinander verknüpft werden. Schwerpunkte: Tierhaltung in Terrarien und Aquarien, Tierpräparate, Mineralogie, 3D-Filme über Land und Geschichte. Die thematischen Ausstellungen wechseln regelmäßig.
Kulturbezirk 5
www.landesmuseum.net
Di-So 9-17 Uhr, 8 €

Klangturm
Der 65 Meter hohe, transparente, von dem Architekten Ernst Hoffmann gestaltete Klangturm ist nicht nur ein Wahrzeichen des Regierungsviertels, sondern auch der Stadt geworden. Infocenter und Aussichtsterrasse. In auf drei Etagen verteilten Klangräumen werden im Rahmen jährlich wechselnder Projekte exotische und vertraute Klänge und Kompositionen gespielt.
Kulturbezirk 1
www.klangturm.at
Mo-Sa 8-19 Uhr, So 9-17 Uhr

(C 5) Waidhofen/Ybbs

Der knapp 12 000 Einwohner zählende Ort an der Ybbs wird wegen seines exzellent erhaltenen, von Wehrmauern, Türmen, Toren und Schindeldächern geprägten mittelalterlichen Stadtbildes gern als „österreichisches Rothenburg" bezeichnet. Waidhofen war einst wichtigste Stadt an der Eisenstraße (siehe S. 192). Eine grandiose Fernsicht hat man von der barocken Basilika auf dem nahen Sonntagberg.

Krems gilt als schönste Stadt Niederösterreichs – auch nachts

(G 3) Atzenbrugg

Schloss Atzenbrugg
In dem lieblichen Barockschloss finden Verehrer Franz Schuberts ihre Wallfahrtstätte. Die fröhlichen Feste, die der Liederfürst mit Künstlerfreunden hier im Geiste des Biedermeier feierte, sind Musikgeschichte. Dem illustren Kreis ist im Schloss ein Museum gewidmet. Zu sehen: Gemälde und Stiche, Originaldokumente und -instrumente. Regelmäßig Konzerte und im September: Schubertiade.
Schlossplatz 1
Tel. (022 75) 52 34
www.atzenbrugg.at
Ostern-Okt. So 14-17 Uhr oder nach Anmeldung, 2 €

(F 3) Dürnstein

Richard Löwenherz, Englands im ausgehenden 12. Jahrhundert in Dürnstein inhaftierter König (s. Seite 107) und sein getreuer Gefährte Blondel, haben dem Städtchen weithin Ruhm beschert. Das Prädikat „Perle der Wachau" aber verdankt es seiner reizenden Lage und den reichen Kunstschätzen. Dürnstein besitzt eine Vielzahl malerischer Bürger- und Winzerhäuser und natürlich die spektakuläre Burgruine, auf der Löwenherz gefangen war.

Stift Dürnstein
Das bedeutendste Kunstdenkmal Dürnsteins – und mit dem blauweißen Kirchturm auch sein Wahrzeichen – ist das Augustinerstift. Es wurde 1410 auf hohem Felsen über der Donau gegründet, im frühen 18. Jahrhundert von den Großmeistern des Barock, Prandtauer, Munggenast und Steinl umgebaut und 1788 von Joseph II. aufgelöst. Selbstständig zu besichtigen sind Stiftshof, Kirche und Donauterrasse, nur im Rahmen von Führungen der Kreuzgang und die Krypta.
Dürnstein 1
Tel. (027 11) 227
www.stiftduernstein.at
Apr.-Okt. tgl. 9-18 Uhr, 2,40 €
Führung mit Anmeldung, 3,85 €

(F 3) Fels am Wagram

Schloss Thürnthal
Ein Juwel von einem Landschloss, 1725 in spätbarock-klassizistischem Stil erbaut. Attraktionen: 1400 Quadratmeter wertvolle Stuckdecken, der unvollendete Festsaal und die Schlosskapelle. Reges Veranstaltungsprogramm mit Märkten, Weinverkostungen, Konzerten und Ausstellungen.
Tel. (027 38) 70 77
www.schlossthuernthal.at
März-Okt. Sa, So 10-12, 14-18 Uhr, oder nach Anmeldung, 5 €

(F 3) Furth bei Göttweig

Stift Göttweig
Stift Göttweig wird wegen seiner Lage auf einer 450 Meter hohen Hügelkuppe gern „Österreichs Montecassino" genannt. Das 1083 gegründete Benediktinerstift wacht über das östliche Ende der Wachau. Seine heutige Form erhielt es 1720-1740 durch Hofbaumeister Johann Lukas von Hildebrandt. Zu den herausragenden Sehenswürdigkeiten zählen die Kaiserstiege mit Paul Trogers grandiosem Deckenfresko, die reich verzierten Fürsten- und Kaiserzimmer, die Stiftskirche mit Krypta und Kreuzgang sowie das Museum im Kaisertrakt.
www.stiftgoettweig.at
März-Nov. tgl. 10-18 Uhr
Juni-Sept. tgl. 9-18 Uhr, 7 €

(F 3) Haitzendorf

Schloss Grafenegg
Die vierflügelige Anlage zählt mit ihren filigranen Giebeln und Türmchen zu den bedeutendsten Werken des romantischen Historismus in Österreich. Innen und außen aufwändig restauriert, bildet sie mitsamt dem 32 Hektar großen, mit exotischen Baumriesen bestückten Landschaftsgarten den stimmungsvollen Rahmen für Konzerte, Ausstellungen und den „Grafenegger Advent".
Grafenegg 10
www.grafenegg.at
Apr.-Okt. Di-So 10-17 Uhr, 5 €
Park ganzjährig frei zugänglich

(F 3) Krems

Das über 1000 Jahre alte Wirtschafts- und Handelszentrum am östlichen Ausgang der Wachau gilt als schönste Stadt Niederösterreichs und wurde vom Europarat zum Modellfall erfolgreicher Altstadtpflege erklärt. Seit alters für ihren Wein und Senf berühmt, besitzt sie im weitgehend vom Verkehr befreiten Zentrum, entlang der Landstraße zwischen Körner- und Hohem Markt, zahlreiche mustergültig renovierte Sakralbauten und Bürgerhäuser. Besondere Schmuckstücke sind Gozzoburg und Göglhaus, St. Veit-, Piaristen- und Dominikanerkirche. Kontrapunkte wurden mit der Gründung der Donauuniversität sowie etlicher neuer Museen und Kulturinitiativen gesetzt. Malerisch präsentiert sich die benachbarte, eingemeindete Zwillingsstadt Stein. Hier verdienen vor allem Minoriten-, Nikolaus- und Frauenbergkirche, Göttweiger- und Passasauerhof, Salzstadel, Maut- und Mazzettihaus einen Besuch.

Weinstadtmuseum
Das in der ehemaligen Dominikanerkirche und im Kloster eingerichtete Museum bietet in beeindruckendem architektonischen Rahmen einen Überblick der Stadtgeschichte und umfasst eine kostbare Kunstsammlung mit Skulpturen aus Romanik und Gotik sowie alten Gemälden.
Körnermarkt 14
www.weinstadtmuseum.at
März-Nov. Mi-Sa 10-18 Uhr
So 13-18 Uhr, 4 €

(D 4) Maria Taferl

Wallfahrtskirche
Schon von weitem sieht man die beiden hellen Türme der barocken Basilika leuchten: Bis zu 300 000 Pilger besuchen alljährlich den kleinen Ort hoch über dem nördlichen Donauufer, der seit dem 17. Jahrhundert zu den wichtigsten Wallfahrtsstätten Österreichs zählt. Üppiger Barock in Gold-, Silber- und Brauntönen zeichnet das Kircheninnere aus. Atemberaubend ist der Blick von der Terrasse: An klaren Tagen hat man von dort nicht bloß den ganzen Nibelungengau, sondern auch die halben Ostalpen vor Augen.
Maria Taferl ,www.basilika.at
tgl. 7-19 Uhr

(E 4) Melk

Stift Melk
Stift Melk gilt dank seiner palastartigen Monumentalität und der majestätischen Lage auf einem Felssporn über der Donau als ein Höhepunkt barocker Architektur, nicht nur in Österreich, sondern in ganz Europa. Es ist eine Ikone klösterlicher Prachtentfaltung nach den Notzeiten der Reformation, der Bauern-, Böhmen- und Türkenkriege. Außerdem ist Stift Melk seit seiner Gründung 1089 untrennbar mit dem Werden des Landes verbunden. Bis heute wurde das Stift ununterbrochen von Benediktinermönchen bewohnt (s. S. 86). In

MERIAN | TIPP

Kunst der Gegenwart

Von wegen Provinz! Für Liebhaber der Moderne gibt es in Niederösterreich viel zu entdecken

Es ist ein Vorurteil der Städter, man könne Avantgarde ausschließlich in Metropolen zeigen und sehen. Für Niederösterreich jedenfalls gilt es nicht. Denn was hier auf dem flachen Land an zeitgenössischer Kunst geboten wird, würde auch so mancher Metropole zur Ehre gereichen. Das ist das Verdienst einer Kulturpolitik, die bereits seit den achtziger Jahren fördert und fordert. „Lower Austria Comtemporary" ist die Schirmmarke, die gut zwei Dutzend Museen, Galerien und Kunstprojekte bewirbt.

Wer auf den Spuren der modernen Kunst durch Niederösterreich reist, sollte folgende Stationen nicht versäumen: Zuallererst **Krems**, die barocke Donaustadt, die entlang ihrer „Kunstmeile" eine Reihe bemerkenswerter Museen versammelt. Kernstück ist die **Kunsthalle Krems** in der ehemaligen Tabakfabrik, die mit hochkarätigen, meist der klassischen Moderne gewidmeten Schauen ein großes Publikum anlockt. Ähnlich populär ist das von zwei schmerbäuchigen Bronzefiguren bewachte **Karikaturmuseum**. Hinter der clownesken Fassade mit Fenstern in Form von Gesichtern und dem Zackendach, das an eine Punkfrisur erinnert, werden Werke von **Manfred Deix** und **Gustav Peichl** alias Ironimus gezeigt. Die **Kunstfabrik Factory** bietet packende Auseinandersetzungen mit dem Werk avantgardistischer Künstler. Und ab dem Herbst 2007 macht das **Frohner Forum** mit dem Werk des Malers und Mitbegründers des Wiener Aktionismus, Adolf Frohner, bekannt.

In **Tulln** und **Pöchlarn** kann man den dort geborenen Ikonen des österreichischen Expressionismus Reverenz erweisen: **Oskar Kokoschka** stammt aus Pöchlarn, und **Egon Schiele** aus Tulln, wo man zum Gedenken an den großen Sohn und an die drei Wochen, die er 1912 wegen Verbreitung unzüchtiger Aktzeichnungen in Haft verbrachte, im ehemaligen Bezirksgefängnis ein Museum eingerichtet hat.

Ein Höhepunkt für Freunde der Gegenwartskunst liegt ein Stück weiter stromabwärts, in **Klosterneuburg**: Dort hat das Unternehmer-Ehepaar Agnes und Karlheinz Essl mit wunderbarer Besessenheit Österreichs größte Privatsammlung zeitgenössischer Kunst zusammengetragen. Sie ist in einem architektonisch außergewöhnlichen Museum ausgestellt: einem lichten, großzügigen Kubus, Kunstwerk an sich und doch schlicht genug, um den Klassikern der Avantgarde nicht die Schau zu stehlen. Die **Kunstsammlung Essl** nicht zu sehen, wäre tatsächlich ein Versäumnis.

Einen radikalen Bruch mit den Konventionen der Kunst begeht das nahe gelegene Museum **Maria Gugging**: Dort wird auf dem Gelände der psychiatrischen Anstalt das Schaffen weltbekannter, psychisch kranker **Art Brut**-Künstler gezeigt. Und ein weltberühmter Weinviertler wird seit Mai 2007 in **Mistelbach** gewürdigt: Das **Hermann-Nitsch-Museum** erklärt dort die Philosophie und das Werk des Mitbegründers des Wiener Aktionismus und Begründers des „Orgien- und Mysterien"-Theaters. Zu sehen sind viele von Nitschs aus Blut und Innereien geschaffener Schüttbilder sowie Fotos, Partituren und Requisiten von mehr als 120 Aktionen, die der Alptraum bürgerlicher Geschmackshüter seit fast 30 Jahren im Sommer auf seinem Schloss im nahen Prinzendorf inszeniert.

Die Kunstsammlung Essl in ihrem lichten, großzügigen Kubus

(F 3) **Krems Kunsthalle** Franz Zeller Platz 3, www.kunsthalle.at tgl. 10-18 Uhr, 9 €; **Karikaturmuseum** Steiner Landstr. 3a www.karikaturmuseum.at, tgl. 10-18 Uhr, 9 €; **Factory** Adresse und Öffnungszeit wie Kunsthalle, Eintritt frei; **Forum Frohner** Minoritenplatz 1, www.kunsthalle.at, ab Oktober 2007
(E 4) **Pöchlarn Kokoschka-Museum** Regensburger Str. 29 Mai-Okt. tgl. 9-17 Uhr, 5 €
(G 3) **Tulln Schiele-Museum** Donaulände 28 Apr. bis 1. Nov. Di-So 10-12, 13-17 Uhr, 5 €
(H 3) **Klosterneuburg Sammlung Essl** Donau-Au 1, www.sammlung-essl.at, Di-So 10-18, 7 €, Mi 18-21 Uhr bei freiem Eintritt
(H 3) **Maria Gugging Art Brut-Museum** Hauptstr. 2 www.gugging.org, Di-So 10-18 Uhr, Winterzeit 10-17 Uhr, 7 €
(H/J 2) **Mistelbach Hermann Nitsch Museum** Waldstr. 44-46, www.mzmistelbach.at, Di-So 10-18 Uhr, 7 €
Der Katalog von **„Lower Austria Contemporary"** ist in allen beteiligten Galerien und im Internet kostenlos erhältlich, www.lac.coop
Kunstführer „Kunstviertel Niederösterreich", Susanne Neuburger Falter Verlag 2001, 295 S., 14,50 €

seiner gegenwärtigen Gestalt entstand das Stift 1702-1736 nach Plänen von Jakob Prandtauer und Joseph Munggenast. Es birgt prachtvolle Räumlichkeiten. Besichtigt werden können die Kaiserstiege und viele der Kaiserzimmer, in denen ein interessantes Museum zur Melker Geschichte eingerichtet ist, der Marmorsaal samt Altane, und – als Höhepunkte – die Bibliothek und die Stiftskirche mit kostbaren Fresken, Malereien und dem theatralischen Hochaltar.
Abt-Berthold-Dietmayr-Straße 1
Tel. 027 52/55 52 32
www.stiftmelk.at
Mai-Sept. 9-17.30 Uhr, Apr., Okt. 9-16.30 Uhr, 7 €
Nov.-März nur mit Führung nach Anmeldung, 8,80 €

(E 3/4) Schönbühel-Aggsbach

Burgruine Aggstein

Seit mehr als 900 Jahren thront diese Burg, von geheimnisvollen Sagen und grausamen Geschichten umrankt, auf einem steilen Fels hoch über der Donau. Wer hier residierte, hatte die Kontrolle über den Transitverkehr im Tal. So sperrten die Kuenringer von hier aus mit eisernen Ketten die Donau, um Handelsschiffe auszurauben. Die gut erhaltene Ruine allein lohnt die kurze Anfahrt mit dem Auto oder auch den romantischen Aufstieg über den Jakobsweg von Maria Langegg aus. Hauptattraktion aber ist der unvergleichliche Blick von oben auf die westliche Wachau und über den imposanten Dunkelsteinerwald.
www.ruineaggstein.at
Apr., Mai tgl. 9-18 Uhr
Juni-Aug. tgl. 9-19 Uhr
Sept. tgl. 9-18 Uhr,
Okt.tgl. 9-17 Uhr, 5 €

(E 3) Spitz

Besonders schöne Ensembles aus alten, freskenverzierten Lesehöfen und Bürgerhäusern prägen diesen Winzerort. Pflichttermin im festlichen und kulinarischen Jahreslauf: der Spitzer Marillenkirtag (Aprikosen-Kirchtag) am vorletzten Juli-Wochenende.

Schifffahrtsmuseum

Hervorragend ist das im Erlahof nördlich des Tausendeimerberges untergebrachte Schifffahrtsmuseum. Es dokumentiert anhand von 400 Exponaten, darunter einem Schiffszug in Originalgröße und einem Schiffswrack von 1810, auf äußerst anschauliche Weise die historische Bedeutung der Ruder- und Floßfahrt auf der Donau.
Auf der Wehr 21
Apr.-Okt. Mo-Sa 10-12, 14-16 Uhr, So 10-16 Uhr, 5 €

(G 3) Tulln

Die Römer unterhielten an diesem Flussübergang ein Lager und einen Hafen für die Donauflotte. Zu Wohlstand kam Tulln im Mittelalter. Sehenswert sind Salzturm, Karner, Minoritenkloster, die gotische Pfarrkirche und das Römermuseum.

Die barocke Krypta von Stift Altenburg und das berühmte Fresko mit dem Tod als Sensenmann

MERIAN | TIPP

Die Letzten ihrer Art

Zwirnknopf oder Bleikristall – im Waldviertel werden Preziosen mit Hand und Liebe hergestellt

Im nördlichen Waldviertel, wo Überlieferung und Beständigkeit noch mehr gelten als in den umtriebigen Ballungsräumen, haben etliche Traditionswerkstätten überlebt. Auf den Besucher wirken sie wie Inseln im hektischen Fluss der Zeit, ihre qualitätsvollen Einzelstücke verweisen die schnöden Massenprodukte draußen auf die Plätze.

Erster Anlaufpunkt einer Nostalgiefahrt zu den Meistern des Manuellen ist **Weitra**. Dort betreibt Maria Fiedler Österreichs letzte **Zwirnknopferzeugung**: Sieben bis 16 Millimeter große Aluringe werden mit weißem Baumwollzwirn umwickelt – ein herrlich unzeitgemäß anmutender Vorgang, den Besucher live erleben, ehe sie sich zu moderaten Preisen mit einem ordentlichen Knopfvorrat für die guten Hemden zu Hause eindecken können.

Schon seit 1650 pflegt Familie Weber in **Moorbad Harbach** die alte Waldviertler Kunst des Schleifens und Veredelns von **Bleikristall**. Ihr Sortiment umfasst alle Arten von Gläsern, aber auch Vasen und Schalen. Einen der letzten Glasbläser kann man bei seiner Arbeit am Schmelzofen beobachten, in der **Waldglashütte** der Familie Zalto in **Neu-Nagelberg**. Neben wunderschönen Gläsern mit Jugendstilgravuren werden hier Gartenkugeln oder Zierbecher in Holzformen geblasen.

In der einzigen noch funktionierenden **Papiermühle** Mitteleuropas in **Bad Großpertholz** schöpfen Vater und Sohn Mörzinger aus Textilabfällen Büttenpapier. Es findet reißenden Absatz bei Grafikern, Notenschreibern und Kalligrafen. Ein Meister der Präzisionsmechanik ist in **Groß-Sieghart**s am Werk: Gerhard **Göbharter**, der sich auf die Erzeugung der „kleinsten Pistole der Welt" spezialisiert hat. Und in Österreichs einziger **Perlmuttdrechslerei** in **Hardegg** werden aus der schillernden Schale der Thayamuscheln Knöpfe, aber auch Schmuck, Brieföffner, Bilderrahmen und Schatullen gefertigt.

Zwirnknöpfe: (D 2) Lange Gasse 133, Weitra, www.knoepfe.co.at
Mo, Di, Do, Fr 8.30-12, 13-16 Uhr, Mi, Sa 8.30-12 Uhr
Bleikristall: (C 2) Hirschenwies 53, Moorbad Harbach, www.kristallstudio.at *Mo-Fr 8-12, 13-17 Uhr, Sa, So 9-11.30, 13.30-16 Uhr*
Glasbläser: (D 1) Neu-Nagelberg 58, www.rkzalto.at
Mo-Fr 8-12, 13-17 Uhr (Führungen bis 16 Uhr), Sa 8-12 Uhr
Papiermühle: (C 2) Bad Großpertholz 76, www.papiermuehle.at
Führungen nach Anmeldung, Tel. (028 57) 22 40
Pistolen: (E 1) Raabser Str. 51, Groß-Siegharts, www.berloque.com
Mo-Do 6.30-11.45, 12.30-16 Uhr, Fr 6.30-11.45 Uhr
Perlmuttdrechslerei: (F 1) Felling 37, www.perlmutt.at
Mo-Do 6.30-12, 13-16.15 Uhr, Fr 6.30-12 Uhr

(F 2) Altenburg

Stift Altenburg
Das hoch über dem Kamp thronende Benediktinerstift wurde 1144 gegründet und im 18. Jahrhundert von Spitzenkünstlern, allen voran Baumeister Joseph Munggenast und Maler Paul Troger, in „das Barockjuwel des Waldviertels" verwandelt. Höhepunkte der schwelgerischen Pracht aus Fresken, Stuck und Gold bilden die Bibliothek, die Stiftskirche und die Krypta mit ihren einzigartigen Totentanz-Malereien. In den 1990er Jahren haben Archäologen Reste des mittelalterlichen Vorgängerbaus freigelegt. Sowohl dieses Kloster unter dem Kloster als auch die Barockanlage sind im Rahmen von Führungen zu besichtigen. Der Garten der Religionen im drei Hektar großen Stiftsgarten und ein Kulturprogramm ergänzen das Angebot für Besucher.
Abt-Placidus-Much-Str. 1
www.stift-altenburg.at
Palmsonntag bis Allerheiligen tgl. 10-17 Uhr, 9 €

(F 1) Geras

Stift Geras
Das Prämonstratenserstift Geras wurde 1153 mit dem nahen Chorfrauenkloster Pernegg als Doppelkloster gegründet und genießt überregional den Ruf eines Kreativzentrums ersten Ranges. Es bietet jedes Jahr rund 180 Kurse zu Malerei, Bildhauerei und Kunsthandwerk an, außerdem verschiedene Seminare, etwa zum Thema Stille. Einen Kontrapunkt zu den vielen Veranstaltungen setzt die idyllische Teich-, Wald- und Wiesenlandschaft rund um die Klöster. 134 Hektar sind Naturpark.
Hauptstr. 1
www.stiftgeras.at
www.naturparkgeras.at
Mai-Okt. 10-17 Uhr, Nov.-Apr. Di-Sa 10-12, 14-16 Uhr, 5 € Führungen: Di-So 10, 14, 15.30 Uhr, 7,50 € Naturpark: Palmsonntag bis Allerseelen Di-So 9-18 Uhr

(D 1/2) Gmünd

Blockheide
Einer Laune der Natur verdankt das Waldviertel seine Granitblöcke, die seit der Keltenzeit als Kult- und Kraftplätze verehrt werden. Besonders beindruckend sind jene Steine, die durch Wetter und Korrosion so abgerundet sind, dass sie nur noch an einer kleinen Stelle auf ihrem felsigen Untergrund aufliegen – die so genannten Wackelsteine. Große, markante Exemplare finden sich zahlreich, wie von Riesenhand verstreut, auf der Blockheide. Der 105 Hektar große Naturpark ist für Wanderer gut erschlossen.
Gmünd-Eibenstein
www.blockheide.at
Info-Zentrum und Aussichtsturm: April-Okt. 9.30-17 Uhr, 3 €

(E 2) Greillenstein

Schloss Greillenstein
Schon die Fassade dieses Renaissancebaus mit ihrem Skulpturenschmuck ist beeindruckend. Dahinter befinden sich ein historischer Gerichtssaal mit Marterwerkzeug, ein Verlies und der Geist der Schwarzen Anna. Abends gibt es Geisterführungen (siehe S. 164). Ein Abenteuer-Parcours verläuft durch den Park.
Greilenstein 7
Tel. (029 89) 808 00
www.greillenstein.at
April-Okt., tgl. 9.30-17 Uhr, 5 €, Führungen nach Bedarf, ab 5 Personen, 7 €, Geisterführungen am jeweils letzten Freitag des Monats nach Einbruch der Dunkelheit. Auch nach Voranmeldung.

(D 1) **Heidenreichstein**

Wasserburg
Bis zu vier Meter dick sind die Mauern der vier Flügel, der drei Ecktürme und des Bergfrieds dieser größten erhaltenen Wasserburg Niederösterreichs. Kein Wunder, dass sie im Laufe ihres über 800-jährigen Bestehens nie erstürmt wurde. Die Führung durch den Wohntrakt mit seinen Arkaden und Wendeltreppen offenbart eine hochinteressante Innenausstattung, darunter gotische Möbel, alte Gebrauchsgegenstände und Porträtbilder.
Schremser Straße 1
Führungen ab 5 Personen April-Okt. Di-So 9, 10, 11, 14, 15 und 16 Uhr, 5 €

Naturpark & Haus des Moores
Zu stimmungsvollen Wanderungen laden Moor- und Teichweg im Naturpark Heidenreichsteiner Moor. Einschlägiges Hintergrundwissen erhält man im vielfach preisgekrönten Moormuseum.
Waidhofener Straße/Klein Pertholz 36, www.naturparke.at
Museum: Mai-Sept. Fr, Sa, So 14-17 Uhr, 5 €

(F 3) **Langenlois**

Loisium
Die jüngste und spektakulärste Attraktion der Region entführt in die Welt des Weines. Nach dem Empfang im Besucherzentrum, dem weithin sichtbaren, postmodernen Kubus des Stararchitekten Steven Holl, taucht der Besucher ab in ein bis 900 Jahre altes Kellerlabyrinth. Dort unternimmt er auf einem multimedial inszenierten Erlebnisparcours eine informative Wein- und Zeitreise. Zurück über Tage lädt der neue Loisium Wein-Kunst-Garten zum Spazieren und Verweilen.
Loisiumallee 1, www.loisium.at
tgl. außer im Jan. 10-19 Uhr letzter Einlass in die Keller 17 Uhr, 11,50 €

(F 2) **Maissau**

Amethystwelt
Da leuchten die Augen von Mineralienfans: Die örtliche Amethystader ist die größte freigelegte der Welt und über einen Schaustollen begehbar. Auf einem Schatzgräberfeld können Besucher selbst Steine schürfen. Ergänzende Erklärungen liefern Multimedia-Schau und Chakrengarten.
Maissau, an der Horner Bundesstraße, www.amethystwelt.at
tgl. 9-17 Uhr, Mai-Sept. 9-18 Uhr, nur mit Führung jeweils zur vollen Stunde, 6 €

(D 3) **Rappottenstein**

Burg Rappottenstein
Eine Ritterburg wie aus dem Bilderbuch mit mächtigen Verteidigungsanlagen: einer kolossalen Wehrmauer, acht Toren und fünf Höfen. Trotz mehrmaliger und andauernder Belagerung wurde die vor über 800 Jahren auf einem Grantifelsen errichtete Festung niemals erobert. Highlights sind der mit Sgraffiti verzierte Arkadenhof, das abgrundtiefe Verlies, die Kapelle mit gotischem Flügelaltar, die Küche und die Gemächer, die zum Teil mit Fresken ausgestattet sind.
Burg Rappottenstein 85
www.burg-rappottenstein.at
Besichtung nur mit Führung, Mai-Sept. Di-So, 11, 12, 14, 15, 16 Uhr Juli/Aug. zusätzl. 10, 17 Uhr; Ostern, 2. April-Hälfte und Okt. nur Sa, So, 7 €

(F 2) **Rosenburg**

Renaissanceschloss Rosenburg
Das im 16. Jahrhundert aus einer mittelalterlichen Burg hervorgegangene Renaissanceschloss zählt dank seiner malerischen Lage auf hohem Felssporn über dem Kamp, der vielgestaltigen Architektur und insbesondere des riesigen Turnierhofs zu den grandiosesten Wehr- und Wohnanlagen des Landes. Attraktionen der seit 1681 im Besitz der Familie Hoyos befindlichen Rosenburg sind ihre mit kostbaren Möbeln, Bildern und Kunstobjekten ausgestatteten Innenräume, die Flugvorführungen majestätischer Raubvögel auf der Aussichtsterrasse sowie die weitläufigen Rosengärten.
Rosenburg 1, www.rosenburg.at
Apr., Okt. Di-So 9.30-16.30 Uhr Mai-Sept. tgl. 9.30-17 Uhr Flugvorführungen 11, 15 Uhr Juli/Aug. auch 16.30 Uhr, 10 €

(D/E 2) **Zwettl**

Stift Zwettl
Das 1138 gegründete, abgeschieden in einer waldigen Mulde nahe dem Kamp gelegene Zisterzienserstift wirkt mit seiner mittelalterlichen Bausubstanz wie eine Insel im Strom der Zeit. Besondere Sehenswürdigkeiten, im Rahmen einer Führung zugänglich, sind der frühgotische Kreuzgang mit Brunnenhaus, der Kapitel- und Schlafsaal sowie die Stiftskirche mit ihren kostbaren Barock-Altären und dem 77 Meter hohen Turm.
Stift Zwettl 1, www.stiftzwettl.at
Mai-Okt. Mo-Fr 10, 11, 14 15 Uhr, Sa, So, 11, 14, 15 Uhr Juli-Sept. auch 16 Uhr, 6 €

MERIAN | TIPP

Wandern im Thayatal

Dichte Wälder, unberührte Täler fernab jeglichen Industrie- und Verkehrslärms, dazu entzückende Städtchen und Burgen wie aus dem Bilderbuch – nicht viele Landschaften sind so ideal zum Durchatmen und Kraftschöpfen geeignet wie das Waldviertler Grenzgebiet zu Tschechien. Ein besonderes Naturjuwel ist das bis zu 250 Meter tiefe Tal der Thaya rund um Hardegg, Österreichs kleinster Stadt. Die malerischen Mäander wurden in Tschechien zwischen Vranov und Znojmo bereits 1991, auf niederösterreichischer Seite im Jahr 2000 zum Nationalpark erklärt. Die Möglichkeiten, dieses geologisch und mikroklimatisch einzigartige Patchwork von Biotopen zu Fuß zu erkunden, sind vielfältig: Gut markierte Wege führen auf das Maxplateau, über den Einsiedlerweg oder auf die tschechische Seite zu den Eishöhlen und der Ruine Neuhäusl (Novy Hrádek). Am populärsten ist jedoch der Thayatalweg (ca. drei Stunden). Er beginnt an der Brücke zu Füßen der Hardegger Burg, führt auf dem Gabrielensteig kurz steil bergan und dann sanft abfallend wieder zum Ufer. Dort ist es selbst im Hochsommer angenehm kühl, Wiesen und Wälder wechseln einander ab und das Rauschen des Flusses begleitet den Wanderer, bis er durch den Graben des Kajabaches, an der gleichnamigen, 850-jährigen Burgruine vorbei, hinauf nach Merkersdorf steigt.

(F 1) Nationalpark-Haus Hardegg, www.np-thayatal.at
April-Sept. tgl. 9-18 Uhr, März, Okt., Nov. 10-16 Uhr, 3,50 €

MERIAN | TIPP

Wein und Gesang

830 Kilometer lang schlängelt sich die Genussroute „Weinstraße Niederösterreich" durch die Weinbaugebiete des Landes. Vom Traisental in die Wachau, durch das Krems- und Kamptal über den Wagram ins Weinviertel, von dort Richtung Süden nach Carnuntum und schließlich in die Thermenregion mit ihrer traditionsreichen Heurigenkultur. In diesen acht Weinbaugebieten gibt es mehr als 150 Winzerorte und über tausend Weinbauern.
Zur Erntezeit, von September bis November, werden viele Weinfeste gefeiert. Dann sind die regionalen Veranstaltungskalender gespickt mit aberhunderten Events: Wanderungen durch die Weinberge, Aussecktermine der Heurigen, Kellergassenfeste oder Lesefeste (besonders schön ist jenes Ende September in Retz). Nüchtern bleibt dabei kaum einer – aber wer wollte das auch, bei der berauschenden Schönheit der Weinlandschaft und den köstlichen Tropfen im Glas?
www.weinstrassen.at
www.weinherbst.at

(H 2) Asparn a.d. Zaya

Museum für Urgeschichte
Das über 700 Jahre alte Schloss beherbergt ein interessantes Museum zur allerfrühesten Geschichte. Zu sehen sind prähistorische Funde aus ganz Niederösterreich und, im zugehörigen Park, Nachbildungen urzeitlicher Wohn- und Wirtschaftsbauten.
Franz-Hampl-Platz 1
www.urgeschichte.com
Apr.-Nov. Di-Fr 9-17 Uhr Sa, So 10-18 Uhr, 4 €

(G 3) Kleinwetzdorf

Heldenberg & Steinzeitpark
Sie gilt als eine Art österreichische Walhalla und ist eine ebenso kuriose wie interessante Sehenswürdigkeit: die Ruhmesstätte Heldenberg, die ein betuchter Schuhfabrikant 1849 zum Gedenken an die damals siegreiche k.u.k.-Armee schuf. Rund um ein Mausoleum wimmelt es von Statuen und Büsten diverser Herrscher und Heerführer. Nebenan gibt es einen Steinzeitpark samt rekonstruiertem Kreisgraben und einen renovierten Biedermeier-Garten. In manchen Jahren werden die legendären Lipizzaner aus Wien hierher ins Sommerquartier gebracht.
Landschaftspark Schmidatal
www.schmidatal.at
Heldenberg & Steinzeitpark: Apr.-Nov. tgl. 9-18 Uhr; Biedermeier-Garten: Mo geschlossen

(H 1) Laa a.d. Thaya

Therme Laa
Das für sein Bier berühmte Grenzstädtchen Laa ist schon wegen seiner Burg und diverser gotischer Baudenkmäler einen Aufenthalt wert. Neuer Publikumsmagnet aber ist die Therme – eine weiträumige Badewelt, deren Wasser Heilkräfte besitzt.
Thermenplatz 1
www.therme-laa.at
tgl. 9-22 Uhr, ab 10,80 €

(H 3) Leobendorf

Burg Kreuzenstein
Der romantische Traum eines reichen Abenteurers: eine Ritterburg nach mittelalterlichem Muster, erbaut im späten 19. Jahrhundert mit gotischen Originalteilen aus halb Europa, ausgestattet mit einer großen Sammlung kostbarer Kunstobjekte, z.B. Österreichs größter privater Rüstkammer.
www.kreuzenstein.com
März-Okt. tgl. 10-16 Uhr, So 10-17 Uhr. Besichtigung nur mit Führung, Beginn jeweils zur vollen Stunde, 8 €

(J 2) Niedersulz

Weinviertler Museumsdorf
Niederösterreichs größtes Freilichtmuseum umfasst 75 Weinviertler Originalgebäude aus den vergangenen 200 Jahren. In liebevoller Kleinarbeit aufgebaut und zu einem Dorf gruppiert, gibt es neben Bauernhöfen Wirts- und Handwerkerhäuser, Scheunen, Kapellen, eine Mühle und sogar eine ganze Kellergasse.
www.museumsdorf.at
Apr.-Okt. Mo-Fr 9.30-16 Uhr Sa, So 9.30-18 Uhr, 7 €

(G 1) Retz

Das Städtchen, dessen Geschick seit dem Spätmittelalter untrennbar mit dem Anbau und Vertrieb von Wein verknüpft ist, bietet mit seiner prächtigen Bausubstanz aus Gotik und Renaissance viele Attraktionen. Besonders sehenswert ist das Rathaus am Hauptplatz. Ein ebenso stimmungsvoller wie kulinarischer Höhepunkt ist das jährlich Ende Oktober im gesamten Retzer Land veranstaltete Fest rund um den Kürbis, im Volksmund: „Bluza".
www.kuerbisfest.at

Erlebniskeller
Einzigartig ist die Unterwelt von Retz: ein 21 Kilometer langes und bis zu viergeschossiges, 25 Meter tiefes Kellerlabyrinth, das die Bürger seit der Stadtgründung anno 1279 sukzessive in den Schwemmsand gruben, um ihren flüssigen Schatz, über 5,5 Millionen Liter Wein, zu lagern.
Treffpunkt für die Führung: am Infobüro, Hauptplatz 30
www.retz.at
90 Minuten-Führung, Hauptplatz und Erlebniskeller mit Weinprobe, Mai-Okt. tgl. 10.30, 14, 16 Uhr, März/April, Nov./Dez. tgl. 14 Uhr, Jan./Feb. nur Sa, So 14 Uhr, 7 €

(J 2) Wilfersdorf

Schloss Wilfersdorf
Das sechs Kilometer östlich von Mistelbach gelegene Schloss entstand an Stelle einer mittelalterlichen gotischen Burg und war von 1604-86 Residenz der Fürsten von Liechtenstein und wurde 2001/02 komplett saniert. In einer Dauerausstellung wird die Geschichte des Fürstenhauses ausführlich dokumentiert. In den Seitentrakten sind das Heimatmuseum und ein Weinkeller samt Heurigen und Vinothek untergebracht.
Hauptstraße 1, www.liechtenstein-schloss-wilfersdorf.at
Apr.-1. Nov., Di-So 10-16 Uhr; 5 €

Therme Laa: Entspannung auf Design-Wasserbetten

> Die großen Lettern (L 3) beziehen sich auf die MERIAN-Karte auf Seite 211

Das Heidentor zeugte vom Glanz der Römerstadt Carnuntum

(J 4) Eckartsau

Jagdschloss Eckartsau

Ihr barockes Aussehen erhielt die aus dem Mittelalter stammende Wehranlage in den 1720er Jahren auf Geheiß des böhmischen Hofkanzlers Graf Kinsky. Österreichs letzter Kaiser, Karl I., verbrachte hier 1918 die letzten Kriegsmonate. Höhepunkte auf dem Rundgang durch den Bau, der heute die Bundesforstverwaltung beherbergt, sind die kaiserlichen Privatgemächer und das prächtige Stiegenhaus.
Eckartsau, www.schlosshof.at
Besichtigung nur mit Führung Apr.-Okt. Sa, So 11, 14 Uhr, 8 €, 90-min. Spezialführungen (auch nachts) nach Anmeldung, Tel. (022 14) 23 35 18, 10 €

(K 4) Engelhartstetten

Kaiserliches Festschloss Hof

Hier feierte im 18. Jahrhundert Wiens Kaiserhof seine opulenten Feste. Heute ist Schloss Hof eine 50 Hektar große, barocke Erlebniswelt. Das einst von Hofbaumeister Johann Lukas von Hildebrandt entworfene Schloss wurde in den vergangenen Jahren detailgetreu restauriert. Dies schloss auch die Inneneinrichtung ein: Heute stehen hier wieder die originalen Möbel von Kaiserin Maria Theresia und ihren Vorgängern. Auch der historische Terrassengarten ist wieder in der vollen Pracht des Barock zu sehen. Auf dem angeschlossenen Gutshof werden in Schaubetrieben alte Handwerkskünste gepflegt. Außerdem werden altösterreichische Haustierrassen gezüchtet, die beinahe ausgestorben waren – Walachenschafe, wollhaarige Mangalizaschweine oder Weiße Esel. Die kaiserliche Festkultur lässt sich bei üppigen Menüs, Konzerten und vielen Festen erleben.
Schlosshof 1
Tel. (022 85) 200 00-0
www.schlosshof.at
Apr.-1.Nov. tgl. 10-18 Uhr, 9,50 €, Führungen tgl. 11, 14, 16 Uhr, 2 €

Schloss Niederweiden

Nur vier Kilometer von Schloss Hof entfernt liegt Prinz Eugens zierliches Lustschlösschen Niederweiden. Unter Kaiserin Maria Theresia erhielt es ein zusätzliches Stockwerk und damit sein endgültiges Aussehen. In der alten Wildbretküche wird heute wieder gekocht, nach historischen Rezepten.
Niederweiden 1
www.schlosshof.at
Mai-1.Nov. tgl. 10-18 Uhr, Ausstellungen 2 €

(H-K 4) Nationalpark Donau-Auen

Die Donauauen sind eine der letzten großen, urtümlichen Flussauen Mitteleuropas und stehen seit 1996 unter Naturschutz. Auf 36 Kilometer Länge bestimmt, wie einst überall, das Auf und Ab der Donauwasserstände den Lebensrhythmus der Au. Nationalpark-Betreuer führen die Besucher durch den „wilden Wasserwald", zu Fuß, per Boot oder mit dem Fahrrad. (siehe auch S. 140). An drei Info-Stellen, in Stopfenreuth, Eckartsau und Orth, erhält man Karten und Tipps für Touren. In Schloss Orth befindet sich ein Nationalpark-Zentrum mit Multimedia-Ausstellung und Shop, ein Aussichtsturm mit Fotoausstellung, Regionalmuseum und, ganz neu, die „Schlossinsel" – ein Au-Erlebnisgelände mit einer Unterwasserstation.
Schloss Orth, Schlossplatz 1
Tel. (022 12) 35 55
www.donauauen.at
März-Sept. tgl. 9-18 Uhr, Okt. 9-17 Uhr, Nov-Feb. nach Anmeldung, Kombi-Ticket Schloss & Museum: 13 €, nur Museum: 4,50 € geführte Wanderungen im Nationalpark nach telefonischer Buchung, 9,50 €

(J 4) Orth

Schiffmühle Orth

Einblick in die Faszination der Wasserkraft gewährt die einzige Schiffmühle auf der Donau. Die schwimmende Konstruktion wurde nach Originalplänen aus dem Jahr 1800 gebaut. Ein sieben Meter breites Wasserrad treibt sie an. Besucher werden mit einer Tschaike zur Mühle gefahren, einem im 16. Jahrhundert entworfenen Schiff, ehemals „Schnellboot" der kaiserlichen Donauflotte.
Fadenbachstr. 6, Stromkilometer 1902,3, www.schiffmuehle.at
Überfahrt und Mahlvorführung tgl. 14 Uhr, So 11,14 Uhr, 8 €

(K 4) Petronell/Bad Deutsch Altenburg

Archäologischer Park Carnuntum

40 Kilometer östlich von Wien, zwischen Petronell und dem Kurort Bad Deutsch-Altenburg, kann man die imposanten Reste der römischen Provinzhauptstadt Carnuntum besichtigen. Zu ihrer Glanzzeit im 3. und 4. Jahrhundert war Carnuntum mit fast 50 000 Einwohnern eine große Stadt (siehe „Geschichte", S. 210). Die Reste antiker Baudenkmäler, z.B. des Amphitheaters und authentische Rekonstruktionen lassen das römische Carnuntum wieder auferstehen. Zwei Museen, originelle Zeitreise-Führungen und aufwändig inszenierte antike Feste (z.B. mit Gladiatorenkämpfen) intensivieren das Geschichtserlebnis.
Hauptstraße 3
Petronell-Carnuntum
www.carnuntum.co.at
Freilichtmuseum & Amphitheater: März-Nov. tgl. 9-17 Uhr, Führung tgl. 10, 11.30, 14, 15.30 Uhr; Museum Carnuntinum: März-Nov. Mo 12-17 Uhr, Di-So 10-17 Uhr, Führung Sa, So, 13.30, 15 Uhr, 8 €

(K 4) Rohrau

Harrachsche Gemäldegalerie

Direkt an der Grenze zum Burgenland besitzt die gräfliche Familie Harrach seit 1524 ein prachtvolles, vierflügeliges Landschloss. Es beherbergt eine der größten und wertvollsten privaten Gemäldesammlungen der Welt, die über 450 Jahre lang gewachsen ist. Sie bietet einen reichen Querschnitt durch die spanischen, neapolitanischen und römischen Malerschulen des 17. und 18. Jahrhunderts.
Schloss 1, harrach.nwy.at
Ostern-1. Nov., Di-So 10-17 Uhr, 7 €

Haydn-Geburtshaus

In Rohrau, nur ein paar Meter vom Harrachschen Schloss entfernt, erblickten 1732 Joseph Haydn und fünf Jahre später sein Bruder Michael das Licht der Welt. Das strohgedeckte Elternhaus der Haydns ist heute Museum und Gedenkstätte. Anhand zahlreicher Exponate werden die Lebensläufe des Komponisten Joseph Haydn sowie seines Bruders, des späteren fürsterzbischöflichen Konzertmeisters in Salzburg, nachgezeichnet.
Obere Hauptstraße 25
Di-So 10-16 Uhr, 2 €

MERIAN | KULTUR

Das ganze Land wird eine Bühne

Im Sommer müsste jeder Tag mindestens drei Abende haben – dann könnte man vielleicht sämtliche Kulturfestivals und Konzerte besuchen

Niederösterreich ist ein Land für Kulturliebhaber. Natürlich auch wegen hochkarätiger Institutionen wie dem Theater- und Festspielhaus in St. Pölten oder den Stadttheatern in Baden und Wiener Neustadt. So richtig bunt blüht Niederösterreichs Kulturlandschaft aber erst im Sommer – wenn ab Juni und bis Ende September zahlreiche Schlösser, Burg- und Winzerhöfe, Parks, Kirchen und Ruinen zu Stätten der Kunst werden und an lauen Abenden die Sterne vom Himmel den kleinen und großen Stars auf den Bühnen ihre Stichworte zublinzeln.

Das Musik-Festival Grafenegg ist der krönende Abschluss der Sommerkonzert-Saison

Ein Zentrum der zeitgenössischen Kultur ist bereits Ende April **Krems**. Was sich dort im Rahmen des **Donaufestivals** abspielt, sprengt Jahr für Jahr lustvoller alle Grenzen zwischen Musik, Performance und Medienkunst. Mit großem Esprit und Erfolg werden ebenfalls in **Krems** im Juli bei **Glatt& Verkehrt** die Gräben zwischen Volks- und Weltmusik überbrückt. Dem Crossover experimenteller und traditioneller Töne hat sich auch das Festival **Wellenklaenge** im Juli auf der zauberhaften **Seebühne Lunz** verschrieben. Sprechtheater vom Allerfeinsten, vor allem das Erbe der Wiener Klassik zwischen Vormärz und Fin de Siècle, also von Nestroy bis Schnitzler, bieten die **Festspiele Reichenau** für die dem Lockruf von Intendant Peter Loidolt folgend, im Juli und August, die Elite der Burg-Schauspieler ihren Arbeitsplatz aufs Land verlegt.

Johann Nestroy, dem Meister der volkstümlichen Satire, wird im Juli bei den Festspielen in **Schwechat** gehuldigt, seinem Zeitgenossen und Geistesbruder **Ferdinand Raimund** im Juli und August in **Gutenstein**. Überhaupt hat sich der südliche Nahbereich von Wien zu einem sommerlichen Hort der **Volkstheatertradition** gemausert. Ob auf **Burg Liechtenstein** in Maria Enzersdorf, in **Mödling** oder auf **Burg Perchtoldsdorf**, in **Berndorf** und **Laxenburg** – überall dort wird der Geist der Altwiener Komödien und Possen fröhlich gefeiert.

Plüschig und melodienselig in Erinnerung an die Goldene Operettenzeit geht es ab Mitte Juli bei den **Langenloiser Festspielen** auf **Schloss Haindorf** und von Ende Juni bis Anfang September in der **Sommerarena von Baden** zu. Freunde der großen Oper pilgern im Juli und August zum **Opern Air** in der Burgruine von **Gars am Kamp**, im Juli in den Kaiserhof von **Stift Klosterneuburg** oder in der ersten Augusthälfte nach **Burg Reinsberg**.

Barocke Musik in barocker Weltkulturerbe-Kulisse bieten zu Pfingsten die **Internationalen Barocktage** in **Stift Melk**. Nicht minder anspruchsvoll besetzt ist das **Orgelfest**, das im Juni und Juli in **Stift Zwettl** stattfindet, sowie ab Mitte August das in zahlreichen Kirchen und Schlössern des Waldviertels beheimatete **Kammermusikfestival Allegro Vivo**.

Das jüngste Sommerhighlight und ein krönender Abschluss der Festivalsaison, wird das **Musik-Festival Grafenegg**. Ab 2007 versammelt es unter der künstlerischen Leitung des Starpianisten Rudolf Buchbinder jeweils ab Ende August auf der im romantischen Schlosspark errichteten Open-Air-Bühne, oder bei Schlechtwetter in den Konzerthallen Meierhof und Neue Reitschule Spitzensolisten und -orchester aus aller Welt.

Über 200 Veranstaltungstipps zu Theater und Musik, Brauchtum, Kulinarik, Sport und Spiel bietet alljährlich die Broschüre „Termine der Saison". Sie ist kostenfrei erhältlich in vielen Hotels, bei den Tourismus-Zentralen und der Niederösterreich-Information **(Tel. 01/536 10 62 00, www.noe.co.at)**

In Hagmanns Schokolademanufaktur in Krems bekommt man original Wachauer Schokolade

MOSTVIERTEL

(D 4/5) Amstetten
Distelberger
Ob Essige, Moste, Fruchtsäfte oder Birnensekt – auf dem Bauernhof von Irmi und Toni Distelberger gärt es ständig. Das Obst stammt aus der Region, Hauptlieferant: der Birnbaum. Doch auch Äpfel, Pflaumen, Sanddorn und andere seltenere Früchte werden gepresst und destilliert. Öffnungszeiten telefonisch erfragen.
Gigerreith 39
Tel. (074 79) 73 34
www.distelberger.at

(C 6) Hollenstein/Ybbs
Loden Landl
Das traditionsreiche Unternehmen produziert Lodenstoffe und schneidert daraus Trachten- und Wanderbekleidung.
Walcherbauer 9
www.lodenlandl.at
Mo-Fr 8-12, 14-18 Uhr
Sa 8-11 Uhr

WACHAU

(F 3) Krems
Schokolademanufaktur
Seit 1836 wird in Krems „Wachauer Schokolade" handgeschöpft. Neben den Klassikern oder regionalen Spezialitäten mit Mohn- oder Marillengeschmack werden auch Weinschokoladen hergestellt: mit einer Füllung vom Blauer Zweigelt etwa, Rheinriesling- oder Blauburgunder.
Café-Konditorei Hagmann
Untere Landstraße 8
www.hagmann.co.at
Mo-Fr 7-18.30 Uhr
Sa 7-17 Uhr, So 13.30-18 Uhr

(E 3) Weißenkirchen
Wachauer Keramikwerkstatt
Auf dem elterlichen Weingut stellt Sabine Schneeweiß Weinkühler, Korkverschlüsse, Namensschilder oder Kerzenständer aus gebranntem Ton her. Viele ihrer Kreationen verziert sie mit dem für die Region typischen Tier, der Smaragdeidechse.
Wachau 27
www.wachauerwein.at/keramik
März bis Dez. tgl. 10-18 Uhr

WALDVIERTEL

(E 2) Friedersbach
Waldland-Shop
Rund 750 Bauern aus dem Waldviertel steuern einen Teil ihrer Produkte zum Sortiment des Ladens der Vermarktungsgesellschaft Waldland bei. Köstliches aus Kräutern, Honig und Getreide, Naturkosmetik und vieles mehr gibt es im Spezialitätenladen auf dem Waldlandhof in Friedersbach.
Oberwaltenreith 10
Tel. 028 26/744 30
www.waldland.at
Mo-Fr 9-18 Uhr, Sa 9-12 Uhr

(E 3) Gföhl
Kochs Kerzenmanufaktur
Fackeln und Windlichte, Tisch-, Duft- oder Gewürzkerzen in zwölf Größen und 28 Farben gibt es direkt vom Erzeuger im südlichen Waldviertel. Ein Besuch in der Manufaktur ist während der im Haus veranstalteten Oster- und Adventsmärkte besonders schön.
Mittelbergeramt 19
www.koch-kerzen.at
Mo-Fr 8-16 Uhr, Sa 8-12 Uhr

(D 1) Litschau
Yupitaze-Fischtextil
Ein außergewöhnliches Material für außergewöhnliche Geschenke verwenden die Mitarbeiter von Yupitaze im nördlichen Waldviertel: Sie haben ein Verfahren zur Verarbeitung von Fischhaut entwickelt, bei dem deren natürliche Farbe und Struktur erhalten bleibt. So entstehen aus der Haut von Karpfen und Lachs originelle Accessoires: Gürtel, Hand- und Brieftaschen, aber auch Brillenetuis und Pillendosen. Der Laden hat keine fixen Öffnungszeiten, telefonische Anmeldung ist erforderlich. Interessierte können bei der Präparierung der Fischhaut zusehen.
Reitzenschlag 24
Tel. 028 65/514 70
www.yupitaze.at

(E 2) Rastenfeld
Leinenhaus
Flachs, der Rohstofflieferant für das antiallergisch wirkende Naturleinen, wird im Waldviertel auf über 1000 Quadratmetern angebaut. Dem bislang einzigen Flachs-Verarbeitungsbetrieb ist ein Laden angeschlossen. Hier gibt es eine große Auswahl an Tisch- und Bettwäsche, Handtüchern, Hemden, Trachten und vieles mehr.
Haus 169, www.waldland.at
Di-Fr 9-17, Sa 9-13 Uhr

(E 2/3) Sprögnitz
Sonnentor
Ein Eldorado für Kräuterliebhaber: Gewürze, Kräutermischungen, Tees, Cremes, ätherische Öle – die Waldviertler Kräuter der bäuerlichen Genossenschaft Sonnentor werden biologisch angebaut und haben weit über die Region hinaus einen guten Ruf.
Sprögnitz 10
www.sonnentor.com
Mo-Fr 8-17, Sa 9-12 Uhr

WEINVIERTEL

(G 1) Retz
Weinquartier
In der Renaissancestadt Retz steht die größte Weinkelleranlage Mitteleuropas – und Niederösterreichs größte Gebietsvinothek. Hier können über 300 Weine verkostet werden. Fachseminare, kulinarische Weinproben, Café- und Weinbar, sowie ein Delikatessenshop gehören zum Angebot des Hauses.
Hauptplatz 4-5
www.weinquartier.at
tgl. 9.30-19 Uhr
im Winter bis18 Uhr

MERIAN | TIPP

Genüsse vom Gut Oberstockstall

Romantischer geht es kaum: Ein mittelalterlicher Gutshof, Kerzenlicht auf der Terrasse, es duftet nach Rosen, der Blick geht auf die gotische Gutskapelle. Doch noch besser als die Romantik, ist das, was im Gut Oberstockstall serviert wird: Biofleisch und Gemüse vom eigenen Hof, gewürzt mit dem Besten, das der Kräutergarten hergibt und dazu die Weine der Besitzerfamilie Salomon. Auf keinen Fall versäumen sollte man das Lieblingsgericht von Küchenchefin Eva Salomon: mit Schafskäse gefüllte Zucchiniblüten mit Tomatengemüse. Der Käse ist mit Knoblauch und Nüssen verfeinert, die Tomaten schmecken süß nach Sonne und die Zucchini, nur mit Olivenöl und Salz mariniert, sind so knackig, wie man sie selten geschmeckt hat. Danach die Zitronenravioli – ein Gedicht! Die Entenbrust mit Zitronenthymian – unvergleichlich! Wer auf der Suche nach Genüssen ist – im Gut Oberstockstall liegen Sie richtig: Mit leerem Magen hinfahren und durchprobieren!

Oberstockstall 1
(G 3) Kirchberg am Wagram
Tel. 022 79/23 35
www.gutoberstockstall.at
Mi 17-22 Uhr, Do-Sa 12-22 Uhr
So, 12-15 Uhr €€

Preiskategorien

Alle Adressen im Info-Magazin sind MERIAN-Empfehlungen. Preiskategorien Restaurants: Das günstigste Hauptgericht kostet € unter 13 Euro, €€ zwischen 13 und 18 Euro, €€€ über 18 Euro

WIENERWALD WIENER ALPEN

(H 5) Baden
Rauhenstein
Im Grand Hotel Sauerhof, einem prachtvollen, von viel Grün gesäumten Biedermeier-Palais im Herzen der Kurstadt, wo schon Beethoven speiste, lässt sich's exquisit nächtigen und mindestens so gut tafeln. Patrick Rousselets Kochkünste, deren Schwerpunkt auf Fischgerichten liegt, finden ihren Widerhall im eleganten Ambiente und der polyglotten Gästeschaft. Die Weinkarte macht mit den Schätzen der Thermenregion bekannt.
Weilburgstraße 11-13
Tel. 022 52/412 51
www.sauerhof.at
Mo-Sa 7-22 Uhr, So 7-18 Uhr
€€€

(H 6) Bromberg
Jeitler
Gerald Jeitler zelebriert in seinem zum Gourmet-Refugium verwandelten Gasthof kulinarische Hochämter indem er Zutaten aus allen fünf Kontinenten, vom Thunfisch bis zum Wasabi-Kaviar, mit Rustikalem aus der Region à la Hirschkalb oder Alpenlachs vermählt. Drei Sonderangebote verdienen Beachtung: das 15-gängige „Amuse-Bouche"-Menü für 69 Euro, „Geralds Donnerstag" – ein Neun-Gänger für 46 Euro, und „A Bit of Jeitler" – bis zu acht Gänge samt zwei Gläsern Wein, jeden Montag für 25 Euro.
Oberschlatten 1
Tel. 026 29/82 67
www.geraldjeitler.at
Do 17-23 Uhr
Fr-Mo 11-23 Uhr €€

(H 7) Krumbach
Triad
Eine der neuen Kronjuwelen niederösterreichischer Wirtshausküche funkelt im äußersten Südosten: Auf klobigen Holztischen im behaglichen, zur Gaststube umfunktionierten Stall oder im luftigen Garten genießt man famos zubereitete Klassiker wie Kutteln, Kalbsbeuscherl oder Rostbraten zu vernünftigen Preisen.
Ödhöfen 25
Tel. 026 46/83 17
www.triad-machreich.at
Mi-Sa 12-14, 18-22 Uhr
So 11.30-19.30 Uhr €€

(G/H 3) Oberkirchbach
Bonka
In Herbert Bonkas „Wirtshaus im Wienerwald" fühlt man sich „wia z'haus" – wie zu Hause. Rühriger Service, weiße Tischdecken, ein Kachelofen, und eine Küche „wie ein Handschlag" – ehrlich, herzlich und vertraut. Dazu eine feine Auswahl an Weinen, eigenen Säften und Schnäpsen. Besonders am Freitag – denn dann ist Knödeltag!
Oberkirchbach 61
Tel. 022 42/62 90
Mi-Sa 9-23 Uhr, So 9-18 Uhr €

(G 6) Semmering
Zum Stoasteirer
Fein Schmausen im romantischen Ambiente eines mehr als 300 Jahre alten Bauernhauses: Nach der Skiabfahrt oder Wanderung kann man zwischen Deftigkeiten à la Backhuhn, Leberkäs' oder Kasnockerln und Zeitgeistigem Marke Gänseleber und Wachtelei wählen. Alles wird vorzüglich zubereitet und mit Charme serviert.
Zauberberg 2, Semmering
Tel. 026 64/200 30
Mi-So 10-22 Uhr €

(H 5/6) Wiener Neustadt
Gelbes Haus
Eine der lohnendsten Adressen weithin: aus der Küche von Seniorchef Hans Vranek kommt Deliziöses – von hausgemachten Nudeln bis Meeresfrüchten, etwa Jakobsmuscheln mit Gänseleberschmelz, Moscatoschaum, Roten Rüben und Mango. Unwiderstehlich sind auch die Fleischspeisen, etwa der Lammrücken mit Couscous oder das Styria Beef mit Spargelmousseline. Perfekt zusammengestellt ist die Weinkarte und der Service äußerst sympathisch. Für Eilige gibt es mittags außerdem einen preiswerten Business-Lunch.
Kaiserbrunngasse 11
Tel. 026 22/264 00
Di-Sa 12-14,18.30-22 Uhr
€€€

(G 6) Winzendorf
Schmutzer
Ute und Josef Schmutzer haben zu Recht zwei Gault Millau-Hauben und den Titel „Niederösterreichs Top Wirt 2007". Ihr Restaurant im Schneebergland ist zweigeteilt: In der gemütlichen Stube bereitet man Hausmannsköstliches wie Wiener Schnitzel, Gulasch und Apfelstrudel. Nebenan wird die elegante Tisch- und Kochkultur gepflegt. Käsewagen und Weinkeller zählen landesweit zu den bestsortierten. Die hausgemachten Konfitüren, Konfekte und Schnäpse gibt es auch zum Mitnehmen.
Hauptstraße 12
Tel. 026 38/222 37
www.gasthaus-schmutzer.at
Di-Fr 11.30-14, 18-22 Uhr
Sa, So, 11.30-22 Uhr €€

MOSTVIERTEL

(D 5) Euratsfeld
Gafringwirt
Herzhaft und unkompliziert wie die Gastfreundschaft ist in diesem Wirtshaus mit angeschlossenem Landhotel und kleinem Bauernhof auch die Küche. Man kredenzt, Kulinaritäten' wie Mostbaron-Pfandl,

Weit weg vom Alltag: Der Gastgarten von Gut Oberstockstall im Gutshof zu Füßen der gotischen Kapelle

Ostarrichi-Strudel, Mostpudding und Birnenknödel. Originell sind diverse Programme rund um den Most, das regionale Lebenselixier: von der Mostritter-Tafelrunde bis zu kommentierten Verkostungen in der hauseigenen Vinothek.
Mittergafring 4
Tel. 074 74/268
www.gafringwirt.at
Mi-Mo 11.30-14, 17-22 Uhr €

(E 5) Kirchberg/ Pielach
Kalteis
Spitzenkochkunst meets Landgasthaus: Theresia Kalteis ist der leichten Küche und dem saisonalen Angebot der Region verpflichtet, sie holt das Beste aus dem Hochlandrind aus Schwarzenbach, den Forellen aus dem Soisbach und dem Wild aus eigener Jagd heraus. Bisweilen würzen exotische Tupfer die Karte.
Melkerstrasse 10
Tel. 027 22/72 23
www.kalteis.at
Do-Mo 11-14 und
17-20.30 Uhr
nachmittags kleine Karte €€

(F 6) St.Aegyd am Neuwalde
Zum Blumentritt
Liebevoll gestalteter und sehr persönlich geführter Landgasthof. Die Küche unternimmt auf Basis von Großmutters Rezepten kreative Höhenflüge. Steirische Klachelsuppe, Grammelstrudel, Lammrücken auf Pfifferling-Gröstel... Gourmetkritiker sind seit den frühen achtziger Jahren voll des Lobes. Auch über den mit in- und ausländischen Tropfen bestens bestückten Weinkeller.
Markt 20, Tel. 027 68/22 77
www.zumblumentritt.at
Do-Mo 9-23 Uhr €€

(F 4) St. Pölten
Galerie
Das beste Restaurant der Landeshauptstadt bietet heimische Küche mit Augenmerk auf saisonale Produkte und artgerechte Tierhaltung. Zum Gaumen- kommt der Augenschmaus: Die Wände zieren wechselnde Gemälde-Ausstellungen.
Fuhrmannsgasse 1
Tel. 027 42/35 13 05
Mo-Fr 11.30-14 Uhr
18-22 Uhr €€

(C 5) Waidhofen a.d. Ybbs
Zum Halbmond
Einer der schönsten und ältesten Gasthöfe der Eisenstraße: zünftige Kost unter 400-jährigen Gewölben zu kulanten Preisen. Saisonale Schwerpunkte von Spargel und Erdbeeren bis Pilze und Wild, die meisten Produkte stammen von Bio-Bauern der Region.
Wienerstraße 1
Tel. 074 42/521 79
www.halbmond.at
Di-Sa 11.30-14.30
17-21.30 Uhr €

DONAULAND WACHAU

(F 3) Dürnstein
Loibnerhof
Ein Traditionsgasthof, in dem die Küche nicht als Labor, sondern als Hort gediegener Gutbürgerlichkeit verstanden wird. Ob im Gemäuer aus dem 16. Jahrhundert oder im herrlichen, großen Gastgarten mit Donaublick: Mit regionalen Spezialitäten, Freilandente mit Waldviertler Knödeln zum Beispiel, Wachauer Fischsuppe oder Kutteln in Weißweinsauce, sorgt die Wirtsfamilie Knoll rundum für Wohlgefühl.
Unterloiben 7
Tel. 027 32/82 89 00
www.loibnerhof.at
Mi-So 11.30-24 Uhr
Küche bis 21 Uhr €€

(F 3) Feuersbrunn
Mörwald „Zur Traube"
Acht Adressen umfasst das Lokalimperium des Gastro-Tausendsassas Toni Mörwald mittlerweile. In seinem Stammhaus am Wagram, unweit von Grafenegg bündelt sich sein Qualitätsanspruch. Flugente und Karpfen, Mohn oder Kürbis, Spargel und Morcheln... Das Beste aus Feld und Hain, der Donau, den Obst- und Gemüsegärten der Region findet sich hier fein zubereitet auf dem Teller wieder.
Kleine Zeile 13-17
Tel. 027 38/229 80
www.moerwald.at
tgl. 10-22 Uhr €€€

(F 3) Krems-Stein
Jell
Bilderbuchwirtshaus im Herzen der 1000-jährigen Altstadt, mit Holztäfelung, Kachelofen, liebevoller Dekoration, vor allem aber kunstvoll verfeinerter Hausmannskost. Auf der Speisekarte von Ulrike Amon-Jell, Patronin und Ikone der niederösterreichischen Wirtshauskultur, findet sich Bodenständiges wie Nierndln, Eisbein oder Bries vom Kalb neben Elegantem à la Paprikaschäumchen oder Gänseleberparfait. Für zartestes Fleisch sorgt der Hausherr: er ist Metzger.
Hoher Markt 8-9
Tel. 027 32/823 45
www.amon-jell.at
Di-Fr 10-14.30, 18-23 Uhr
Sa, So 10-14 Uhr €€

Hofbauer
Das Museums-Wirtshaus liegt direkt an der Kremser Kunstmeile: ein Hort gepflegter Bodenständigkeit, wo man vor allem der Waldviertler Küche und der altösterreichischen Rindfleischkultur huldigt. Empfehlenswerte Klassiker: Schulterscherzl und Tafelspitz im Suppentopf. Schöner Gastgarten.
Steiner Landstraße 5
Tel. 027 32/822 61
www.museums-wirtshaus.at
Sa-Mi 8-22 Uhr, Do 8-14 Uhr €

(F 3) Senftenberg
Weingut Nigl
Am Fuß der Burgruine Senftenberg liegt das Weingut Nigl – perfektes Ziel für eine entspannte Landpartie – ganz nah an der Wachau und trotzdem in einer Gegend, die touristisch noch nicht so überlaufen ist. Man speist in der Stube oder – besonders schön bei warmem Wetter – im romantischen Hof, im Glas ein köstlicher Weißer von Martin Nigl, der seine Weine so ausbaut, „dass sie mir selber schmecken". Gleiches gilt wohl auch für die Küche, raffiniert-rustikal mit zartem Fleisch, frischen Pilzen und sahnigen Desserts! Und für alle, denen der Wein so gut geschmeckt hat wie dem Winzer, gibt es elf Zimmer im restaurierten Gutshof aus dem 12. Jahrhundert.
Kirchenberg 1
Tel. 027 19/260 95 00
www.weingutnigl.at
Do-Mo 11.30-14 Uhr
18-22 Uhr €€

(G 3) Tulln
Sodoma - Zur Sonne
Die wenig animierende Lage nahe dem Bahnhof soll nicht abschrecken. Gerti und Pepi Sodoma achten mit herbem Schmäh hinter ihrer herrlich

Das Auge isst mit: Der Arkadenhof von Holzapfels Prandtauerhof ist Gourmetadresse und Sehenswürdigkeit zugleich

altmodischen Theke unbeugsam über die Wahrung originaler Wirtshauskultur. Woran auch die gelegentlichen Abstecher ins Piemont und die Toskana auf der Karte nichts ändern. Der Lohn: Ihr Lokal zählt zu den kulinarischen In-Treffs. Unverzichtbar für Knödel-Liebhaber: die kleinen mit Grammelfüllung und die süßen aus Topfen mit Erdbeeren innen drin.
Bahnhofstraße 48
Tel. 022 72/646 16
Di-Sa 11.30-14 Uhr
18-21.30 Uhr €€

(E 3) Weißenkirchen
Holzapfels Prandtauerhof
An die 700 Jahre hat der prachtvolle, in der Barockzeit von Jakob Prandtauer architektonisch veredelte Gutshof auf dem Buckel, ist also ein Urgestein Wachauer Gastlichkeit. Doch nicht nur das historische Ambiente, zweistöckiger Arkadenhof und Hochzeitskapelle inklusive, auch die Aromen aus der Küche betören. Verspielt bodenständig lautet die Devise.
Joching 36, Tel. 027 15/23 10
www.holzapfel.at
Mi-Sa 11.30-22.30 Uhr
So 11.30-15 Uhr €€

(G 3) Zeiselmauer
Zum lustigen Bauern
Fast tausend Jahre alt ist der älteste Gasthof Niederösterreichs, es ist urkundlich belegt, dass bereits Walther von der Vogelweide hier speiste. Und tatsächlich ist eine behaglichere Patina als die der holzgetäfelten Schank-Stube kaum vorstellbar. Das passt zum familiären Service und der Liebe zum Detail, die hier gepflegt werden. Am famosesten freilich ist, was Hausherr Norbert Payr auf die Teller zaubert: raffinierte Schmankerl auf Basis bodenständiger Rezepte. Jeden letzten Donnerstag im Monat serviert er ein nach den historischen Quellen des Apicius erstelltes römisches Menü. Dazu gibt's auf antike Art gebackenes Brot, zum Trinken einen mit Datteln oder Quitten versetzten Wein sowie, zum Abschluss, eine Führung zu den römischen Bauresten im Ort.
Kirchenplatz 1
Tel. 022 42/704 24
www.zumlustigenbauern.at
Mo, Di, Do 17-22 Uhr
im Sommer auch mittags
Fr-So 11-22 Uhr €€

WALDVIERTEL

(E 3) Sallingberg
Mohnwirt
Mohnkäse-Salat, Zander im Mohnmantel, Kräuter-Käse-Mohn-Omelett, Mohnnudeln und Mohntorte: Im gastronomischen Leitbetrieb des Mohndorfes Armschlag dreht sich alles um das wohlschmeckende Paradeprodukt der örtlichen Bauernschaft. Und der Phantasie bei seiner Vermarktung scheinen kaum Grenzen gesetzt: Im Mohnwirt-Shop gibt's zum Mitnehmen unter anderem Mohnschokolade und -honig, Mohn-Fitüre und vielerlei mit Mohnöl und Mohnsamen versetzte Cremes und Kosmetika.
Armschlag 9
Tel. 028 72/74 21
www.mohndorf.at
Mi-So 9-21 Uhr €

(F 1) Drosendorf
Failler
Nichts für Kalorienabstinenzler: Der gebackene Karpfen mit Mayonnaisesalat, das knusprige Backhuhn oder der saftige Kalbsnierenbraten haben es in sich. Sei's drum, es schmeckt einfach zu gut – und außerdem belasten die günstigen Preise den Geldbeutel nicht allzu stark. Statt dessen bezirzt diese 300 Jahre alte gastronomische Institution mit urigem Interieur, Kachelofen und Riemerboden sowie einem traumhaften Blick von der Terrasse. Und mit etwas Glück steht im hauseigenen Minikino nach dem Mahl ein cineastischer Leckerbissen auf dem Programm.
Hauptplatz 27
Tel. 029 15/23 27
www.failler.at
Di-So 11.30-14, 18-21 Uhr €

(D 3) Gutenbrunn
Bühnenwirtshaus Juster
Gemütlich und intellektuell zugleich geht's zu in Dieter Justers „Bühnenwirtshaus". Dank des Kulturvereins des leidenschaftlichen Kochs geben sich seit vielen Jahren die Größen der österreichischen Kleinkunst in Gutenbrunn regelmäßig ein Stelldichein. Und auch das Essen wird als Event inszeniert, an witzig gedeckten Tischen mit gedimmter Beleuchtung oder im lauschigen Kastaniengarten. Auf den Tellern: Stattliche Portionen von Karpfen, Gemüse und Fleisch aus der Region, aufgemischt mit einem Schuss Raffinesse. Nicht verpassen: Die sensationellen Mohnnudeln. Für Erschöpfte hat Juster nach der letzten Zugabe neun wunderschöne Zimmer zum Kräftesammeln.
Gutenbrunn 3
Tel. 028 74/625 30
www.buehnenwirtshaus.at
Mo-Sa 11-14, ab 17 Uhr
So 11-17 Uhr €

(E 3) Nöhagen
Schwarz
Lammrücken, Kalbskopf, Waldviertler Karpfen oder Grammelknödel mit Kraut: Erwin Schwarz, 2003 mit dem Prädikat „Wirt des Jahres" geadelt, kredenzt Großmutters Hausmannskost in Perfektion. Wer unbedingt will, bekommt aber auch Austern, Kaviar und Lachs. Und zum Charme des Landwirtshauses gesellt sich hier ein sensationell sortierter Weinkeller.
Nöhagen 13, Tel. 027 17/82 09
www.gasthaus-schwarz.at
Mi-So 11.30-14 Uhr
18-21.30 Uhr €€

(F 2) Plank
Schwillinsky
Eine der beliebtesten Genussadressen des Kamptals. In diesem kultivierten und sehr behaglichen Wirtshaus wird hervorragend und ohne übertriebenen Schnickschnack gekocht. Vom gekonnten Umgang mit Fleisch aus der Region zeugen das Waldviertler Geselchte und die Flugentenbrust. Auch die Desserts gelingen vorzüglich. Auf der Weinkarte finden sich edle Tropfen aus der Umgebung. Pluspunkt: Sie werden auch budgetschonend glasweise ausgeschenkt.
Kremser Straße 8
Tel. 029 85/304 00
www.schwillinsky.com
Di-Sa 10-23 Uhr €€

WEINVIERTEL

(H 3) Riedenthal
Zur alten Schule
Starkoch Manfred Buchinger hat die alte Riedenthaler Volksschule in ein behagliches Feinschmecker-Gasthaus verwandelt – die erste Adresse der Region! Exzellent verfeinerte regionale Küche wie zum Beispiel Knackwurstkrapferl mit Krautsalat, marinierter Wildkarpfen mit Zucchini und Kürbiskompott oder Lammrose mit gebratener Erdäpfelscheibe. Augen schließen, mit dem Finger auf die Karte tippen – schmeckt alles ganz vorzüglich!
Wolkersdorfer Straße 6
Tel. 022 45/825 00
www.buchingers.at
Do-So 11-23 Uhr €€

(H 3) Spillern
Spillerner Gastwirtschaft
Kein bißchen spießig ist diese traditionelle Bierbeisl in Industriearchitektur, sondern herrlich nostalgisch. Küchenchef Meinrad Neunkirchner bereitet Bodenständiges so raffiniert zu, dass auch Gourmets anerkennend nicken, zum Beispiel bei „Überbackener Krenblunz'n"

(Meerrettich-Blutwurst), Kalbskutteln mit Balsamico und Griesknödel oder Saiblingfilet auf cremigem Kohlrabi. Unbedingt probieren: das selbstgebraute Bier.
Stockerauer Straße 20
Tel. 022 66/806 94
www.harmer.at
Mi-Sa 10-22 Uhr
So 9-18 Uhr €€

(G 1) Unterretzbach
Retzbacher Hof
Allein die Lage des mustergültig renovierten Dorfwirtshauses mit einem schönen Garten, lohnt den Besuch, erst recht aber die Küche von Harald Pollak, der mit viel Leidenschaft und einer Vorliebe für regionale Produkte am Herd, mit kulinarischen Traditionen und einem Schuss Italien spielt. Das ergibt Gerichte wie „Gebratene Kalbsnieren mit Kapernbeeren und Bohnenpüree“, „Kalbsrahmschnitzel mit Zitronen-Safrannockerl“ oder „Süßer Grießsterz“. Schmeckt so verlockend, wie es klingt!
Bahnstraße 1
Tel. 029 42/201 71
www.retzbacherhof.at
Mi 17-24 Uhr
Do-Sa 10-24 Uhr
So 10-17 Uhr €

(J 2) Zistersdorf
Zum grünen Baum
Authentische Wirtshauskultur im äußersten Nordosten: Küchenchef Georg Kruder tischt zu ortsüblich-moderaten Preisen mit Vorliebe Klassiker wie ausgelöstes Backhuhn, Wiener Schnitzel oder Hendlbrust mit Eierschwammerlgulasch auf.
Landstraße 1
Tel. 025 32/815 55
www.gasthauszumgruenen baum.at *Mo-Fr 9-14.30 17-22 UhrSo 9-15 Uhr* €

AULAND CARNUNTUM

(J 4) Fischamend
Merzendorfer
Ideal für hungrige Carnuntum-Besucher, die gerne in gemütlichem Ambiente frischen Fisch essen. In Österreichs angeblich ältestem Fischrestaurant tummeln sich Orata, Branzino, Thunfisch und Gambas, Karpfen und Königsmatjes, Forelle, Aal, Zander, Wels und ander Meeres- und See-Bewohner mehr auf der Speisekarte.
Hainburgerstraße 1
Tel. 022 32/763 14
www.merzendorfer.at
Di-Sa 11.15, 18-22.30 Uhr
€€

(J 4) Göttlesbrunn
Jungwirt
In dem umgebauten Winzerhaus sitzt sich's unter hohem Giebel am offenen Kamin äußerst angenehm. Zumal Johannes Jungwirth hinterm Herd Vorzügliches zubereitet, nämlich klassisch-österreichische Küche mit kreativem Touch. Damit auch Stammgästen nicht langweilig wird, gibt es alle zwei Monate, passend zur Jahreszeit, ein neues Thema fürs Menü. Sonntag Spanferkel-Tag.
Landstraße 36
Tel. 021 62/89 43
www.derjungwirt.at
Do 17-23, Fr-So, Ftg. 11-23 Uhr €€

(J 4) Groß-Enzersdorf
Taverne Am Sachsengang
Eine Pflichtstation für Feinschmecker: Bei Küchenchef Norbert Bader tafelt man in eleganter Atmosphäre mit einem tollen Blick auf den Donaukanal. Spezialitäten des Hauses sind Spargel, Fische und Meeresfrüchte, mit den passenden Weinen aus dem bestens sortierten Keller.
Schlosshoferstraße 60
Tel. 022 49/290 10
www.sachsengang.at
tgl. 11.30-15, 18-23 Uhr €€

(J 4) Haslau
Haslauerhof
Die Donauauen sind in diesem gemütlichen Landgasthof Programm. Sowohl was den Blick betrifft, der herrlich weit über den Nationalpark reicht, als auch für die Küche. Denn Chef Roland Lukesch verwendet für seine erfinderischen Kreationen bevorzugt Rohprodukte aus Fluss, Auwald und Marchfeld vor der Tür. Wildschwein und Auhirsch zum Beispiel, Reh und Hase, Zander, Waller, Spargel und Lamm. Auch die meisten seiner Weine reifen ganz in der Nähe, auf den Hügeln von Arbesthal und Göttlesbrunn. Eine Empfehlung zum Dessert: die legendären Somlauer Nockerln.
Hauptstraße 17
Tel. 022 32/802 21
www.haslauerhof.at
Mi-Fr 11-14, 17-21 Uhr
Sa, So 11-21 Uhr €

Für eine klassische Mostsuppe wird Most mit Birnenschalen gekocht und mit Brühe und Sahne verfeinert

MERIAN | TIPP

Weinbeisserei

Über dem 120 Jahre alten Presshaus ihres Urgroßvaters haben die Brüder Hager eine ganz besondere Genußoase geschaffen: Ein Pavillon aus Holz und Glas, mit Alufenstern, innen komplett mit Kork verkleidet. Herman Hager, der Koch, ist ein liebenswerter Chaot mit schwarzen Wuschelhaaren. Er hat bei der Sterneköchin Lisl Wagner-Bacher gelernt und „auf Saison“ in Luxus-Restaurants gekocht, bevor er die Nase voll davon hatte, dass „alles immer schneller und oberflächlicher wird“. Dann kam er zurück nach Mollands, ein 85-Häuser-Dörfchen über dem Kamptal, in das sich Gäste bis dahin höchstens mal verirrten. Jetzt pilgern sie in sein Restaurant, in dem er passend zu den Weinen seines Bruders Matthias kocht. Am liebsten aus Waldviertler Produkten „weil die langsam wachsen und saftig sind“, plus exotischen Gewürzen. Die Karte ist bewusst winzig und unprätentiös, mit Aufstrichen, Salaten und ein paar Klassikern, dazu ein großes Tagesangebot nach Marktlage. Das Ziel: „Ich will mit den Gästen diskutieren, sie sollen fragen, was es gibt, Wünsche äußern und entspannen.“ Wenn sie das in der Weinbeisserei nicht schaffen – dann wohl nirgends ...
(F 3) Kellergasse, Mollands
Tel. 027 33/780 80
www.weinbeisserei.at
Mi-Fr ab 15 Uhr
Sa, So ab 12 Uhr €

MERIAN | TIPP

Wein & Spa Resort Loisium

In den Farben des Weins, rot, gelb und grün schimmern die Betonblocks des Hotels. Sie sitzen auf einem verglasten Erdgeschoss und öffnen sich U-förmig mit Blick auf den Loisium-Aluminiumquader von Steven Holl vor der barocken Kulisse des Städtchens Langenlois. Ein spektakulärer Auftritt für das avantgardistische Designhotel. Möbel, Lampen, Fliesen, Teppiche – das alles hat Stararchitekt Holl selbst ausgewählt, die Anspielungen zum Thema Wein sind vielfältig, so symbolisieren die Lampen Flaschenkorken und die Teppichmuster verzweigte Kellerlabyrinthe. Eine Klasse für sich ist das Spa, in Jadegrün gefliest, mit Amethyst-Sauna, mehreren Pools und Vinotherapie-Behandlungen, die die Haut samtweich pflegen und den Geist rundum erfrischen.

(F 3) Loisium Allee 2
Langenlois
Tel. 027 34/771 00
www.loisiumhotel.at
82 Zi. €€€€

Preiskategorien

Alle Adressen im Info-Magazin sind MERIAN-Empfehlungen. Preiskategorien Hotels: Ein Doppelzimmer (in der Mittelsaison) kostet ab € bis 80 €, €€ 80-125 €, €€€ 125-160 €, €€€€ über 160 €

WIENERWALD/ WIENER ALPEN

(H 5) Baden
Herzoghof
Elegantes Stadthotel im Gründerzeitstil, nur zwei Gehminuten von der Fußgängerzone entfernt. Die meisten Zimmer dieses im Kern 750 Jahre alten Gebäudes haben Balkon mit Blick auf den Kurpark und Casino. Gutbürgerliche Küche in der Brasserie.
Kaiser-Franz-Ring 10
Tel. 022 52/872 97
www.hotel-herzoghof.com
35 Zi. €€€

(H 4) Guntramsdorf
Jagdhof
Will man den Weingärten und dem Wienerwald nahe sein und dennoch die Annehmlichkeiten der Metropole Wien nutzen, ist man in diesem eleganten Haus gut aufgehoben. Zur Auswahl stehen romantische Laura-Ashley-Zimmer im Stammhaus oder puristische Business-Zimmer im Neutrakt. Zusätzliche Pluspunkte: die Sauna mit Solarium und das gemütliche Restaurant mit tadellos sortiertem Weinkeller. Und mit der Badener Bahn ist man in nur 40 Minuten ohne Umzusteigen in der Wiener Innenstadt.
Hauptstraße 41
Tel. 022 36/52 22 50
www.jagdhof.cc *35 Zi.* €€

(H 7) Krumbach
Schloss Krumbach
Vier Sterne-Komfort und das Wohngefühl eines mittelalterlichen Burgherrn: dieses 800 Jahre alte, im Herzen der Buckligen Welt gelegene Schloss bietet beides. Der Blick aus großräumigen Zimmern und dem Panoramarestaurant auf die waldreiche Hügellandschaft ist herrlich. Hallenbad, Sauna und Vinothek machen den Aufenthalt im Schloss noch angenehmer.
Schloss 1
Tel. 026 47/422 09
www.schlosskrumbach.at
60 Zi. €€€

(G 6) Payerbach
Alpenhof Kreuzberg/ Looshaus
Speisen und schlafen auf 900 Meter Seehöhe im Original-Ambiente von Adolf Loos: Das prachtvoll gelegene Hotel ging aus einem 1930 erbauten Landhaus hervor, das der Pionier des schnörkellosen Bauens für die Mayonnaise-Dynastie Khuner schuf. Es ist bis heute eine Pilgerstätte für Architekturinteressierte. Im ehemaligen Wohnzimmer mit Blick auf Rax und Schneeberg, aber auch am Kamin oder im Lesezimmer lässt es sich gemütlich tafeln. Die Zimmer sind in Primärfarben gehalten und in ihrer Schlichtheit sehr originell.
Kreuzberg 60
Tel. 026 66/529 11
www.looshaus.at *14 Zi.* €

(G 6) Semmering
Panoramahotel Wagner
„Biowelt am Zauberberg" nennt die Betreiberfamilie ihr herrlich auf einer Landschaftsterrasse gelegenes Vier-Sterne-Haus. Zu Recht, denn von den Vollholzmöbeln in behaglich hellen Zimmern bis zu den Lebensmitteln für Frühstücksbuffett und Restaurantmenü ist alles so bio und naturnah wie eben möglich. Zum Beispiel auch das Feuchtbiotop im Obstgarten, der Betrieb mit erneuerbarer Energie, der Verzicht auf Mikrowelle und Fritteuse in der Vitalküche und das Rauchverbot im ganzen Haus.
Hochstraße 267
Tel. 026 64/25 12
www.panoramahotel-wagner.at
24 Zi. €€

MOSTVIERTEL

(D 5) Gaming
Hotel Kartause Gaming
Kleines, feines Hotel im historischen Klosterbereich mit sieben Zimmern und vier Luxussuiten. Ideal für eine Flucht aus dem Alltag, zur Kontemplation und Erkundung der Eisenstraße. Ganz besonders schön sind das Turmzimmer, die Prälatensuite und zum stillen Durchatmen der Kartausenpark. Von Mai bis August sind als zusätzliches Angebot die einfacheren und billigeren Doppelzimmer im Nebentrakt geöffnet.
Kartause 1, Tel. 074 85/984 66
www.kartause-gaming.at
12 Zi. €€

(E 5) Gösing
Alpenhotel Gösing
Ein beliebter und geschichtsträchtiger Rückzugsort für Stadtflüchtlinge, in einem vier Hektar großen Hotelpark inmitten des waldreichen Naturparks Ötscher-Tormäuer. Zeitgemäßer Komfort mit nostalgischem Flair aus dem Fin de siècle. Für Entspannung sorgen der Panoramablick auf die Mostviertler Bergwelt und der Wohlfühlbereich mit Hallenbad und Whirlpool, für Spannung die Bogenschieß-Anlage.
An der Mariazellerbahn 4
Tel. 027 28/217
www.goesing.at *70 Zi.* €€€

(D 6) Göstling a.d. Ybbs
Gasthof Fahrnberger
Traditionsgasthof, im Landhausstil mit Naturmaterialien und Holzböden schmuck herausgeputzt. Ruhig gelegen in wildromantischer Gebirgsnatur, prädestiniert als Ausgangspunkt für Ski- und Wandertouren auf das Hochkar, zum Lunzer See sowie ins Mendlingtal und seine Erlebniswelt aus Wald, Wasser und Holz. Bio-Frühstück, mittags und abends ausgezeichnete Bioküche, auch im lauschigen Gastgarten. Tipp:

Schlafen wie Gott in Niederösterreich: Himmelbetten im Wachauer Schlosshotel Dürnstein, direkt an der Donau

die hell und heimelig gestalteten Genießerzimmer namens Waldliebe, Lärchentraum und Fichtennest.
Lassing 19, Tel. 074 84/72 34
www.gasthof-fahrnberger.at
12 Zi. €

(D 5) Neuhofen a.d. Ybbs
Relaxresort Kothmühle
Familiär geführtes Haus für einen Entspannungsurlaub. Hauptattraktion ist die großzügig gestaltete Wohfühloase mit Indoor-Pool, Schwimmbiotop im weitläufigen Garten und romantischer Saunalandschaft. Feines Restaurant mit Köstlichkeiten aus der eigenen Landwirtschaft und von der Moststraße.
Kothmühle 1
Tel. 074 75/521 12
www.kothmuehle.at *95 Zi.* €€

(E 5) Rabenstein a.d. Pielach
Steinschalerhof
Dieses in der Bilderbuchlandschaft des Pielachtals an der Mariazellerbahn gelegene Naturhotel wird insbesondere öko-bewusste Gäste begeistern. Rund um den alten, mit viel Bedacht umgebauten Vierkant-Hof liegen ein neuer Trakt und acht romantische Blockhäuschen. Wunderschön ist die weitläufige, naturbelassene Gartenlandschaft mit 3000 Quadratmeter-Teich sowie Kräuter- und Gemüsegärten für die hauseigene Bioküche.
Warth 20, Tel. 027 22/22 81
www.steinschaler.at
147 Zi. €€

(C 5) Waidhofen a.d. Ybbs
Schloss an der Eisenstraße
Historisches Ambiente, zeitgenössische Architektur und exquisites Design – selten findet man die drei so harmonisch vereint. Hinzu kommt die malerische Lage auf hohem Fels im Herzen des mittelalterlichen Städtchens. Entspannung versprechen unter anderem die weitläufige Wellnessoase, der offene Kamin unter altem Gewölbe und auch ein Drink oder Dinner auf der Terrasse über der Ybbs.
Am Schlossplatz 1
Tel. 074 42/505
www.schlosseisenstrasse.at
53 Zi. €€€

DONAULAND/ WACHAU

(F 3) Dürnstein
Schloss Dürnstein
Die Edelste der stilvollen Bleiben in der Wachau: Fünf Sterne-Luxus in altem Adelsgemäuer und traumhafter Lage auf einem Felsen über der Donau. Die Zimmer des charmant geführten Hauses sind mit kostbaren Antiquitäten möbliert und bieten trotzdem modernste Infrastruktur. Unvergesslich: das Frühstück auf der Terrasse mit Blick auf den Fluss.
Dürnstein 2
Tel. 027 11/212
www.schloss.at
47 Zi. €€€€

(G 3) Kirchberg am Wagram
Alter Winzerkeller
Ein altes Presshaus von 1824 im Besitz eines Künstlers mit großer Liebe zum Wein, der das alte Gemäuer in ein zauberhaftes Bed&Breakfast verwandelt hat. Im ziegelgemauerten Keller befindet sich die Gebietsvinothek mit Proben aller Weine, die hier angebaut werden. Aus offenen Flaschen dürfen Hausgäste, die rund um die Uhr Zugang haben, sich sogar umsonst einschenken!
Rossplatz 1
Tel. 06 64/595 86 07
www.alterwinzerkeller.at
7 Zi. €€

(D 4) Maria Taferl
Hotel Schachner
Vier Sterne-Komfort mit großem Wellnessbereich und ausgezeichnetem Gourmet-Restaurant, gleich neben der barocken Wallfahrtsbasilika.
Der Trumpf ist freilich die phantastische Lage: Vom Gastgarten, der Donauterrasse und vielen Zimmern reicht der Blick über Flusstal und Hügelland bis zu den Alpengipfeln. Empfehlenswert: die Panorama-Genießerstudios mit Balkon.
Maria Taferl 24
Tel. 074 13/63 55
www.hotel-schachner.at
84 Zi. €€

(E 3) Mühldorf bei Spitz
Burg Oberanna
Wunderschönes Hotel in einer Burg aus dem 12. Jahrhundert, inmitten romantischer Obstgärten, nur fünf Kilometer nordöstlich von Spitz, im Hinterland der Wachau. Ein Dutzend stilvoll möblierte Zimmer, Aufenthaltsräume mit Renaissancefresken, Buschenschenke mit offenem Kamin. Ein kunsthistorisches Juwel ist die romanische Burgkapelle mit Krypta.
Oberranna 1
Tel. 027 13/82 21
www.tiscover.at/burg-oberranna
12 Zi. €€

WALDVIERTEL

(D 1) Litschau
Feriendorf Königsleitn
Wandern, Golf spielen, baden und angeln im Herrensee... Das Feriendorf im äußersten Nordwesten des Landes liegt ruhig und einsam mitten in der Natur. Es besteht aus 15 für das Waldviertel typischen Dreiseithöfen und empfiehlt sich dank der preisgünstigen Appartements speziell für Familien. Abenteuerklub und Kindergarten kümmern sich um die Kids. Für das leibliche Wohl sorgen ein Wirtshaus, ein Heuriger und eine Bar.
Buchenstraße 1
Tel. 028 65/53 93
www.koenigsleitn.at
121 Zi. €€

(D 2) Zwettl
Schwarz-Alm
Gepflegtes Vier-Sterne-Haus in absoluter Wald-und-Wiesen-Ruhelage außerhalb des Ortes. Bio-Vollholzmöbel, großer Fitnessbereich, sehr gesundheitsbewusste Küche, Programm zur energetischen Regeneration auf Basis alter Wissenstraditionen wie Geomantie, Feng Shui und Ayurveda. Eine weitere Spezialität sind Bierseminare mit Exkursionen in die berühmte Zwettler Brauerei.
Almweg 1, Tel. 028 22/531 73
www.schwarzalm.at
38 Zi. €€

WEINVIERTEL

(H 1) Laa a. d.Thaya
Hotel Therme Laa
Schlicht-elegantes Design prägt dieses neue, von einem Team um Starchitekt Wilhelm Holzbauer gestaltete Haus an Niederösterreichs Nordgrenze. Die Zimmer sind in hellem Birken- oder dunklem Walnussholz eingerichtet. Besonders schick ist der hoteleigene Spa-Bereich mit Innen- und Außenpool, Sauna und einem Relax-Raum für Paare namens „Twin-Sinn". Außerdem haben Gäste direkten Zugang zur benachbarten Therme.
Thermenplatz 1
Tel. 025 22/847 00
www.therme-laa.at
122 Zi. €€€€

(G 1) Retz
Althof Retz
Fein renovierter vierflügeliger Gutshof aus dem späten 15. Jahrhundert zu Füßen des Retzer Wahrzeichens, der Windmühle auf dem Weinberg. Bestens geeignet als Ausgangspunkt für Touren durch das nördliche Wald- und Weinviertel und auch ins angrenzende Südböhmen und -mähren. Mit großem, arkadengesäumten Innenhof, gepflegtem Restaurant und toller Vinothek.
Althofgasse 14
Tel. 029 42/37 11
www.althof.at
99 Zi. €€€

MERIAN | ANTIKE

Pompeji vor den Toren Wiens

Die antike Stadt Carnuntum war den Römern so wichtig wie Trier oder Köln. Heute ist sie ein spannendes Freilichtmuseum und archäologischer Park

Lucius ist gestresst. In wenigen Wochen, im November 308 n.Chr., soll die Kaiserkonferenz in Carnuntum stattfinden. Diokletian, Galerius und Maximian wollen ihre Regierung stabilisieren. Es wird jede Menge offizieller und inoffizieller Veranstaltungen in den Amphitheatern geben, und die Menschen wollen neue Kleider. Bei Lucius, dem Tuchhändler, bestellen sie nun Stoffe für eine neue Tunika, eine Toga oder ein paar neue Kissenbezüge. Man ist hier schließlich nicht irgendwer, und das will man zeigen. Seit gut hundert Jahren ist **Carnuntum**, die Hauptstadt von **Pannonia superior**, eine Colonia und damit den Städten Trier, Köln, York und Ephesos gleichgestellt.

Lucius also hat alle Hände voll zu tun. Ständig läuft er zwischen dem Militärlager im Osten der Stadt und seinem

Das Amphitheater in Carnuntum bot Platz für 13 000 Besucher

Wohnhaus in der Zivilstadt im Westen hin und her. Er schwitzt, der Straßenstaub klebt auf seiner Haut. Julia, seine Frau, schickt ihn in die Therme. So dreckig kann man keine Kundenbesuche machen, findet sie.

Lucius macht sich also auf zur Therme direkt hinter dem Forum. Angenehm ist es hier. Die Steinböden mit den herrlichen Mosaiken sind dank der Fußbodenheizung schön warm, die Wände mit buntem Marmor verschalt. Im Badebecken trifft Lucius seinen Freund Marcus, der mitten im Hausbau steckt. Lucius geht es schon viel besser. Und sauber ist er jetzt auch wieder. Kein Wunder, in einer der größten römischen Thermen nördlich der Alpen, lässt es sich selbst beim Fußewaschen bestens entspannen. Auf dem Rückweg kauft Lucius noch Fisch in den Markthallen.

In Carnuntum pulsiert das Leben im Jahr der Kaiserkonferenz. Die Stadt erlebt ihren wirtschaftlichen Höhepunkt. Seit ihrer Gründung durch den römischen Feldherrn **Tiberius** im Jahr **6 n.Chr.** ging es stetig bergauf. Etwa **40 n.Chr.** wird das erste Militärlager in Stein ausgebaut, 60 Jahre später wird Carnuntum Hauptstadt von **Oberpannonien**, die Stadt verteilt sich mittlerweile auf über zehn Quadratkilometern und hat etwa 50 000 Einwohner. Weitere 20 Jahre später erhebt **Kaiser Hadrian** die Stadt zum Municipium. **Marc Aurel** schlägt während des Kampfes gegen die Markomannen in Carnuntum sein Hauptquartier auf, Lucius Septimius Severus, Statthalter von Oberpannonien, wird hier zum Kaiser ausgerufen, **Kaiser Valentinian I.** kämpft zwischen **364** und **375 n.Chr.** von Carnuntum aus gegen die germanischen Quaden. Nach einem schlimmen Erdbeben, Mitte des vierten Jahrhunderts, ist die Stadt weitgehend zerstört und dient in der Folge fast nur noch als Militärbasis. Ab etwa **400 n. Chr.** ziehen die Römer aus Carnuntum ab, 30 Jahre später geben sie die Provinz Pannonien ganz auf, das Reich muss an anderen Schauplätzen gegen seinen Untergang verteidigt werden. Carnuntum gerät in Vergessenheit und fällt in einen 1500 Jahre währenden Dornröschenschlaf. Zwar werden einzelne Steine von Bauern abgetragen, weil sie bei der Arbeit im Weg liegen, das meiste aber verfällt und wächst einfach zu.

„Die Wiener haben ein Pompeji vor ihren Toren und wissen es nicht", sagt der deutsche Altertumswissenschaftler und Chronist des römischen Kaiserreichs **Theodor Mommsen** bereits im 19. Jahrhundert. Doch erst Jahre später beginnen sich österreichische Archäologen für die alte Provinzhauptstadt rund 40 Autominuten östlich von Wien zu interessieren. Ab **1904** werden die Funde, die die Größe und Pracht der einstigen Colonia belegen, in einem Museum der Öffentlichkeit präsentiert. Gut 90 Jahre später eröffnet der **Archäologische Park**: Antike Straßen werden rekonstruiert, römische Stadtvillen wieder aufgebaut, alte Stadtgärten mit den Pflanzen begrünt, die schon zu Lucius Zeiten dort wuchsen. Obwohl erst 0,5 Prozent der ehemaligen Stadt freigelegt sind, kann man vieles bereits besichtigen: beide Amphitheater, das Heidentor, die alte Therme – und das Wohnhaus von Lucius, dem gestressten Tuchhändler. Sein Wiedergänger erzählt als Führer im Freilichtmuseum den Gästen der Moderne Anekdoten und Fakten aus der Römerzeit.

Susanne Strätz

Archäologischer Park Carnuntum Hauptstraße 3, Petronell-Carnuntum, Tel. 021 63/33 77-0, www.carnuntum.co.at
Freilichtmuseum Petronell & Amphitheater Bad Deutsch-Altenburg *März-Nov., tgl. 9-17 Uhr, 8 €*
Museum Carnuntinum Bad Deutsch-Altenburg *März-Nov. Mo 12-17, Di-So 10-17, Winterhalbjahr Sa, So 11-17 Uhr, 4 €*

Orte

Burgen und Schlösser

Klöster und Kirchen

Unesco-Welterbe

B
C
D
E
České Budějovice
TSCHECHISCHE REPUBLIK
SLOWAKEI
Bayern
DEUTSCHLAND
München
Ober-
österreich
Linz
Nieder-
österreich
St. Pölten
Wien
Eisenstadt
Burgen-
land
Salzburg
Steiermark
Graz
Innsbruck
Tirol
Ost-
tirol
Kärnten
Klagenfurt
UNGARN
ITALIEN
SLOWENIEN
KROATIEN
Žabovřesky
Záboří
Zvíkov
Domanín
Majdalena
CHKO Třeboňsko
Chlum u Třeboně
Litschau
Reinberg-Dobersberg
Großtaxen
Waldkirchen
Rancířov
Vysočany
Podhradí
Cep
Eisgarn
Engelbrechts
Kautzen
Dobersberg
Weikertschlag
Vratěnín
Františkov
NSG
Wasser-burg
Heidenreichstein
Karlstein
Primmersdorf
Drosendorf
Rapšach
Salmano-
Tušť
Brand-Nagelberg
Pfaffenschlag
Thaya
Speisendorf
Raabs a.d. Thaya
Eibenstein
Zissersdorf
Halámky
Kollmitzberg 600
Hollenbach
Predigtstuhl 718
Petříkov
Červené Blato
Langegg
Waidhofen
Weinern
Nat.-park Geras
Neu-Nagelberg
Wolfsegg
Nová Ves n. Lužnicí
Schrems
Groß-Siegharts
Drösiedl
Japons
Bynov
Blockheide
Windig-steig
Weinpolz
Pernegg
N. Hrady
České Velenice
Pürbach
Vitis
Gmünd
Hoheneich
Schwarzenau
Irnfritz
Tereino Uddí
Kirchberg a. Walde
Göpfritz
Unterlembach
Dietmanns
Waldenstein
Wolfen-stein
Groß-haselbach
Hor. Stropnice
Heinrichs
Brunn
Šejby
Allensteig
Moorbad Harbach
Weitra
Limbach
Greillenstein
Großglobnitz
Röhrenbach
Altenburg
Nebelstein 1017
St. Wolfgang
Wörnharts
Neupölla
Schauenstein
Fuglau
St. Martin
839
Großschönau
Schweiggers
Johannesberg
Jagenbach
Ottenstein Stausee
Döllersheim
Wegscheid
St. Leonhard a. Hornerwald
Bad Großpertholz
Großotten
Zwettl
Stift
Rudmanns
Dobra Stausee
Tautendorf
Nonndorf
Tischberg 1063
Wurm-brand
Ober-Neustift
Rosenau-Schloß
Friedersbach
Lichtenfels
Krumau
Nat.-park Nordwald
Rastenfeld
Reisinger Höhe 648
Oberplank
Groß-Gerungs
Esenbergeramt
Naturpark Kamptal
Karlstift
Etzen
Großweiken-bach
Lang-schlag
Marbach a. Walde
Sprögnitz
Marbach a. Felde
Lichtenau im Waldviertel
Gföhl
Moiholz
Rappotten-stein
Grafen-schlag
Griesbach
Gutten-berg 855
Neustift
Grainbrunn
Untermeisling
Langenlois
Kl. Kamp
Lengenfeld
Liebenau
Brockenwarte
Kühberg
Sallingberg
Senftenberg
Arbesbach
Lugendorf
Nöhagen
Greinerschlag
Gneixendorf
Purrath
Aschen
Gr. Krems
Purk
Els
Krems
Weitersfelden
Alt-melon
Schönbach
Armschlag
Weinzierl a. Walde
Dürn-stein
Stein
Mautern
Kottes
Dorfstadt
Ottenschlag
Maasch
Herzog-reith
892
Haid
Kl. Gerungs
Weißenkirchen
Unter-weißenbach
Königs-wiesen
Martinsberg
Joching
Ober-loiben
Furth
Marchstein
Eisenreith
Mühldorf
Göttweig
Weinsberg 1041
Bärnkopf
Spitz
Paudorf
Schönau i. Mühlkr.
Naturpark Jauerling-Wachau
Willen-dorf
Maria Langegg
Wölbling
Mönchdorf
Linden
Ysperklamm
Gutenbrunn
960
Aggstein
Gansbach
Bad Zell
Pierbach
St. Georgen a. Walde
Dorf-stetten
Laimbach
Pöggstall
Maria Laach
Aggsbach
Pregarten
Pab-neukirchen
Pisching
1061
Würns-dorf
Weiten
Dürnberg
Karlstetten
Tragwein
St. Thomas a. Blasenstein
Dimbach
Yspertal
Gr. Peilstein
Münichreith-Laimbach
Emmersdorf
Neidling
Allerheiligen
St. Oswald
Schönbühel
Sankt Pölten
Bad Kreuzen
Waldhausen i. Strudengau
Artstetten
Leiben
Melk
Perg
Münzbach
Sarmingstein
Maria Taferl
Marbach
Pöchlarn
Weiten-egg
Loosdorf
Prinzersdorf
Arbing
Grein
St. Nikola
Nibelungengau
Matzleins-dorf
Haindorf
Naarn i. Machland
Klam
Saxen
Ybbs
Persenbeug-Gottsdorf
Zelking
Schalla-burg
Inning
Ober-Grafendorf
Neustadt a.d. D.
St. Pantaleon
Mitter-kirchen
Baum-gartenberg
Karlsbach
Neumarkt a. Ybbsfelde
St. Leonhard a. Forst
Hainberg
St. Georgen a. Steinfeld
Ardagger Markt
Ardagger Stift
Loitsbach
Erla
Streng-berg
Wallsee
Stephans-hart
Wieselburg
Mank
Bischof-stetten
Amstetten
Blindenmarkt
Kilb
Grünau
Euratsfeld
Ferschnitz
Schachau
Rabenstein a.d. Pielach
Eschenau
Steinakirchen a. Forst
Wolfpassing
Oberndorf
Kirnberg
Traisen
Aschbach Markt
Purgstall
Kirchberg a.d. Pielach
Tradigist
Neuhofen a.d. Ybbs
Feichsen
Texing
Randegger Hochkogel 711
Wang
Plankenstein
Allhartsberg
Perwarth
Scheibbs
Frankenfels
Loich
Hohenstein 1195
Freiland
Kematen a.d. Ybbs
Randegg
Schaitten
Neubruck
Reinsberg
Neu-stift
Winter-bach
Schwarzenbach a.d. Pielach
Wallfahrts-kirche Sonntagberg
St. Leonhard a. Wald
Gresten
Schaufelmühl
Haslau-rotte
Türnitz
Waidhofen a.d. Ybbs
Ybbsitz
Zellhof
Kienberg
Gstettenhof
Zell
1122
Oberamt
Naturpark Ötscher-Tormäuer
Prochenberg
Gaming
Groß-prolling
Ehem. Kartause
Gösing
Annaberg
Tirolerkogel 1377
Lackenhof
Wetterkogel 1111
Glatzreith
Reitl
Lunz am See
1893 Ötscher
Großer Sulzberg 1400
Tobiasl
Gaflenz
Opponitz
St. Georgen a. Reith
Josefs-berg
Erlauf Stausee
Mitterbach
Gscheid
Göller 1768
1373 Schneekogel
Seekopf
Gemeinde-alpe 1626
Göstling a.d. Ybbs
Holzhüttenboden
Mariazell
Terz
1606 Lahnsattel
Lassing
Eisenstraße
Kanlehen
Dürrenstein 1878
Neuhaus
Hollenstein a.d. Ybbs
Letten-wag
1452 Schwarzkogel
Hammer
Hochreit
Gr. Zellerhut 1639
Gußwerk
Leiten-bauer
Naturpark Eisenwurzen
Windischbachau
Brunntal
Tonion 1699
Großer Königskogel 1574
Lassing
Dürradmer
Greith
Niederalpl 1221
Niederalpl
Palfau
Mendlingtal
Hochkar 1808
Osch
Naturschutz-gebiet
Wegscheid
Hochstadl 1979
Weichselboden
1229
Aschbach
Hochveitsch 1981
Mürz-steg
Gams
Wildalpen
Schüttner
Gollrad
Plenk
Mooslandl
Naturpark Steirische Eisenwurzen
Hinterwild-alpen
Hochschwab 2277
Seebergsattel 1253
Rauschkogel 1720
Greith
Großveitsch
Landl
2123 Ebenstein
Seewiesen
Stübming
1071
Pretalsattel
Ober-jassingau
Windgrube 1809
Moorhaus
Hieflau
Leopoldsteiner See
Au
Turnau
Großreifling
Graßnitz
Eisenstraße
Unter-jassingau
Münichthal
Hochturm 2081
St. Ilgen
Afleck
Kurort
Tragöß-Oberort
Eisenerz
Pichl-Großdorf
Thörl
Radmer a.d. Stube
Erzberg
Präbichl
Mürz-hofen
Kindberg
Talerkogel 1655
Thal
St. Katharein a.d. Laming
Kapfen-berg
Vordernberg
St. Marein
Stanz
Sechterberg
Laming
Ramsach
Treglwang
Leobner 2836
Radmer a.d. Hasel
Bergsteiger-friedhof
Johnsbach
Hochtor 2369
Gr. Buchstein 2224
NSG Gesäuse Ennstal
Gstatterboden
Admont
Krumau
2251
Radmerer
Gr. Maiereck 1764
Kamper-tal
St. Gallen
Rosenau
Hengstpass 985
Unterlaussa
Windisch-garsten
858
Weißengütl
Bodenwies 1541
Altenmarkt
Brunnbach
Goldgut
Anzenbach
Weyer Markt
Point
Neudorf
Enns
Großraming
Lindau
Dirnbach
Schneeberg
Aimbauer
1243
Breitenau
Molln
Leonstein
Schoberstein 1285
Schieferstein 1286
Losenstein
Obertandlberg
Maria Neustift
1056 Spindeleben
Ternberg
Lausa
1000 Spadenberg
Dambach
Danielgütl
Kürnberg
Klein-raming
Steyr
Garsten
Sierning
Gleink
Wolfern
Dietach-dorf
Behamberg
Kaiserin-Elisabeth-Warte
St. Michael
Ertl
Biberbach
Seitenstetten
Rosenau
St. Peter i.d. Au
Weistrach
Kren-stetten
Rohrbach
Salaberg Tierpark
Haag
Aukental
Mostviertel
Mauer
Weinzierl
Losenstein-leithen
Hofkirchen
Kronstorf
Hargelsberg
St. Marien
Nettingsdorf
Ansfelden
Markt St. Florian
St. Valentin
Enns
Asten
Traun
Pasching
Leonding
LINZ
Traundorf
Urfahr
Wilhering
Ottensheim
Steyregg
Lungitz
Katsdorf
Altaist
St. Georgen
Schwertberg
Maut-hausen
Engerwitzdorf
Gallneukirchen
Grama-stetten
927 Lichtenberg
Kirchschlag
Hellmon-södt
Pelmberg
Gusen
Neumarkt
Kefermarkt
Gutau
Obergeng
Zwettl a.d. Rodl
Reichenau
Ottenschlag
Oberneu-kirchen
Leonfelden
Thier-berg
Hirschbach
Lest
Freistadt
Harrachstal
Grünbach
Summerau
Reichenthal Markt
Bad
Vorder-weißenbach
Helfenberg
St. Stefan a. Walde
Stemstein 1122
Guglwald
Sandl
Viehberg 1112
Rainbach
Schönberg
Windhaag
Leopoldschlag Markt
Studánky
Vyšší Brod
Loučovice
Svatý Tomáš
Pasečná
Frymburk
Čertova Stěna
Rožmberk
Větrná
Rychnov n. Malší
Malonty
Pohorská Ves
Bělá
Dolní Dvořiště
Tichá
Wullowitz
Pohoří na Šumavě
Mühlviertel
Waldviertel
Wachau
Dunkelsteiner Wald
Eisenwurzen
Pyhrn-Eisenwurzen
Feldaist
Naarn
Donau
Ybbs
Erlauf
Salza
Steyr
St. Johann a. Wimberg
Neußerling
Eschelberg
Goldwörth
Eferding
Alkoven
Kirchberg-Thening
Hörsching
Marchtrenk
Weißkirchen
Leonberg
Kematen
Schiedlberg
Neuhofen
Sattledt
Rohr
Bad Hall
Kremsmünster
Waldneu-kirchen
Ehrnsdorf
Unter-grünburg
Wartberg
Voits-dorf
Mitteregg
Steinbach
Obergrünburg
Schlierbach
Trattenbach
Kirchdorf
Micheldorf
Steyr-durchbruch
Frauenstein
Welchau
In Santen
Kremsmauer 1604
Klaus
Steyrling
Hochstein 1405
Brunnental
Hohe Nock 1963
Nationalpark Kalkalpen
Hochkogel 1157
St. Pankraz
Steyrbrücke
Hobach
Pießling
Vorderstoder
Roßleithen
Schranken 1482
Gr. Priel 2515
Spitzmauer 2446
Weißenbach
Hinterberg
Hinterstoder
Hutterer Höß 1848
Warscheneck 2389
Winkl
Spital a. Pyhrn
Gr. Pyhrgas 2244
Gr. Bosruck 1992
Mühlau
Pyhrn-pass 945
Hochmölbing
2332
Salzsteigjoch 1733
Hochtausing 1818
Pyhrn
Oberdorf
Pürg-schachen
Liezen
Selzthal
Taupliz-alm
Wörschach
Pürgg-Trautenfels
Stainach
Lassing
Aigen
Rotten-mann
St. Lorenzen
Bärndorf
Trieben
A1
A9
A25
E55
E60
E57
E49

MERIAN-Straßenkarte
NIEDER-ÖSTERREICH
Autobahn
Autobahnähnliche Straße
Fernverkehrsstraße
Hauptstraße
Nebenstraße
Bundeslandgrenze
Schloss, Burg; Ruine
Kirche; Kloster
Höhle
Weltkulturerbe
Aussichtspunkt
Flughafen; Flugplatz
Nationalparkgrenze
© MERIAN-Kartographie
0
15 km
WIEN
BRATISLAVA
SLOWAKEI
UNGARN
Neusiedler See
St. Pölten
Wiener Neustadt
Baden
Mödling
Krems
Tulln
Stockerau
Korneuburg
Mistelbach
Hollabrunn
Znojmo
Mikulov
Laa a.d. Thaya
Poysdorf
Gänserndorf
Schwechat
Bruck
Neusiedl
Eisenstadt
Sopron
Neunkirchen
Ternitz
Gloggnitz
Mattersburg
Traiskirchen
Perchtoldsdorf
Klosterneuburg
Purkersdorf
Neulengbach
Herzogenburg
Traismauer
Hainburg
Deutsch-Wagram
Wolkersdorf
Zistersdorf
Retz
Hodonín
Malacky
Stupava
Kőszeg
Frauenkirchen
Bad Vöslau
Berndorf
Schneeberg 2076
Rax
Nationalpark Donau-Auen
Nationalpark Thayatal
Naturpark Sierningtal
Nat.-park Föhrenberge
Lainzer Tiergarten
Wienerwald
Weinviertel

Flutkatastrophe: Im August 2002 überschwemmte die Donau das Städtchen Ybbs

GESCHICHTSDATEN

ca. 30 000 v. Chr. Erste nachgewiesene Besiedlung im Kremstal
Antike Kelten, Römer, Germanen, Slawen siedeln im Gebiet des heutigen Niederösterreich
um 100 Die Römer gründen Vindobona, das spätere Wien
nach 790 Karl der Große errichtet die „Ostmark" zwischen Enns und Leitha
881 Erste Nennung Wiens als „Wenia" in den Salzburger Annalen
976 Die Ostmark geht an den Babenberger Markgrafen Leopold. Kolonisierung, Kloster- und Stadtgründungen
996 Erstmals wird die Ostmark in einer Urkunde in Neuhofen a. d. Ybbs im Mostviertel „Ostarrichi" genannt
1156 Wien wird Residenz der Babenberger
1221 Wien erhält Stadtrechte
1278 Rudolf I. von Habsburg besiegt in der Schlacht bei Dürnkrut König Ottokar von Böhmen. Damit beginnt die 640 Jahre währende Herrschaft der Habsburger
1406 Erstes Pogrom gegen die Wiener Juden
1420/21 „Wiener Geserah": Alle Juden werden gefangengenommen, gefoltert, viele vertrieben oder zwangsgetauft, die letzten 210 verbrannt
1529 Die Türken belagern erstmals erfolglos Wien
1571 Kaiser Maximilian II. gewährt Religionsfreiheit, 80 % der Wiener sind protestantisch
ab 1576 Gewaltsame Rekatholisierung („Gegenreformation"), Höhepunkt in den 1620ern mit der Ausweisung der protestantischen Lehrer und Prediger aus Niederösterreich
1618–48 Dreißigjähriger Krieg, viele Städte und Burgen werden zerstört
1679/80 Eine Pestepidemie in Wien fordert fast 100 000 Opfer
1683 Die Türken dringen wieder bis Wien vor und verwüsten weite Teile Niederösterreichs
ab 1685 In den durch die türkische Belagerung zerstörten Vorstädten Wiens werden barocke Paläste gebaut
1740–90 Kaiserin Maria Theresia und ihr Sohn Joseph II. führen Reformen durch: Schulpflicht, Abschaffung von Folter und Leibeigenschaft, Auflösung von Betklöstern, Religionsfreiheit für nichtkatholische Christen und Juden
1805–09 Napoleon besetzt Niederösterreich und Wien
1814/15 Wiener Kongress: Nach dem Fall Napoleons wird Europa neu geordnet
1848 Die Revolution erreicht statt Demokratie nur den Rücktritt des Kanzlers Metternich, bevor sie blutig niedergeschlagen wird. Kaiser Franz Joseph I. besteigt den Thron
1914 Attentat auf den österreichischen Thronfolger Franz Ferdinand in Sarajevo. Österreich erklärt Serbien den Krieg – Beginn des Ersten Weltkriegs
1918 Ausrufung der Republik
1919 Tschechoslowakei, Ungarn, Jugoslawien, Polen sind unabhängig. Die Habsburger verlassen Österreich, der Adel wird abgeschafft und eine demokratisch legitimierte Regierung gebildet (Erste Republik)
1920 Niederösterreich wird Bundesland, Hauptstadt: Wien
1922 Wien wird separates Bundesland
1934 Bürgerkrieg zwischen Reaktion und „Roten". Es folgt die Diktatur des Ständestaates
1938 Einmarsch deutscher Truppen, „Anschluss" der „Ostmark" an Hitlers Deutsches Reich; Niederösterreich heißt „Reichsgau Niederdonau"
1945–55 Nach dem Krieg gehört Niederösterreich zur sowjetischen Besatzungszone, Wien ist in vier Besatzungszonen aufgeteilt
1955 Unterzeichnung des Staatsvertrages, Besatzungssoldaten ziehen ab. Österreich verpflichtet sich zu „immerwährender Neutralität"
1979 Die UNO-City in Wien wird eröffnet
1986 St. Pölten wird niederösterreichische Landeshauptstadt
1996 1000-Jahr-Feier
2002 Eine Flutkatastrophe trifft Kamptal und Wachau schwer

ANREISE

Mit dem Auto
Über München und Salzburg bzw. Passau kommt man in gut drei Stunden von der Grenze über die Autobahn A1 nach Wien. Alternativ über die Landstraße durch die Wachau: Bei Melk abfahren, entlang der Donau über Krems und Tulln. Für österreichische Autobahnen braucht man ein „Pickerl": zehn Tage für 7,60 €, erhältlich an den Grenzen und Autobahn-Tankstellen.

Mit dem Flugzeug
Air Berlin fliegt täglich ab 29 € von Berlin, Düsseldorf, Frankfurt, Hamburg, Hannover,

Berühmte Männer aus

Konrad Lorenz, 1903 in Alter berg bei Wien geboren, beginnt schon als kleiner Junge Enten, Fische und Vögel im Garten der elterlichen Villa zu züchten, pflegen und zu beobachten. Später studiert er Medizin in New York und Zoologie in Wien. Lorenz gilt als Mitbegründer der klassischen vergleichenden Verhaltensforschung und wird vor allem als „Gänsevater", der mit einer Schar Junggänse im Teic schwimmt, bekannt. 1949 eröffnet der Wissenschaftler da „Institut für vergleichende Verhaltensforschung" auf seinem

Gänsevater Konrad Lorenz: Der Verhaltensforscher beweist die frühe Prägung von Gänsen auf eine Person

Fasslrutschen Klosterneuburg, Göttlesbrunner Leopoldigang
www.carnuntum.com
Dezember Adventsmärkte u.a. in Baden, Grafenegg und auf Schloss Schallaburg

Fundbüro in Wien
Zentraler Fundservice, XVIII. Bastiengasse 36-38
Tel. 40 00-0, *Mo-Fr 8-15.30 Uhr, Do 8-17.30 Uhr*

Notruf
Polizei Tel. 133
Rettung Tel. 144
Feuerwehr Tel. 122
Ärztenotdienst Tel. 141
Pannendienst ARBÖ Tel. 123
Pannendienst ÖAMTC Tel. 120

Post
Postämter sind Mo-Fr 8-12, 14-18 Uhr geöffnet. Durchgehend geöffnet sind in Wien das Hauptpostamt (I., Fleischmarkt 19) und die Postämter an den Bahnhöfen.

Reisewetter
Die besten Reisezeiten sind Frühling und Herbst. Im Winter kann es unter 0 Grad kalt und im Sommer über 30 Grad warm werden. Besonders schön ist es im Frühjahr in Niederösterreich, wenn die Obstbäume blühen. Niederschläge halten normalerweise nicht allzu lange an.

Stadtführungen
Wien Unter dem Titel „Wiener Stadtspaziergänge" gibt es themenspezifische Routen. Etwa auf den Spuren von Mozart, dem „Dritten Mann" oder zum „Unterirdischen Wien". Dauer je ca. zwei Stunden, 13 €, ab drei Personen.
Info Tel. 01/774 89 01
www.wienguide.at
St. Pölten Stadtspaziergänge zu diversen Themen wie Jüdisches Leben, Jugendstil, Franz Schubert oder Modernes St. Pölten.
Info: 027 42/35 33 54
www.st-poelten.gv.at

Stadtrundfahrten Wien
Vienna Sightseeing Tours
Tel. 71 24 68 30
Cityrama, **Tel. 53 41 30**
Vienna Guide Service
Tel. 44 03 09 40
Alternative Stadtrundfahrten
Tel. 317 33 84

Telefonieren
Vorwahl nach Österreich: 0043, Vorwahl von Österreich nach Deutschland: 0049, in die Schweiz: 0041, danach in beide Richtungen jeweils die Ortsnetzkennzahl ohne die Null. Ortskennzahl Wien: 01.
Neben Münztelefonen gibt es Wertkartentelefone, die Karten werden in Postämtern und Trafiken verkauft.
Mobilfunk: Wer viel angerufen wird, kann mit einer österreichischen Prepaid-Karte (von A1, T-Mobile oder Telering) Roaming-Gebühren sparen.

Theaterkarten
Bundestheater-Vorverkauf
Tel. 513 15 13
Wien-Ticket, **Tel. 588 85**
Kartenbüro, **I., Goethegasse 1**
Mo-Sa 9-17, So 9-12 Uhr
Ticket-Pavillon
I., Herbert-von-Karajan-Platz
tgl. 10-19 Uhr

BÜCHER
Wien

Wien MERIAN live! Christian Eder, 128 S., 7,95 € Schnell, kompetent, hilfreich. Mit vielen Tipps auch für Ausflüge ins Umland.

Wien MERIAN Reiseführer

Doris Maier, 264 Seiten, 22,95 € Mit Faltplan und sechs praktischen Tourenkarten zum Herausnehmen. Persönliche Tipps der Autorin zu Sehenswürdigkeiten, Hotels, Museen wie Gaststätten und jede Menge Service.

Dorling Kindersley Vis-à-vis Wien 288 S., 20,90 € Alle Grundinformationen und die bekannten, optisch spannenden Aufrisszeichnungen.

Nur in Wien Duncan J.D. Smith, Verlag Brandstätter, 223 S., 19,90 € Ein Reiseführer zu Wiens sonderbarsten Orten und Plätzen.

Alles Wien, Stadtansichten Michael Frank, Picus Verlag, 136 S., 16,90 € Kurze Texte über den Wiener Todeskult, den Schmäh, die Flüsse und mehr.

Liebe, Freud und schöner Tod – Wiener Sonaten Christoph Braendle, Picus Verlag, 131 S., 13,90 € Morbid-abgründige Wien-Geschichten.

Die Strudlhofstiege Heimito von Doderer, dtv, 467 S., 15 € Der Wien-Roman schlechthin, geschrieben vor mehr als 50 Jahren. Eines der wichtigsten Werke österreichischer Nachkriegsliteratur.

Vienna Eva Menasse, Kiepenheuer & Witsch, 430 S., 10 € Geschichten aus drei Generationen einer Wiener Familie mit jüdischen Wurzeln.

Wiener Geschichten Eva Gesine Bauer, Berthold Steinhilber, Knesebeck, 238 S., 49,95 € Ein Streifzug in Wort und Bild durch Beisln, Bars und die Kaffeehäuser der Künstler.

Niederösterreich

Wachau, Wald- und Weinviertel Barbara Reiter, Michael Wistruba, Michael Müller Verlag, 256 S., 15,90 € Zuverlässiger, kompetenter und ausführlicher Begleiter durch die Regionen.

Das Waldviertel, Das Weinviertel, Die Wachau Othmar Pruckner, Thomas Hoffmann, Hannes Gans, Falter Verlag, je 28,50 € Viel gerühmte Reihe detailreicher, liebevoll recherchierter Regionalführer.

Niederösterreich. Kultur, Natur & Freizeit Barbara Sternthal, NP-Verlag, 256 S., 21,90 € Umfassender Begleiter für Entdeckungsreisen durchs „Weite Land" von A bis Z.

Die Gegend hier herum ist herrlich Senta Baumgartner, Othmar Pruckner, Falter Verlag, 320 S., 25,50 € Charmant geschriebener Ausflugsführer zu Komponier- und Schreibstuben, Ateliers und Denkmälern.

Polt muß weinen Alfred Komarek, Diogenes, 183 S., 8,90 € Erster von vier preisgekrönten Polt-Krimis, eingebettet in die Beschreibung der Menschen des Weinviertels.

Sprechen Sie Niederösterreichisch? Hubert Bruckner, Ueberreuter, 96 S., 9,95 € Heiterer Sprachführer für alle.

Donau Auen Reinhard Golebiowski, Gerald Navara, Holzhausen Verlag, 224 S., 29,90 € Flora, Fauna und Historie des Nationalparks.

Waldviertel – stilles Land, raues Land Gerhard Trumler, Othmar Pruckner, Pichler Verlag, 178 S., 54 € Eine Bilderreise durch das mystische Viertel, seine Wälder und Dörfer.

Niederösterreich, Land der Vielfalt Alfred Komareck, Manfred Horvath, NP-Verlag, 191 S., 28,90 € Der Bildband huldigt der Schönheit des Landes.

Schlaraffenland und Gaumenlust Andrea Karrer, NP-Verlag , 205 S., 21,90 € „So schmeckt Niederösterreich" – Rezepte und Tipps, aufgetischt von der landesweit bekannten Radio-Köchin.

Eine kulinarische Entdeckungsreise durch Waldviertel und Weinviertel Gerhard Friedrich Kunz, Andrea Mohr, Magdalena Ringeling, Umschau, 270 S., 35,90 € Das Autorentrio kombiniert Gasthaus-Portraits mit Rezepten.

Freuen Sie sich auf das nächste Heft | Im Handel ab 26. Juli 2007

Voller unterirdischer Geheimnisse: der Ätna über Taormina

Die Säulen des Herakles: im Tal der Tempel von Agrigent

Voll ernster Frömmigkeit: Osterprozession in Marsala

Sizilien Jahrtausende unter heißer Sonne

Die größte Insel des Mittelmeers ist ein Kontinent für sich, die Sizilianer sind ein einzigartiges Völkergemisch. Griechische Sprache und arabische Sinnlichkeit, normannischer Kirchenbau und römischer Luxus haben ein wundervolles Land geprägt. Voller Lebensfreude, mit den schönsten Kunstwerken und den besten Weinen

> Palermo: Wahl und Wahlbetrug – wer rettet die aufregendste Stadt des Mittelmeers
> Ätna: Eine Insel unter Dampf – wie die Vulkane Siziliens funktionieren
> Geschichte: 3000 Jahre Kampf und Kunst – von den Sikanern zu den Staufern
> Literatur: Ein Dichter im Exil – Armin T. Wegner auf dem Stromboli

Zuletzt erschienen:

Juni 2007

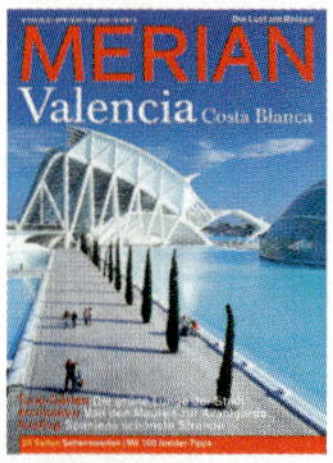

Mai 2007

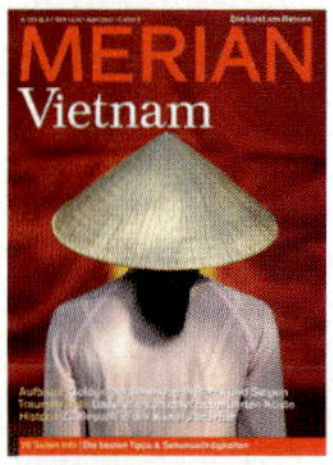

April 2007

März 2007

Februar 2007

Januar 2007

Verpassen Sie nicht die nächsten Ausgaben von MERIAN: Nürnberg | Norwegen | Berlin | Las Vegas | Ecuador Abotelefon (040) 87 97 35 40 oder www.merian.de